日治下大高雄的飛行場

杜正宇、謝濟全
金　智、吳建昇
——著

蕭瓊瑞教授序

　　《日治下大高雄的飛行場》是正宇與幾位年輕歷史學者謝濟全、金智、吳建昇共同撰寫合輯的一本專書；他們共同的關懷與研究取向，可以說為臺灣傳統的歷史研究，開展了一個新的領域與課題。

　　從歷史文化資產的關懷出發，正宇曾深入地探討臺、美兩國對文資保存政策的不同，企圖為臺灣政府的政策制定提供可能的參考。之後，由於獲得訪問學者的邀請，前往美國國家檔案館（NARA）和海軍總部檔案室，搜集資料，發現大批二戰時期美國海陸軍轟炸臺灣的作戰報告，甚至包括60餘座臺灣機場的空照圖，於是展開他一系列臺灣軍事文化資產，尤其是機場的研究。這本專輯的出版，可說是正宇和幾位同好，階段性的成果呈現，值得慶賀，也值得肯定。

　　「飛行場」這個看似生冷枯燥的題材，在正宇的用心挖掘下，展現出它和地方發展密切相關的歷史真貌與文化意義；尤其「大高雄」（日治時期高雄州含屏東、澎湖等地）一地，在日治時期竟有多達十一座以上的機場，再加上一些週邊的航空廠、燃料廠等設施，以及作戰單位，儼然成為一座航空城，也是全臺最大的航空重鎮；戰後國民政府的陸、海、空三軍官校，均設於高雄，顯非偶然之事。

　　《日治下大高雄的飛行場》一書，不只是滿足歷史求真、事實重建的研究工作，事實上也是地方文史內涵的重

新認識與建構;比如書中提及的「苓雅寮著陸場」,竣工於 1933 年,位在今天的高雄星光碼頭,緊鄰目前因文創產業而走紅的駁二碼頭,原來是全臺第一座水陸兩用機場,除作為日本海軍艦隊的水上飛機降落場,也是提供民航客機的著陸點,連結日本、臺灣和東南亞,可視為大高雄航空工業的發祥地;而岡山等機場更是臺灣前進中國和菲律賓等地最重要的轉進基地。因此,從歷史而觀,高雄不只是海港的城市,也是空港的重鎮。

　　正宇的研究,始終在紮實的資料排比、驗證中,不失人文、歷史的關懷與觀照,甚至筆鋒往往帶著感情;一如他在〈導言〉一章中所作的抒發:「……它們的歷史,也逐漸遭人遺忘,消失於歷史長河之中。一頁高雄航空史,訴不盡人間多少滄桑;無論是來臺作戰的日軍、離臺遠征的部隊,還是隨政府遷臺的人們,當他們眺望遠方的景物時,高雄是希望,也是鄉愁。」充滿歷史時空回溯的想像與情感。

　　正宇是一位勤奮認真的年輕歷史學者,他的研究面向廣闊,「飛行場」只是其中的一個課題;他終極的關懷,還在歷史文化資產的保存與再發揚。期待本書的出版,對於正在成型的「現代化大高雄」,能產生啟發、導向的史鑑之功;也期待正宇的研究持續深化、擴展,為臺灣文資的發掘、保存,善盡一份知識份子的貢獻。

國立成功大學歷史系所教授

2013.9.3

傅朝卿教授序

　　《日治下大高雄的飛行場》是四位學者的集體研究成果，論文集共收錄了七篇文章，除第一章的日治時期航空攻防及第二章的日治時期臺灣軍用機場總論外，其餘各章都是以個案研究的方式呈現，這些論文將臺灣過去鮮為人知的日治時期軍用機場及相關設施，以豐富的史料，呈現在大家眼前。在過去，因為國防安全上的考量，許多戰後持續使用的軍事設施無法在其被破壞前進行深入的研究，至為可惜。此論文集突破了上述的困境，以史料及田調彌補了這一處學術缺口，值得肯定。近年來，國防政策與社會氛圍有重大的改變，不少軍事設施被釋出或改變用途，也有一些較具歷史意義的軍事設施變身為軍事遺產。

　　根據「國際文化紀念物與歷史場所委員會」（ICOMOS）之「防禦工事與軍事遺產國際科學委員會」（International Scientific Committee on Fortification and Military Heritage，簡稱icofort）之分類，「軍事遺產」（military heritage）可分為三大類。第一類是人造結構物（built structure），包括防禦工事（包含具防禦性的城鎮）、軍事工程、兵工廠、軍港、軍營、軍事基地、演練場及其他為了軍事及防衛用途而興建的覆蓋物及構造物。第二類是景觀（landscapes），包括古代的或近代的戰地，區域性、半陸地的或是海岸性防衛裝置及泥土構造物。第三類是

紀念物（commemorative monuments），包括戰爭紀念碑、戰利品、墓園、紀念塔及其他徽章與標幟。參考「防禦工事與軍事遺產國際科學委員會」（icofort）的分類，不少臺灣日治時期的軍事設施可以重新以文化遺產的角度來思考。

　　事實上，臺灣在2005年「文化資產保存法」修法中也加入了文化景觀，使文化景觀正式成為臺灣的法定文化資產類別。文化景觀是人類因為神話、傳說、事蹟、歷史事件、社群生活或儀式行為而與土地互動所產生的空間及相關連之環境。根據「文化資產保存法施行細則」第四條之條文，臺灣文化景觀的類別包括了「神話傳說之場所、歷史文化路徑、宗教景觀、歷史名園、歷史事件場所、農林魚牧景觀、工業地景、交通地景、水利設施、軍事設施及其他人類與自然互動而形成之景觀」。換句話說，軍事遺產在臺灣的保護已經有了法源上的根據。本論文集的四位學者在日後臺灣軍事遺產的保存維護工作上，踏出了重要的一步，可喜可賀!

國立成功大學建築系所教授

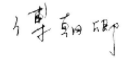

王御風教授序

　　常常有人問我，念歷史的人，到底都在做甚麼？是說書嗎？還是寫小說？專業究竟是甚麼？面對這樣的問題，我都只能告訴他們，其實歷史學家，就一如辦案的偵探一樣，要把手上的證據一一比對，最後找出真相。

　　這事情聽來很玄，歷史不就是發生過的事嗎，難道還找不出事實？歲月如梭，每天發生的事情太多，日積月累下來，就算是轟動一時，登在報紙頭版的重大新聞，事隔不到一年，仔細回想，抓破頭也想不出當時內容是甚麼，這也就是歷史學家每天處理的工作。

　　說來簡單，實際上卻很困難，杜正宇所著的《日治下的大高雄飛行場》就是一個鮮明例證。日治末期為了戰爭需要，日本政府在臺灣四處興建機場，而美軍也不停地尋找這些機場轟炸。不管興建或轟炸，大興土木蓋機場，在當地都算是個大事，民眾也不可能不知道，但六十年過去了，究竟日本政府在大高雄地區蓋了多少機場？蓋在哪裡？今天都成了謎，有人去翻資料、有人聽到當地耆老的述說，但究竟是不是事實呢？

　　要解決這個問題，就得像偵探一樣，「上窮碧落下黃泉，動手動腳找東西」。杜正宇也發揮了這樣的精神，除了臺灣資料，更溯本追源，幾度回到主導興建的日本，以及調查轟炸的美國，取得其官方檔案，再回到臺灣原點一一比

對，終於發現其中真偽，也找到了許多地點的前世今生，例如現在的星光碼頭，以前居然是座水上機場。這也告訴我們，歷史被遺忘的速度，實在太快。

有幸能夠先讀完這本論著，除了杜正宇外，其他一同撰寫的作者也同樣發揮歷史學家的精神，反覆且仔細的考證，讓塵封已久的二戰時期臺灣史逐步解下其神秘面紗，值得所有關心這塊土地歷史的人，細細品味。

國立高雄海洋大學助理教授

王御風

從史料中看見航空史

　　航空史研究在臺灣學界向來屬小眾，此與臺灣早期航空發展和軍事事務密切有關，後者的封閉性格常使得民間學者為之卻步，此類研究乃無法拓展。然，因為地理環境的特殊性，自日治末期，臺灣就被日本政府當作「不沉的航空母艦」，大力發展航空事業了，戰後的美援時期，美國亦藉由臺灣在太平洋島鏈上的地利之便，發展本地的軍事航空以遂行她的各項軍事計劃，故研究航空史之必要，乃是它可以讓我們看見近80年這塊土地因戰爭被破壞與建設的歷史光彩。

　　欣見近年來，因海內外軍事檔案的逐步開放及軍事迷的支持，不少先進同好相繼對臺灣航空史提出研究成果。正宇學弟這兩年奔走美、日地區檔案典藏單位，取得許多海外有關臺灣航空發展的相關史料，包括文件、照片、紀錄影片等，並陸續發表與臺灣航空有關的論文，對航空史領域的研究不啻注入了一劑強心針。這本《日治下大高雄的飛行場》主要討論大高雄地區在日治時期的機場及部分軍事建設，它不但從大量史料中爬梳高雄地區少為人知的歷史，也讓讀者看見高雄城市過去與現在交會的面貌。

　　學術研究，本就該靠著有心者前仆後繼地奠基、堆疊並修正而成，有新的史料證據，就可以有新的詮釋並讓大家來

相互評論，天空無限寬廣，希望臺灣的航空史研究也能寬廣
無限！

空軍航空技術學院助理教授

林玉萍

目　次

第一章：太平洋戰爭下臺灣的航空攻防（1941-1945）（杜正宇、吳建昇）

第二章：盟軍記載的二戰臺灣機場（杜正宇、謝濟全）

第三章：日治時期的「高雄飛行場」（杜正宇）

第四章：高雄「苓雅寮」機場初探（杜正宇、謝濟全）

第五章：太平洋戰爭下的高雄岡山機場（杜正宇）

第六章：日本海軍第六十一航空廠之興建與戰備分析
　　　　（金智、謝濟全）

圖目次

XV

表目次

導　言

　　日治初期的高雄，原本是版圖的南疆，帝國的邊陲。但在日人興築鐵路，修築港口之後，逐漸奠定了南臺灣交通樞紐的地位。昭和以降，軍方倡言「南進國策論」，使南進政策更加明朗，於是邊陲逆轉成核心，高雄的地理位置與港灣優勢，遂躍昇南進東南亞的重心，航空設施亦隨之發展。

　　日治時期，高雄州下原有的機場為屏東（南）機場，但隨著日本武力不斷擴張，中日戰爭爆發後，更積極準備南侵，掠奪東南亞的礦產與資源；為了備戰，高雄地區各種設施與單位不斷增加。為延伸戰線，尤其重視航空設施，以致在終戰前出現了苓雅寮（今星光碼頭）、岡山、鳳山、左營、左營水上、小港、大崗山、小港東（大寮）、旗山、燕巢、苓雅寮水上（前鎮）等機場，以及第六一航空廠、第六燃料廠等航空設施。許多航空作戰單位，也相繼成軍、駐防，使大高雄成為全臺灣最重要的航空重鎮。

　　全臺灣第一座水陸兩用機場就是竣工於1933年的苓雅寮著陸場（今高雄星光碼頭），而苓雅寮也可謂是大高雄的航空發祥之地，除了供日本艦隊的水上飛機使用，也成為臺灣國防義會航空部旅客機的著陸地點。由於苓雅寮埋立地每遇豪雨，容易淤積，於是高雄州計劃於草衙、前鎮一帶另建機場，日本海軍則於1940年興建岡山機場，作為日治時期高雄地區規模最大的機場，曾有高雄海軍航空隊短暫駐防。

待實戰部隊南進作戰後，機場遂由訓練單位進駐。至於左營機場與左營水上機場，乃伴隨著桃子園軍港開港而設置。日本陸軍則於1941年設置鳳山機場（今大寮區後庄車站一帶），但此機場並未常態性使用，直到終戰前才再度列入整備計畫。

1944年初，由於美軍在太平洋地區節節進逼，日軍實施了「十號戰備」，在臺增設機場，並派遣實戰部隊常駐臺灣。於是大高雄地區又出現了陸軍的小港機場與海軍的大崗山機場。小港機場為終戰前日本陸軍在高雄一帶最重要的機場，也是陸軍航空隊進出中國大陸與菲律賓的轉進基地。大崗山機場據臺籍監工口述，約建於1944年中，由海軍飛行隊進駐，其址即今國軍564旅天山營區。

如此的軍事力量，自然吸引美軍的注意，於是在太平洋戰爭期間，美國派出大量戰機，轟炸大高雄的機場與港口。岡山航空廠與機場是1944年10月「臺灣空戰」時美國轟炸的首要目標，落彈量驚人。1945年1月，美國海軍更以九艘航空母艦同時轟炸高雄港一帶，這是美軍對臺灣單一區域的最大攻勢。

臺灣空戰期間，日本海、陸軍航空隊，雖起飛攔截美國戰機，但均不敵，開戰第一天上午即喪失制空權。此役後，由於各處機場均已被美軍發現，為達到秘匿效果，日軍又於各地興築了一批「秘密機場」。大高雄地區至年底工事略成的即有旗山機場（今旗山區圓潭一帶）與大寮機場（今大寮區大坪頂至大發工業區一帶）。但在美軍強大的偵察之下，兩座機場未久即被發現。此外，大高雄地區另有一座燕巢

（又名岡山（東））機場，終戰時尚未完工，其址即今「岡山區榮民之家」。

1945年後，日、美戰事已發展至硫磺島、沖繩一帶，日軍航空部隊改變戰略，以神風特攻隊從臺灣北部出擊美軍艦隊。而高雄因地理位置偏南，不再是作戰重心。終戰前特攻隊進駐的「秘匿機場」與出擊的「發進機場」，多未包括高雄地區的機場，戰略地位因而下降。

與此同時，美國陸軍航空軍則以各式轟炸機密集轟炸高雄。高雄港、哈瑪星、鹽埕區一帶受創最鉅。左營港與機場、工業設施等亦是攻擊目標。高雄州廳於5月30日，遭炸彈命中，建物損毀嚴重。戰火之下，人們生活在恐懼之中，生命變得卑微。所幸，瘋狂的戰爭終有停歇的一天。

戰後，高雄眾多的軍事設施成為國軍重整戰力的基礎，陸、海、空軍三大官校均在高雄地區復校。許多機場轉為國軍營區或撤廢，只有岡山、左營與小港機場保留至今。它們的歷史，也逐漸遭人遺忘，消失於歷史長河之中。一頁高雄航空史，訴不盡人間多少滄桑。無論是來臺作戰的日軍、離臺遠征的部隊，還是隨政府遷臺的人們，當淚眼相送，揮別親友的時刻，往往已註定此生無法再見。當他們眺望遠方的景物時，高雄是希望，也是鄉愁。

本書收錄了我與謝濟全、金智、吳建昇等學友過去發表之論文，但都經過了修改、補充與再次審查的過程。〈太平洋戰爭下臺灣的航空攻防（1941-1945）〉一文，研究主旨在於釐清日、美兩國之戰略與戰術上相互因應之道。日本航空隊可分陸軍與海軍兩種，於臺灣之駐防、調遣情況，向來

至為複雜，但為了呈現高雄地區的航空隊、作戰情況及其在臺灣的軍事地位，實有必要進行探討，以了解這段歷史的重要背景。

〈盟軍記載的二戰臺灣機場〉一文，是為探究二戰時期臺灣機場的分期、數量、座落以及興建目的、使用情況等，以便掌握日治時期臺灣機場的整體脈絡，進而清楚認識到高雄在日治航空史上的重要地位。由於過去臺、日檔案的殘缺以及學者的不同觀點，一直未能對此進行明確的研究。於是，我利用赴美國任訪問學者的機會蒐集各種美國檔案，以對此進行探討。

〈日治時期的「高雄飛行場」〉的研究目的，在於釐清日治時期可稱作「高雄飛行場」的五座機場，究竟係指何處？進而探討高雄的民航發展與日本航空隊進駐高雄的歷史軌跡，希望能為讀者勾勒高雄地區航空發展的脈絡。

〈高雄「苓雅寮」機場初探〉，則是對高雄航空肇興時期的探索。透過對美、日檔案的分析，竟發現今星光碼頭（外苓雅寮）原來是全臺第一座可供水上飛機使用的著陸場。然因埋立地淤積，於是海軍將土地售出，另於岡山興建機場，高雄州則計劃於今高雄港66號碼頭至前鎮漁港（內苓雅寮）一帶建造大飛行場。但美軍發現的苓雅寮水上機場（前鎮漁港一帶），則因東港水上機場的興建與港灣泥沙淤積，降低了實用性，遂被取代。於是，這兩座高雄港內的機場也逐漸遭人遺忘。

〈太平洋戰爭下的高雄岡山機場〉一文的主角則是岡

山。高雄岡山向來是日軍的航空重鎮。岡山機場不但是日治下高雄地區規模最大的機場,緊鄰的第61海軍航空廠更是臺灣最大的飛機裝配與維修基地。如此的重要性,遂在1944年10月的臺灣空戰中,成為美軍轟炸的首要目標,受災嚴重,幾成廢墟。隨著航空廠與航空隊的轉移、分散,以及1945年因應特攻作戰,臺灣東北部機場日趨重要的影響,岡山機場遭受轟炸的規模與次數不斷下降,遂得到了休整的機會,成為戰後初期國軍在臺僅僅保留的兩座機場之一。

大高雄的航空工業方面,包括了金智與謝濟全的兩篇論文:〈日本海軍第六十一航空廠之興建與戰備分析〉、〈日本海軍第六燃料廠之興建與戰備分析〉,探討岡山第六十一航空廠以及楠梓第六燃料廠的歷史。飛行機為精密的科技工業產物,必須仰賴龐大的後勤支援方能運作。於是,本文以日、美檔案,試圖描繪航空廠與燃料廠的興建過程與功能,進而分析其歷史地位。

時空記憶的延續,奠基於歷史研究的基礎。惜日治時期無論在高雄的交通史、戰爭史、建築史上,航空卻經常是被忽略的一環。每當教科書中闡揚縱貫鐵路的通車;高雄港口的營運時,卻遺忘了曾一度繁榮發達的空中飛航。無論是經營民航事業的日航公司;內臺、島內等各式航線;使用的客機、貨機、水上飛機、軍用飛機;翱翔於大高雄上空的飛行員;派駐本島的日軍航空隊;甚至是遍及今大高雄各地,總數達10餘座的大小機場,都沒有得到應有的重視。因此,本書探索大高雄航空的往事,除了為保存歷史略盡心力,更期

待喚起對日治飛航史的關注。保存歷史記憶，不但可以引導
人們的方向。這些時空記憶的歷史、文化、教育、啟發等益
處，更將被維持，並豐富我們的未來世代。

杜正宇

第一章：太平洋戰爭下臺灣的航空攻防（1941-1945）[*]

杜正宇、吳建昇

壹、前言

1944年10月中旬的「臺灣空戰」，[1]可謂是臺灣史上規模最大的一場空中戰役。是役，美國動員了第38艦隊的四支分遣艦隊、百餘艘作戰艦艇、17艘航空母艦，於12日、13日與14日上午密集轟炸了臺灣各地的機場。[2]但這段歷史記憶，在戰後近70年的今天，似乎僅留下空襲的陰影。雙方的戰略與攻防已逐漸為人遺忘。歷史可供殷鑑，這場戰役美國掌握了空優，日本在處於劣勢的情況下，如何反擊？兵力如何調動？曾在臺灣上空激戰的美軍飛行員，他們又從何而來？目標何方？戰役結束後，帶來何種轉變與影響？美、日的戰略又如何因應此役後的變局？

---

[*] 本文原刊載於《2012年軍事通識教育暨航空史學術研討會論文集》（岡山：空軍航空技術學院，2012年10月），經修改、增補而成。

[1] 日人稱為「臺灣沖航空戰」，「沖」為海面之意。

[2] Naval War College, The Battle for Leyte Gulf, October 1944. Strategical and Tactical Analysis. Volume 1. Preliminary Operations until 0719 October 17th, 1944. Including Battle off Formosa.（Naval Document Control Data: AD/A-003026）；杜正宇，〈日治下的臺南機場〉，《臺南文獻》，第1期（2012年6月）。

　　過去的研究中，劉鳳翰的專書，主要是利用國防部史政編譯室翻譯日本防衛省出版的《「捷」號作戰指導》、《聯合艦隊之最後決戰》等書編寫而成。但受限於資料，未見日本航空兵力於臺灣的部署與機場的整備；僅透過日人記載，也不易掌握美軍於此役的用兵細節。[3]曾令毅的論文，則1941年後臺灣的航空攻防並非該文重心，且參考資料亦是以日方為主。[4]有鑑於此，筆者在史料運用上，除了以日本防衛省二戰檔案、專書，探討太平洋戰爭後日本航空隊在臺駐防、調派與作戰概況；並利用美國國家檔案館(NARA)、美國海軍歷史與遺跡檔案館（Naval History and Heritage Command, Naval Yard）等原始檔案如曾參與臺灣空戰的美軍艦隊、航艦、飛行中隊的任務作戰報告（Operational Reports）、專書等，試圖掌握美軍的戰略與攻防，以釐清日美兩軍的作戰情況。

貳、「臺灣空戰」前日軍在臺的部署

　　太平洋戰爭開戰前，日本陸軍在臺的航空兵力為第四飛行團，下轄飛行第8戰隊（屏東：偵察、輕爆）、飛行第14戰隊（嘉義：重爆）、飛行第50戰隊（臺中：戰鬥）。[5]另有飛行第16戰隊，原駐滿洲、朝鮮一帶，開戰前調至佳

---

[3]　劉鳳翰，《日軍在臺灣：1895年至1945年的軍事措施與主要活動》（臺北：國史館，1977）。

[4]　曾令毅，〈二次大戰前日軍在臺航空兵力發展之初探（1927-45）〉，《臺灣國際研究季刊》，8卷2期（2012），頁84、86。

[5]　陸軍編制參見：日本防衛省防衛研究所，《戰史叢書：沖繩、臺灣、硫黃島方面作戰：陸軍航空作戰》（東京：朝雲新聞社，1970），頁13。

冬。[6]海軍則有第11航空艦隊編制下的臺南航空隊（駐臺南）、高雄航空隊（駐岡山）與東港航空隊（駐東港）。[7]待1941年底各隊派往南西方面出戰，成為外戰部隊後，臺灣遂轉為南進戰略下的航空隊訓練基地。

　　1942年4月，陸、海軍同步於臺灣成立訓練部隊。陸軍第一航空軍第51教育飛行師團之新編第104教育飛行團駐防臺灣。該團於屏東設置司令部，下轄第106教育飛行隊（臺中：戰鬥）、第108教育飛行隊（屏東：戰鬥）、第109教育飛行隊（嘉義：重爆）。[8]以上駐地均與第四飛行團相同，填補了外戰部隊原先的部署。海軍則於4月1日設置新竹航空隊，進駐新竹基地。10月則成立高雄航空隊（二代）。[9]可見1942年間，臺灣航空兵力以陸軍為主，防禦重心為南部，

---

[6] 〈飛行第16戰隊による爆擊〉：http://www16.ocn.ne.jp/~pacohama/sentaisi/16sen.html。該文詳述第16戰隊調派時間與地點，派至佳冬的時間為11月30日。此文引自本間正七編，《回想　ああ戰友　飛行第16戰隊教導飛行第208戰隊戰隊史》，（國立國會圖書館藏，近代日本軍事關係名簿類，1974年）。另曾令毅之論文，亦有提及飛行第16戰隊進駐佳冬之事，參見氏著〈二次大戰前日軍在臺航空兵力發展之初探（1927-45）〉，《臺灣國際研究季刊》，8卷2期（2012），頁83（表3第8列）。

[7] 海軍編制參見海軍歷史保存會，《日本海軍史（第七卷）》（東京：第一法規出版株式會社，1996），頁38-53；永石正孝（1961），《海軍航空隊年誌》（東京：出版共同社，1961），頁109、113；杜正宇，〈日治時期的高雄飛行場研究〉，《高雄文獻》，1卷2期（2011年9月），頁107、112；曾令毅，〈二次大戰前日軍在臺航空兵力發展之初探（1927-45）〉，《臺灣國際研究季刊》，8卷2期（2012），頁86。

[8] 日本防衛省防衛研究所，《戰史叢書：沖繩、臺灣、硫黃島方面作戰：陸軍航空作戰》（東京：朝雲新聞社，1970），頁15、57。

[9] 永石正孝（1961），《海軍航空隊年誌》（東京：出版共同社，1961），頁116-117；杜正宇，〈日治時期的高雄飛行場研究〉，《高雄文獻》，1卷2期（2011年9月），頁112-113。

北部地區僅有新竹機場由海軍駐防。無論陸、海軍之航空隊皆為教育訓練部隊。

1943年2月後，由於美國空軍已開始進出大陸的東南沿海一帶，對廣東、海南島的攻勢逐漸增強，於是臺灣的警戒遂有強化的必要。[10]為此，陸軍飛行第54戰隊一部於2月派至臺灣擔任防空任務，陸軍第102教育飛行隊（重爆）亦於3月移駐佳冬。隨後，第104教育飛行團將所屬之飛行隊擴編為八隊：第6教育飛行隊（臺中：戰鬥）、第8教育飛行隊（屏東：戰鬥、臺北（一部））、第9教育飛行隊（嘉義：重爆）、第20教育飛行隊（花蓮港：戰鬥、宜蘭（一部））、第21教育飛行隊（佳冬：戰鬥）、第22教育飛行隊（潮州：戰鬥）、第10航空教育隊（屏東）、第3鍊成飛行隊（桃園）。[11]至此，無論臺灣南、北或東部地區均有空中武力防護。海軍部分，除了4月臺南航空隊（二代）開隊以外，10月新竹航空隊設置高雄分遣隊，12月高雄航空隊（二代）設置臺中分遣隊。至年底，海軍第14聯合航空隊正式將新竹空、臺南空（二代）、高雄空（二代）三支兵力全部納入編制。[12]

綜上所述，1943年間駐防臺灣的航空兵力以陸軍第104教育飛行團及海軍第14聯合航空隊等訓練部隊為主，因應美

[10] 日本防衛省防衛研究所，《戰史叢書：沖繩、臺灣、硫黃島方面作戰：陸軍航空作戰》（東京：朝雲新聞社，1970），頁21。

[11] 日本防衛省防衛研究所，《戰史叢書：沖繩、臺灣、硫黃島方面作戰：陸軍航空作戰》（東京：朝雲新聞社，1970），頁21、51-52、84-85。

[12] 永石正孝（1961），《海軍航空隊年誌》（東京：出版共同社，1961），頁115-118；杜正宇，〈日治時期的高雄飛行場研究〉，《高雄文獻》，1卷2期（2011年9月），頁108、113。

軍於廣東、海南島的攻勢，防禦雖擴及全臺，但重心仍在西南一帶。駐防機場以西南部最多，如嘉義、臺南、岡山、屏東（南）、潮州、佳冬等。中北部居次，如臺北（松山）、桃園、新竹、臺中（西屯，即水湳）、公館（戰後機場西遷，演變為今清泉崗）等。但海軍駐公館為分遣隊，陸軍駐松山僅為教育隊之一部，故兵力仍不及西南部。東部僅有一教育隊同時駐防花蓮港與宜蘭（北），兵力更為薄弱。

　　1943年11月25日，美國陸軍航空隊以B25、P38等戰機，越過臺灣海峽，轟炸新竹機場。此役，雖有三架美機遭擊墜，但新竹航空隊損失更為慘重，共有17架戰機遭摧毀或起火燃燒[13]。事後，日本始派遣實戰部隊來臺。陸軍第246戰隊與第18飛行團司令部偵察隊，自大阪移防屏東機場，防空目標特重高雄港內船隻，兩部隊直到隔年3月才返回日本。[14]此外，由於戰事已擴及臺灣，實戰部隊進駐臺灣，一改先前以訓練部隊為主的情況，顯示此事為臺灣空防的轉折點。

　　隨著美軍於太平洋的節節進逼，1944年初日本大本營為防範美國機動部隊來襲，確保琉球、南西諸島、[15]臺灣等絕對國防圈後方要地及南方的交通路線，遂實施了「十號

---

[13] 日本防衛廳防衛研究所（1970），《戰史叢書：沖繩、臺灣、硫黃島方面作戰：陸軍航空作戰》東京：朝雲新聞社，頁22；劉鳳翰，《日軍在臺灣：1895年至1945年的軍事措施與主要活動》（臺北：國史館，1997），頁494；杜正宇，〈日治時期的高雄飛行場研究〉，《高雄文獻》，1卷2期（2011年9月），頁108。

[14] 日本防衛省防衛研究所，《戰史叢書：沖繩、臺灣、硫黃島方面作戰：陸軍航空作戰》（東京：朝雲新聞社，1970），頁22、50。

[15] 包括宮古列島、八重山列島、釣魚臺（尖閣諸島）等。

戰備」計畫，在上述三地整備軍力。[16]臺灣的航空戰備，除
了以「航空要塞」的戰略，於宜蘭、花蓮、臺東等地增設
「第二機場」，強化東部海岸戰力，以與南西諸島連成一
片，陸軍於各地更增設與整建機場，連同海軍的整備機場
及舊有的機場，1944年十號戰備期間，臺灣機場數量至少
已有40餘座。[17]3月以後，陸軍實戰部隊常駐臺灣，如陸軍獨
立飛行第23中隊（小港）、第206獨立飛行隊（隊本部：高
雄），下轄第6直協飛行隊（臺東）、第7直協飛行隊（花
蓮（南））、第8直協飛行隊（臺北（南））。比較特別的
是，或許是當時海軍缺乏實戰航空隊，第206獨立飛行隊4月
來臺後，竟是納入海軍的高雄警備府管轄。[18]直到6月，陸軍
第八飛行師團成立，該隊才編回陸軍。

　　第八飛行師團是終戰前日本駐臺的最大航空武力，兵
力遍及琉球與臺灣。[19]成軍之初於臺灣下轄獨立飛行第16中

---

[16] アジア歷史資料センター，〈第2章10號作戰準備（自昭和19年3月下
旬至昭和19年7月中旬）／其の1 要旨〉，《臺灣方面軍作戰記錄 昭21
年8月》，（Code: C11110353600），頁14。

[17] 杜正宇、謝濟全，〈盟軍記載的二戰臺灣飛行場〉，《臺灣文獻》，
63卷3期（2012年9月）。

[18] 日本防衛省防衛研究所，《戰史叢書：沖繩、臺灣、硫黃島方面作
戰：陸軍航空作戰》（東京：朝雲新聞社，1970），頁20-21、30、50-
51、53、85-86。

[19] 曾令毅，〈二次大戰前日軍在臺航空兵力發展之初探（1927-45）〉，
《臺灣國際研究季刊》，8卷2期（2012），頁83（表3第九列）。但
第八飛行師團6月10日於東京編制戰鬥序列後，6月28日師團長以下
司令部成員向臺北出發，6月29日師團長山本健兒亦赴臺北，7月初司
令部於臺北設立完成。參見日本防衛省防衛研究所，《戰史叢書：沖
繩、臺灣、硫黃島方面作戰：陸軍航空作戰》（東京：朝雲新聞社，
1970），頁81、82、84、86。

隊（駐臺北，原為第18飛行團司令部偵察隊）、獨立飛行第23中隊（從小港移駐嘉義）、第206獨立飛行隊、第104教育飛行團，以及飛行第14戰隊（嘉義（主力）、花蓮港（隊本部））、飛行第29戰隊（小港（主力）、臺北（一部））。[20]擁有的戰機在368架以上，屬於實戰部隊約138架。

表1-1　1944年8月初第八飛行師團在臺兵力概況

部隊	機場	配置機數
獨立飛行第16中隊	臺北	12
獨立飛行第23中隊	嘉義	18
飛行第29戰隊	小港（主力）、臺北（一部）	35
飛行第14戰隊	嘉義（主力）、花蓮港（一部）	33
第206獨立飛行隊第6直協飛行隊（中隊）	臺東（南）	13
第206獨立飛行隊第7直協飛行隊（中隊）	花蓮港（南）	15
第206獨立飛行隊第8直協飛行隊（中隊）	臺北（南）	12
第104教育飛行團第6教育隊	臺中	61
第104教育飛行團第8教育隊	屏東	49
第104教育飛行團第9教育隊	嘉義	49
第104教育飛行團第20教育隊	花蓮港	16
第104教育飛行團第21教育隊	佳冬	21
第104教育飛行團第22教育隊	潮州	34
第104教育飛行團第3鍊成飛行隊	桃園	不明
＊各隊配備之數量不等於可出擊架數。		
參考資料：日本防衛省防衛研究所，《戰史叢書：沖繩、臺灣、硫黃島方面作戰：陸軍航空作戰》（東京：朝雲新聞社，1970），頁84-86、89-90。		

但8月初以後，飛行第29戰隊派往中國大陸、獨立飛行第23中隊派往琉球、獨立飛行第16中隊返還日本，於是又

---

[20] アジア歴史資料センター，〈第2章10號作戰準備（自昭和19年3月下旬至昭和19年7月中旬）／其の4兵力の增減及兵力運用〉，《臺灣方面軍作戰記錄 昭21年8月》，（Code: C11110353900），頁27-28；日本防衛省防衛研究所，《戰史叢書：沖繩、臺灣、硫黃島方面作戰：陸軍航空作戰》（東京：朝雲新聞社，1970），頁80-81、83-86、91。

調派第25飛行團的飛行第20戰隊移駐小港，以接替飛行第29戰隊。此外，原駐德之島的飛行第67戰隊一部亦移駐桃園。[21]至10月臺灣空戰前後，又有飛行第11戰隊（宜蘭（主力）、臺北（一部））、飛行第10戰隊（臺北（主力）、屏東（一部）、小港（一部））、飛行第3戰隊（臺中）等前來助戰。[22]

綜上所述，可見臺灣空戰前後，陸軍航空兵力的部署，以實戰部隊而言，約為5個飛行戰隊，外加第67戰隊之一部。其中，戰機部署較多的機場（包括整個戰隊或戰隊主力）為臺北、臺中、嘉義、小港、宜蘭；戰機部署較少（僅駐防某戰隊之一部）的機場為桃園、屏東、花蓮港。第206獨立飛行隊則有三支中隊分駐臺北（南）、臺東（南）、花蓮港（南）。其餘機場駐防的為第104教育飛行團的訓練部隊。但花東地區的兵力不足，因為8月24日的颱風侵襲中，總計有60餘架戰機受損。其中，第20教育飛行隊就有25架損壞，駐防桃園的第3練成隊亦有三架損壞甚鉅。[23]因此，實際

[21] アジア歴史資料センター，〈第3章捷號作戰準備（自昭和19年7月下旬至昭和19年10月中旬）／其7 兵力の增減及兵力運用〉，《臺灣方面軍作戰記錄昭21年8月》，（Code: C11110354800），頁61；日本防衛省防衛研究所，《戰史叢書：沖繩、臺灣、硫黃島方面作戰：陸軍航空作戰》（東京：朝雲新聞社，1970），頁134、142-143、195、208。

[22] アジア歴史資料センター，〈第3章捷號作戰準備（自昭和19年7月下旬至昭和19年10月中旬）／其7 兵力の增減及兵力運用〉，《臺灣方面軍作戰記錄 昭21年8月》，（Code: C11110354800），頁61；日本防衛省防衛研究所，《戰史叢書：沖繩、臺灣、硫黃島方面作戰：陸軍航空作戰》（東京：朝雲新聞社，1970），頁頁195-196、205、222。

[23] アジア歴史資料センター，〈第3章 捷号作戰準備（自昭和19年7月下旬至昭和19年10月中旬）／其の8 主要なる作戰及作戰準備〉，《臺灣方面軍作戰記錄 昭21年8月》，（Code: C11110354900），頁69；日

能運用的部隊多集中於西部與宜蘭。至於可出戰之機數，開戰前一天（10月11日午後），第八飛行師團配置的戰力為第10戰隊（10架）、第11戰隊（27架）、第20戰隊（27架）、集成防空第一隊（原第6教育隊，10架）、集成防空第一隊（第3練成隊編成，10架）。另有第3戰隊（20架）、第206獨立飛行隊（三支中隊，合計約30架）。[24]以上合計約134架，僅約美軍的十分之一。

　　海軍方面，1944年初至臺灣空戰之役的變化，主要為第14聯合航空隊所屬新竹航空隊解散（1月），代之以虎尾航空隊（5月）；高雄空（二代）之臺中分遣隊解散後（4月），代以虎尾空之臺中分遣隊（5月）。但整體兵力亦有增加，練習航空隊部分增設了基礎教練隊如第二臺南空（2月）、第二高雄空（8月），至9月，第14聯合航空隊共有戰機90架。實戰部隊則有953空於東港開隊（6月）。此外，尚有淡水水偵隊與馬公的30航空隊等。[25]駐臺兵力除上述，7月末尚有221空之一部與341空約50架戰機進駐新竹。[26]

本防衛省防衛研究所，《戰史叢書：沖繩、臺灣、硫黃島方面作戰：陸軍航空作戰》（東京：朝雲新聞社，1970），頁142。

[24] アジア歷史資料センター，〈10号作戰準備（自昭和19年3月下旬至昭和19年7月中旬）／其の6 作戰準備〉（Code: C11110354100），頁37；日本防衛省防衛研究所，《戰史叢書：沖繩、臺灣、硫黃島方面作戰：陸軍航空作戰》（東京：朝雲新聞社，1970），頁205、222-223。

[25] 日本防衛省戰史室，曾清貴譯，《聯合艦隊之最後決戰》（臺北國防部：史政編譯局，1990），頁614；杜正宇，〈日治時期的高雄飛行場研究〉，《高雄文獻》，1卷2期（2011年9月），頁108、113；杜正宇、吳建昇，〈臺南永康機場的時空記憶〉，《臺灣文獻》，63卷1期（2012年3月），頁239-240。

[26] 日本防衛省防衛研究所，《戰史叢書：沖繩、臺灣、硫黃島方面作戰：陸軍航空作戰》（東京：朝雲新聞社，1970），頁105。

表1-2　「臺灣空戰」前日軍在臺的部署（1940末至1944年10月）

時間	概況
1940年末	陸軍第四飛行團：下轄飛行第8戰隊（屏東：偵察、輕爆）、飛行第14戰隊（嘉義：重爆）、飛行第50戰隊（臺中：戰鬥）
1940年末	海軍聯合艦隊附屬第一聯合空：鹿屋空、高雄空、東港空
1941年12月	海軍第11航空艦隊赴南西方面作戰，包括原駐臺灣的三支航空戰隊：21航戰之東港空與23航戰之高雄空、臺南空
1942年4月	由於第四飛行團移出臺灣，故陸軍新編第104教育飛行團（司令部位於屏東）。下轄第108教育飛行隊（屏東：戰鬥）、第109教育飛行隊（嘉義：重爆）、第106教育飛行隊（臺中：戰鬥）。第104教育飛行團隸屬於第一航空軍第51教育飛行師團
1942年4月	海軍新竹空開隊，隸屬馬公警備府
1943年2月	陸軍飛行第54戰隊一部派遣至臺灣擔任防空任務
1943年3月	陸軍第102教育飛行隊駐防臺灣（佳冬：重爆）
1943年3-6月	陸軍第104教育飛行團擴大編制，下轄第6教育飛行隊（臺中：戰鬥）、第8教育飛行隊（屏東：戰鬥、臺北（一部））、第9教育飛行隊（嘉義：重爆）、第20教育飛行隊（花蓮港（北）：戰鬥、宜蘭（一部））、第21教育飛行隊（佳冬：戰鬥）、第22教育飛行隊（潮州：戰鬥）、第10航空教育隊（屏東）、第3鍊成飛行隊（桃園）
1942年7月	海軍高雄空（二代）開隊，隸屬馬公警備府
1942年11月	海軍馬公警備府下14聯合航空隊成立：高雄空（二代）編入
1943年4月	海軍臺南空（二代）開隊，隸屬於14聯空
1943年10月	海軍新竹空設置高雄分遣隊
1943年11月	海軍新竹空隸屬於14聯空
1943年12月	陸軍第246戰隊與第18飛行團司令部偵察隊，自大阪移防屏東機場，防空目標特重高雄港內船隻。
1943年12月	海軍高雄空（二代）設置臺中分遣隊
1944年1月	海軍新竹空解散
1944年2月	海軍第二臺南空開隊，隸屬於14聯空
1944年3月	陸軍第246戰隊與第18飛行團司令部偵察隊，昭和19年初返回日本。
1944年3月	陸軍獨立飛行第23中隊駐防小港機場，隸屬高雄要塞司令部。
1944年4月	陸軍第206獨立飛行隊納入高雄警備府轄下。
1944年4月	陸軍第206獨立飛行隊（隊本部：高雄），下轄第6直協飛行隊（臺東）、第7直協飛行隊（花蓮（南））、第8直協飛行隊（臺北（南））
1944年4月	陸軍第206獨立飛行隊第6直協飛行隊駐防花蓮
1944年4月	海軍高雄空（二代）之臺中分遣隊解散
1944年5月	陸軍第22教育飛行隊預定派駐彰化與鹿港機場
1944年5月	海軍虎尾空開隊，隸屬於14聯空。並設置臺中分遣隊
1944年6月	陸軍第八飛行師團成立，下轄獨立飛行第23中隊、第206獨立飛行隊、第104教育飛行團

1944年6月	海軍953空於東港開隊，隸屬於高雄警備府
1944年7月	陸軍飛行第14戰隊（嘉義（主力）、花蓮港（隊本部））
1944年7月	陸軍飛行第29戰隊（小港（主力）、臺北）
1944年7月	陸軍獨立飛行第23中隊自小港移駐嘉義
1944年7月	陸軍第八飛行師團司令部前進臺北
1944年7月	陸軍第18飛行團司令部偵察隊（松山、桃園）
1944年7月	海軍航空隊實施空地分離制度。第2航空艦隊：臺灣空成立
1944年7月	海軍第221空之一部與第341空進駐新竹
1944年8月	陸軍第18飛行團司令部偵察隊改編為獨立飛行第16中隊，駐防臺北
1944年8月	陸軍飛行第29戰隊之臺北部隊返回小港
1944年8月	陸軍飛行第29戰隊派往中國戰區
1944年8月	陸軍獨立飛行第23中隊自嘉義移駐臺北
1944年8月	陸軍原駐德之島的飛行第67戰隊部分移駐桃園
1944年8月	陸軍第104教育飛行團進駐臺中至嘉義間的新設機場群
1944年8月	海軍第二高雄空開隊，隸屬於14聯空
1944年8月後	陸軍飛行第20戰隊（隸屬第25飛行團）移駐臺灣（小港（主力）、臺北），以接替派往中國的飛行第29戰隊
1944年8月後	陸軍獨立飛行第23中隊派往沖繩
1944年9月	陸軍獨立飛行第16中隊返還日本
1944年10月	陸軍飛行第10戰隊往臺灣集結
1944年10月	陸軍飛行第11戰隊（隸屬第12飛行團）（宜蘭（主力）、臺北）
1944年10月	陸軍第20教育飛行隊預定轉往大肚山
1944年10月	陸軍第三鍊成飛行隊預定轉往樹林口、八塊
1944年10月	陸軍飛行第10戰隊（臺北（主力）、屏東、小港）
1944年10月	陸軍飛行第3戰隊（臺中）
1944年10月	陸軍第206獨立飛行隊獨立飛行第47中隊（花蓮）、獨立飛行第48中隊（臺東）、獨立飛行第49中隊（臺北）

參考資料：アジア歷史資料センター，《臺灣方面軍作戰記錄 昭21年8月》（Code：C11110354100、C11110354800）；日本防衛省防衛研究所，《戰史叢書：沖繩、臺灣、硫黃島方面作戰：陸軍航空作戰》（東京：朝雲新聞社，1970），頁13、15、20-22、30、49-53、57、72、80-81、83-86、91、105、134、142-143、195-196、198、205、208、222-223；海軍歷史保存會，《日本海軍史（第七卷）》（東京：第一法規出版株式會社，1996），頁38-45；永石正孝，《海軍航空隊年誌》（東京：出版共同社，1961）；杜正宇，〈日治時期的高雄飛行場研究〉，《高雄文獻》，1卷2期（2011年9月），頁107-113。

參、「臺灣空戰」時美國海軍的攻勢

　　美國海軍發動臺灣空戰，主要是為了支援雷伊泰灣的登陸戰。一般認為，臺灣空戰起始時間為1944年10月12日至17日，但海軍主要攻勢集中於12日、13日和14日的上午，此後則由陸軍第20航空軍自大陸四川等地，於14、16、17日轟炸各地。由於17日美軍預備在雷伊泰灣（Leyte Gulf）登陸，於是先行轟炸臺灣，破壞日軍在臺的主要機場與港口，以避免日軍利用臺灣增援菲島。[27]這場戰役，美軍第38特遣艦隊共投入四支分遣艦隊。[28]航艦之下則有戰鬥機中隊（VF）、轟炸機中隊（VB）、魚雷機中隊（VT）等。

　　第一分遣艦隊（38.1）下轄大黃蜂號重航艦（CV-8, Hornet）、胡蜂號重航艦（CV-18, Wasp）、考佩斯號輕航艦（CVL-25, Cowpens）、蒙特利號輕航艦（CVL-26, Monterey）。此外，卡伯特號輕航艦（CVL-28, Cabot）則於14日自第二分遣艦隊調入38.1。[29]艦隊的攻擊重心為南臺灣高雄、屏東一帶，主力為大黃蜂與胡蜂號。

---

[27] Samuel Eliot Morison, Formosa Air Battle, History of United States Naval Operations in World War II. Vol 12: Leyte, June 1944-January 1945（Boston: Little, Brown and Company, 1958），p.92；日本防衛省戰史室，吳玉貴譯，《「捷」號作戰指導》（臺北：國防部史政編譯局，1989），頁478、568-569；日本防衛省戰史室，曾清貴譯，《聯合艦隊之最後決戰》（臺北：國防部史政編譯局，1990），頁759；杜正宇、吳建昇，〈臺南永康機場的時空記憶〉，《臺灣文獻》，63卷1期（2012年3月），頁265-266。

[28] 杜正宇，〈日治下的臺南機場〉，《臺南文獻》，第1期（2012年6月）。

[29] USS Cabot, Serial 069, Action Report – Okinawa Jima, Formosa, the Visayas Action Against the Jap Fleet, Luzon, 6 October to 14 October and

　　胡蜂號的作戰區域為高雄至恆春的沿海地帶。12日與大
黃蜂號戰機協同作戰，攻擊地點包括岡山機場、左營港及左
營機場、苓雅寮（水上）機場（今前鎮漁港）、小港機場、
屏東機場、東港（水上）機場、恆春機場等。13日的重心為
岡山機場、東港（水上）機場、屏東機場。14日上午攻擊岡
山機場，並與大黃蜂號機群一同進攻臺南機場。[30]

　　大黃蜂號的作戰區域，北至虎尾機場，南至恆春機場。
其重心為破壞屏東的飛機裝配廠，並為此發動三波攻勢，投
入各式戰機133架次。

表1-3　大黃蜂號重航艦的攻擊梯次（1944年10月12日至14日）

出擊中隊	出擊時間	攻擊目標
VF11（16架）、VB11（12架）、VT11（8架）	10/12 06:10-10:00	屏東機場
VF11（24架）、VB11（11架）	10/12 06:15-10:00	小港機場、屏東機場、東港（水上）機場、恆春機場
VF11（16架）、VB11（12架）、VT11（8架）、VF14（16架）、VB14（12架）、VT14（8架）	10/12 08:15-11:45	小港機場、東港（水上）機場、屏東飛機裝配廠

　　20 October to 31 October 1944（Covers Air Support for Leyte Landings and also 2nd Battle of Philippines while in Task Group 38.2），31 October, 1944, RG38, Box.886 (NARA)；杜正宇，〈日治下的臺南機場〉，《臺南文獻》，第1期（2012年6月）。

[30] USS Cabot, Serial 069, Action Report – Okinawa Jima, Formosa, the Visayas Action Against the Jap Fleet, Luzon, 6 October to 14 October and 20 October to 31 October 1944（Covers Air Support for Leyte Landings and also 2nd Battle of Philippines while in Task Group 38.2），31 October, 1944, RG38, Box.886 (NARA); Commander Bombing Squadron 14, Serial 0202, Aircraft Action Reports – Forwarding of Reports Covers Strikes on Okinawa Formosa Luzon and Pre H HOUR Strike on Leyte Report Covers 10-20 October 1944, 24 October 1944, RG38, Box.391 (NARA).

VF11（25架）、VB11（10架）、VT11（7架）	10/12 11:30-15:00	虎尾機場、屏東機場
VF11（16架）、VB11（12架）、VT11（5架）、VF14（8架）、VB14（12架）、VT14（16架）	10/12 13:37-16:54	岡山機場、苓雅寮（水上）機場、小港機場、屏東機場（另有Wasp號艦載機群）
VF11（8架）	10/13 06:15-10:00	岡山機場、屏東機場、東港（水上）機場
VF11（16架）、VB11（9架）、VT11（8架）	10/13 08:15-11:45	屏東機場、屏東飛機裝配廠
VF11（16架）、VB11（4架）、VT11（8架）	10/13 09:45-13:15	屏東飛機裝配廠
VB11（9架）	10/13 12:45-16:45	東港（水上）機場
VF11（16架）、VB11（12架）、VT11（7架）、VF14（8架）、VB14（12架）、VT14（16架）	10/13 下午	臺南機場（14:30開始攻擊）（另有Wasp號艦載機群）
VF11（24架）、VB11（13架）	10/14 06:20-10:15	岡山機場、小港機場、屏東機場、恆春機場

參考資料：VB-11 ACA-1 Form Reports Vol.2; ACA Form Rpt VF11 Vol.2, RG38, Box.439 (NARA); ACA Form Rpt VF11 Vol.2, RG38, Box439; USS Hornet, Serial 0031, Action Report – Ryukyu Inlands, Formosa, and Philippine Operations, 2 to 27 October, 1944 （Cover Activity in Task Group 38.1）, 28 October, 1944, RG38, Box.1041 (NARA).

　　卡伯特號的戰機群，12日全天擔任艦隊警戒任務，13日上午轟炸新竹機場。[31]蒙特利號12日除進攻澎湖外，戰機群的任務為巡弋與艦隊警戒。13日則進攻屏東、東港（水上）機場、小港機場。[32]

---

[31] USS Cabot, Serial 069, Action Report – Okinawa Jima, Formosa, the Visayas Action Against the Jap Fleet, Luzon, 6 October to 14 October and 20 October to 31 October 1944 （Covers Air Support for Leyte Landings and also 2nd Battle of Philippines while in Task Group 38.2）, 31 October, 1944, RG38, Box.886 (NARA).

[32] USS Monterey, Serial 0029, Action Report – Operations Against Nansei Shoto, Sakishima Shoto, Formosa, Luzon, Visayas and Support of the Leyte

　　第二分遣艦隊（38.2）下轄無畏號重航艦（CV-11,
Intrepid）、邦克山號重航艦（CV-17, Bunker Hill）、漢考
克號重航艦（CV-19, Hancock）、獨立號輕航艦（CVL-22,
Independence）。艦隊的作戰區域為北臺灣的基隆港、松
山、新竹、桃園及花蓮等機場。邦克山號重航艦連續三日攻
擊松山、桃園、新竹三座主要機場。

表1-4　邦克山號重航艦的攻擊梯次（1944年10月12日至14日）

出擊中隊	出擊時間	攻擊目標
VF8（8架）、VB8（12架）、VT8（7架）	10/12 06:14-10:40	新竹機場
VF8（8架）、VB8（8架）、VT8（12架）	10/12 08:20-12:11	松山機場
VF8（15架）	10/12 10:24-13:42	松山機場、桃園機場
VF8（12架）	10/12 12:25-14:46	桃園機場
VF8（12架）、VB8（11架）、VT8（7架）	10/12 13:16-17:11	松山機場
VF8（12架）、VB8（12架）、VT8（7架）	10/13 07:34-10:57	松山機場、新竹機場
VF8（12架）、VB8（12架）、VT8（7架）	10/13 09:07-12:58	新竹機場
VF8（20架）、VB8（11架）、VT8（4架）	10/13 12:40-15:44	新竹機場
VF8（23架）、VB8（20架）	10/14 06:11-10:14	松山機場、桃園機場、新竹機場

參考資料：USS Bunk Hill, Serial 0293, Action Report of USS Bunk Hill for the Period 7-26 October 1944 （Covers Air Support for Prior to and during Leyte Landings in Task Group 38.2）, RG38, Box.879 (NARA); USS Bunk Hill, Serial 0304, ACA-1 Reports, Forwarding of, Report Covers Strikes on Nansei Shoto Northern Luzon and Formosa from 10-22 October 1944. In Task Group 38.2, Vol.1-2, 30 October 1944,

Landings, 2 October to 28 （EL）October 1944 （Covers Activity in 2
Operations while Operating in Task Group 38.1; Air Strikes in Support
Leyte Landings and Second Battle of Philippines）, 27 October, 1944,
RG38, Box.1250 (NARA).

RG38, Box.879(NARA); ACA Form RPT. VF-8 Vol.5, RG38, Box.438 (NARA); ACA Form RPT. VF-8 Vol.5, RG38, Box.438 (NARA); Aircraft Action Report, VT8, No.124-129, RG38, Box.514 (NARA).

　　無畏號重航艦12日的攻擊目標除新竹機場外，重點為松山與淡水水上機場，當日淡水機場機庫遭摧毀，地面亦有三架水上飛機被炸毀。13日的攻擊集中於新竹機場，14日上午的攻勢亦針對新竹。[33]漢考克號的攻擊目標為基隆港與花蓮機場。12日清晨執行戰鬥掃蕩的機群，自基隆巡弋至新竹，並導引三波轟炸基隆與花蓮的機群，而當日的攻擊重心為花蓮機場，攻擊梯次與架次最多。13日除了第二波主攻花蓮機場外，其餘兩波轟炸基隆與花蓮一帶的港口與工業設施。另有一波戰鬥掃蕩，於松山機場上方制空。14日上午展開最後一波攻勢（06:20-10:00），派出23架戰機轟炸松山與桃園機場。[34]獨立號的夜間部隊，11-12日凌晨主要為巡弋索敵。13日凌晨則派出VF（N）41中隊與VT（41）中隊各4架，展開

---

[33] USS Intrepid, Serial 0166, Action Report – Operations Against Nansei Shoto, Formosa, Luzon, and Japanese Fleet – the Visayas in Strategic Support of Landings Operations on Leyte, Philippine Islands from 10 October to 31 October 1944 (Covers Air Support for Leyte Landings and also the 2nd Battle of Philippines in Task Group 38.2), RG38, Box.1064 (NARA); USS Intrepid, WWⅡ Form Reports, RG38 Records of the office of the Chief OF Naval Operations, WWⅡ Action and Operational Reports, Intrepid Action 25 Nov 44 to Intrepid End, RG38, Box.1065 (NARA).

[34] USS Hancock, Serial 0100, Action Report, USS Hancock, for the Period 6 October to 31 October, 1944, Inclusive （Covers Air Support for Leyte Landings and 2nd Battle of Philippines in Task Group 38.2）. Volume.1-5, 3 November 1944, RG38, Box.1016 (NARA).

對東港水上機場、小港機場、臺南機場的偵察與攻擊。[35]

　　第三分遣艦隊（38.3）轄有愛塞克斯號重航艦（CV-9, Essex）、列星頓號重航艦（CV-16, Lexington）、普林斯頓號輕航艦（CVL-23, Princeton）、蘭利號輕航艦（CVL-27, Langley）。該艦隊主要攻擊區域為臺灣中西部北至桃園，南至高雄一帶。愛塞克斯號於12-13日間攻擊澎湖與臺灣中西部一帶的澎湖豬母水、桃園、新竹、臺中、鹿港、虎尾、嘉義、永康等機場。[36]列星頓號12日共執行戰鬥掃蕩與四波攻勢。05:50發起戰鬥掃蕩，16架戰機於空中擊墜近30架日機，於臺中機場地面摧毀2架、損壞3架。隨後的攻勢中，第一波攻擊澎湖豬母水機場與海軍基地，第二波除了偵察日月潭水利設施外，再攻豬母水。中午起飛的第三波，進攻臺中機場與公館機場。第四波攻擊虎尾機場與沿海船隻。13日於06:17派出戰機進行戰鬥掃蕩，後續的三波攻勢中，第一波29架進攻澎湖。其他二波都在日月潭一帶攻擊各式設施。14日上午唯一的一波攻勢，派出戰機38架，協同愛塞克斯號與蘭利號航空隊，猛烈掃射公館機場。地面摧毀日機16架，損害12架，並破壞一座大型機庫、2座高射機槍陣地、2座儲油設施。[37]

---

[35] USS Independence, Serial 001, Action Report, Operation in Support of Lingayen Landings on Luzon, Philippine Inlands Including Strikes on Luzon, Formosa, and the Nansei Shoto Operations in the SouthChina Sea and Strikes on Indo-China, Hainan, and the China Coast, January 1945, 1945 Jan 27, RG38, Box.1057 (NARA).

[36] USS Essex, Serial 0194, Action Report- the Battle of Formosa, 12-14 October 1944, RG38, Box.975 (NARA).

[37] USS Lexington, Serial 0282, Attacks on Formosa on 12, 13 and 14 October

　　普林斯頓號艦載機12日的任務為艦隊制空與警戒。13日則有二波攻勢，上午派出戰機15架進攻澎湖軍港。另有3架執行偵察任務，偵照臺中至嘉義一帶的機場。下午以戰機12架攻擊嘉義機場，地面發現日機15-20架，遂進行掃射。14日上午協同愛塞克斯號航空隊，攻擊臺中一帶一座未知名的機場。機場西南角與東北角停放著日軍雙座教練機與單引擎戰機。兩梯次攻擊中，至少摧毀5架日機。[38]蘭利號12日的攻擊目標為嘉義機場與左營軍港、小港機場，13日擔任艦隊警戒任務，14日則與愛塞克斯號、列星頓號戰機一同進攻公館機場。

表1-5　蘭利號輕航艦的攻擊梯次（1944年10月12日至14日）

出擊中隊	出擊時間	攻擊目標
VF44（7架）、VT44（8架）	10/12 11:27-15:59	左營軍港、小港機場
VF44（8架）、VT44（9架）	10/12 06:30-10:15	嘉義機場
VF44（8架）	10/14 06:15-09:50	公館機場（另有Essex, Air16; Lexington機群）
參考資料：USS Langley, Serial 0227, Action Report – Operations in Support of Seizure and Occupation of Leyte – Samar Area, Philippine Island, 6-30 October, 1944 – Submission of, 7 November 1944, RG38, Box.1089 (NARA); Commander Fighting Squadron 44, Serial 033, Second Action Report – Battle of Formosa 12-14 October 1944, Merely Forwards without Comment Actional Reports 2 and 4-8 Dealing with Air Strikes on Formosa in Support of King 11 Operation. Based on Langley in Task Group 38.3 – ACA Reports 1 and 3 Combined with VT-44 Reports, 2 November 1944, RG38, Box.452 (NARA); Commander Torpedo Squadron 44, No		

　　1944 （East Longitude Dates） – Action Report of, 22 November 1944, RG38, Box.1148 (NARA).

[38] USS Princeton, Serial 06, The Battle of Formosa, 12-14 October 1944 – Action Report （Covers Air Strikes & Patrols for Strikes on Formosa & Pescadores Inlands）, 10 November 1944, RG38, Box.1334 (NARA).

> Serial, Aircraft Action Report – Battle of Formosa 12-14 October 1944, Merely Forwards without Comment ACA Report 2 and 3（To Which Are Attached VF-44 Report 1 and 3）Dealing with Strikes on Formosa in Preparation of King 11. Based on Langley in Task Group 38.3, 30 October 1944, RG38, Box.523 (NARA).

　　第4分遣艦隊（38.4）轄有企業號重航艦（CV-6, Enterprise）、富蘭克林號重航艦（CV-13, Franklin）、貝洛林號輕航艦（CVL-24, Belleau Wood）、聖哈辛托號輕航艦（CVL-30, San Jacinto）。艦隊主力為企業號與富蘭克林號，戰略目標為南臺灣之左營港與安平港內的船隻、臺南機場、小港機場、岡山機場及高雄港與左營軍港的倉庫與設施。[39]聖哈辛托號在此戰的任務中，以艦隊上空警戒為主。[40]

---

[39] Task Group 38.4, Serial 00263, Action Report, Operations Against Okinawa Jima, Formosa, Luzon, Philippine Inlands, Visayas,Philippine Inlands. In Support of the Occupation of Leyte, Philippine Inlands, ouring Period 7 through 21 October 1944, 16 Nonember 1944, RG38, Box.162 (NARA); USS Enterprise Serial 0053, Operations Against the Enemy: Nansei Shoto, Formosa, Philippine Islands, from 7 October 1944 to 21 October 1944（Covers Activity Preceding Leyte Landings in Task Group 38.4）, 31 October 1944, RG38, Box.970 (NARA); USS Franklin, Serial 0039, Action Report - Operations Against the Enemy at Nansei Shoto, Formosa and the Philippine Islands, from 7 October 1944 to 21 October 1944（Covers Activity Preceding Leyte Landings while operating in Task Group 38.4）, 31 October 1944, RG38 (NARA). 第四分遣艦隊之部署與攻勢，參見杜正宇，〈日治下的臺南機場〉，《臺南文獻》，第1期（2012年6月）。

[40] USS San Jacinto, Serial 0043, Action Report, Operations Against Okinawa Jima, Formosa, Luzon, Philippine Islands and Visayas, P.I. Ouring Period 7 through 21 October 1944（Covers Activity in Task Group 38.4 Strikes and Patrols during Attacks on Naha Harbor, Okinawa, Nansei Shoto and Subject Places）, 31 October 1944, RG38, Box.1400 (NARA); VF-51 Serial 0057, RG38, Box.455 (NARA).

貝洛林號輔攻的重心為臺南與岡山機場。12日的攻擊目標為
臺南、岡山、小港機場，13日為臺南（一波攻勢）、岡山
（二波攻勢）機場。但13日上午亦派出8架戰鬥機（屬於第
21戰鬥中隊（VF21）），協同企業號12架戰機（VF12）與
富蘭克林號12架戰機（VF20），一同轟炸岡山與屏東機場。

表1-6　貝洛林號輕航艦的攻擊梯次（1944年10月12日至13日）

出擊中隊	出擊時間	攻擊目標
VT21（4架）	10/12 06:20-09:30	臺南機場
VF21（2架）、VT21（4架）	10/12 08:33-12:32	小港機場
VF21（4架）、VT21（4架）	10/12 12:00-16:15	左營軍港
VF21（5架）、VT21（4架）	10/12 13:45-17:10	岡山機場
VF21（8架）、VF13（12架）、VF20（12架）	10/13 06:16-09:26	屏東機場（此役另有企業號與福蘭克林號艦載機群）
VF21（2架）、VT21（4架）	10/13 08:03-11:43	岡山機場（此役另有企業號與福蘭克林號艦載機群）
VF21（2架）、VT21（3架）	10/13 09:15-13:15	臺南機場
VF21（4架）	10/13 11:27-14:59	岡山機場
VF21（4架）、VT21（4架）	10/13 13:15-17:10	岡山機場

參考資料：USS Belleau Wood, Serial 0198, Air Group 21 ACA-1 Reports, VF-21 Nos. 22 to 43, Inclusive, and VT-21 Nos. 15 to 26, Inclusive（Covers Air Action of VF-21 and VT-21 for Strikes on Formosa, Luzon, Visayas, Leyte and Jap Carrier Task Group）, 11 November 1944, RG38, Box.837 (NARA); USS Belleau Wood, Serial 0170, Action Against Nansei Shoto, Formosa, and Luzon and the Visayas, Philippine Islands, 7 to 21 October 1944（East Longitude Dates）, Report of（Covers Activity in Task Group 38.4 Preceding Leyte Landings）, 3 November 1944, RG38, Box.837 (NARA).

　　面對龐大的美軍攻勢，日本航空隊紛遭擊潰。根據美
軍的任務戰報，僅有第一天上午的戰鬥掃蕩與第一波攻勢
中，出現美日較大規模空中交戰的記錄，但日軍戰機多遭擊
落或逃逸。如漢考克號的戰報，12-14日間該艦戰機共出擊7
梯次（12日3梯、13日3梯、14日1梯），僅有第一天第一梯

次（28架）遭遇日機10架，空中擊落4架後，餘皆逃散。此後全天均不見日機。13日後各梯次於主攻地區亦不見日機蹤影，於是轉為攻擊機場設施與停放的飛機。只有13日上午執行戰鬥掃蕩的機群於松山機場上方遭遇日機兩架，隨即被美軍擊落。[41]可見美軍已掌握了制空權。

日本方面，大本營擬定了海、陸軍統一指揮的方針，由海軍第二航空艦隊司令福留繁中將，統轄陸軍第八飛行師團，並指揮第14聯合航空隊。10月6日，第二航空艦隊司令部置於高雄，福留繁與高雄警備府司令福田良三中將於高雄指揮。[42]聯合艦隊司令豐田副武上將、第一航空艦隊司令大西瀧治郎中將等人則於新竹觀戰。[43]

日軍的抵抗多止於12日上午。如飛行第十一戰隊（27架），12日清晨即接獲美軍於臺北、基隆的數波攻勢戰報，也掌握另有美軍攻擊基隆與花蓮港的情資。於是本隊於宜蘭起飛，赴基隆上空與美軍交戰。駐防臺北的第三中隊則冒險

[41] USS Hancock, Serial 0100, Action Report, USS Hancock, for the Period 6 October to 31 October, 1944, Inclusive（Covers Air Support for Leyte Landings and 2nd Battle of Philippines in Task Group 38.2）. Volume.1-5, 3 November 1944, RG38, Box.1016 (NARA).

[42] 直到10月下旬才解除海軍對陸軍的指揮。日本防衛省防衛研究所，《戰史叢書：沖繩、臺灣、硫黃島方面作戰：陸軍航空作戰》（東京：朝雲新聞社，1970），頁124-125、216；神野正美，《臺灣沖航空戰》（東京：光人社，2004），頁141、143；日本防衛省戰史室，曾清貴譯，《聯合艦隊之最後決戰》（臺北：國防部史政編譯局，1990），頁419、421、423-424、431、662、786；日本防衛省戰史室，吳玉貴譯，《「捷」號作戰指導》（臺北：國防部史政編譯局，1989），頁86-88、469、554。

[43] 日本防衛省戰史室，吳玉貴譯，《「捷」號作戰指導》（臺北：國防部史政編譯局，1989），頁469、770-771。

升空與機場上方四至五層重疊配置的數十架美軍交戰，但均不敵，死傷過半。他們遭遇的應為美軍第二特遣艦隊進行戰鬥掃蕩的航空隊。當日上午，僅邦克山號派往北臺灣上空的戰機就達70架次，日軍自然寡不敵眾。[44]

飛行第二十戰隊（27架）與飛行第29戰隊留置於小港的4架戰機則於清晨迎戰7:20左右出現於屏東、高雄上空約120架美國戰機。該隊遭遇的應是第1分遣艦隊與第4分遣艦隊執行戰鬥掃蕩的戰機，並非兩艦隊之攻擊主力（隨後尚有四波攻勢）。根據美國檔案記載，僅第4分遣艦隊12日出擊的機數就達286架（128（VF）、84（VB）、74（VT））。[45]而日軍僅以約30架迎戰，差距過於懸殊。

集成防空第一隊（10架），天未明即由臺中起飛，於嘉義機場上方遭遇美軍大編隊的戰機群，隨即展開戰鬥。該隊迎戰的應為第3分遣艦隊愛塞克斯號、列星頓號、蘭利號航艦等執行戰鬥掃蕩的機群。集成防空第二隊（10架），則於12日早晨派3架戰機往基隆增援，7架戰機往臺中機場接戰。派往基隆的3架戰機迎戰的是美軍第2特遣艦隊的大隊戰機，

[44] USS Bunk Hill, Serial 0293, Action Report of USS Bunk Hill for the Period 7-26 October 1944（Covers Air Support for Prior to and during Leyte Landings in Task Group 38.2）, RG38, Box.879 (NARA); USS Bunk Hill, Serial 0304, ACA-1 Reports, Forwarding of, Report Covers Strikes on Nansei Shoto Northern Luzon and Formosa from 10-22 October 1944. In Task Group 38.2, Vol.1-2, 30 October 1944, RG38, Box.879 (NARA).

[45] Task Group 38.4, Serial 00263, Action Report, Operations Against Okinawa Jima, Formosa, Luzon, Philippine Inlands, Visayas,Philippine Inlands. In Support of the Occupation of Leyte, Philippine Inlands, ouring Period 7 through 21 October 1944, 16 Nonember 1944, RG38, Box.162 (NARA).

往臺中的7架戰機則迎戰第3分遣艦隊的龐大機群，此舉導致
日機損失慘重。[46]

可見，日本的抵抗大多為12日清晨美軍執行的戰鬥掃
蕩任務。但實力太過懸殊，喪失制空權後，日本陸軍採取的
應變措施為保存實力。鑑於12日的戰役中，第八飛行師團兵
力損失過半，遂於13日令殘存的飛行第十一戰隊（宜蘭）、
飛行第二十戰隊（小港）往臺北集中，集成防空第一隊（臺
中）往桃園，與集成防空第二隊（桃園）會合。各項資材、
飛機等則採取偽裝、隱匿措施，以保存實力。由各隊殘部日
後轉進菲律賓的記錄觀之，第二十戰隊的戰機已不到20架，
十一戰隊則剩下不到10架。[47]

海軍方面，實戰部隊多集中於新竹、高雄。新竹有起降
記錄者為11日的762空攻擊708飛行隊、攻擊702飛行隊、攻
擊703飛行隊，以及12日的221航空隊戰鬥312飛行隊。高雄
一帶有341空戰鬥401飛行隊與402飛行隊等。12日上午曾升
空禦敵者為高雄上空的第341海軍航空隊戰鬥401飛行隊及新
竹起飛的第221海軍航空隊戰鬥312飛行隊約30架零戰。由於
兵力不足，13日遂將三航戰、四航戰納入戰鬥序列，預計進
駐臺中與高雄。13-16日間有作戰記錄者尚有駐防臺南、仁

---

[46] 以上日本各隊之作戰，參見日本防衛省防衛研究所，《戰史叢書：沖
繩、臺灣、硫黃島方面作戰：陸軍航空作戰》（東京：朝雲新聞社，
1970），頁206-211。

[47] 日本防衛省防衛研究所，《戰史叢書：沖繩、臺灣、硫黃島方面作
戰：陸軍航空作戰》（東京：朝雲新聞社，1970），頁212、215、
232、233、325、365。

德一帶的第254海軍航空隊、第256海軍航空隊等。[48]

　　海軍航空部隊戰力不強，折損率高。如大西瀧治郎司令於新竹觀察零式戰機與美軍交戰的情況後，認為攻擊方法只有「衝撞」一途。因為飛行員只有戰爭初期素質精良，可與美軍一戰，惜大多折損。現有飛行員訓練不足，出戰徒增傷亡，卻不能獲致戰果，只能採取特攻一途。待大西赴菲律賓就任後，果然組織了神風特攻隊，發起對美軍的攻擊。[49]此外，海軍的主力並非駐防臺灣的部隊，而是T部隊。該部隊取名於Typhoon（颱風）之T字，係日軍於馬里亞納海戰經驗中，認為航空部隊在正常天候下已無法與美國航艦交戰，因而發展出於惡劣天候中出擊的魚雷攻擊部隊。初建之T部隊約有各式戰機260架，主力為海軍第762航空隊。臺灣空戰一役中，該隊於南九州、琉球一帶夜間出擊，返航時則利用臺灣各地的機場如高雄、嘉義等降落。12日夜間出擊二波，

---

[48] 末國正雄、秦郁彥（1996），〈第254海軍航空隊臺灣派遣隊戰鬥詳報〉，《聯合艦隊海空戰戰鬥詳報》。東京，アテネ書房，頁219-239；日本防衛省防衛研究所，《戰史叢書：沖繩、臺灣、硫黃島方面作戰：陸軍航空作戰》（東京：朝雲新聞社，1970），頁222；神野正美，《臺灣沖航空戰》（東京：光人社，2004），頁155、158-159；永石正孝，《海軍航空隊年誌》（東京：出版共同社，1961），頁152、155；日本防衛省戰史室，曾清貴譯，《聯合艦隊之最後決戰》（臺北：國防部史政編譯局，1990），頁707；〈海軍特設飛行隊一覽〉：www.jyai.net/military/data-07/index20.htm；〈愛機零戰で戰った一千二百日　海軍飛曹長　谷水竹雄〉：http://d.hatena.ne.jp/kanabow/comment?date=20110924&section=p1。

[49] 日本防衛省戰史室，曾清貴譯，《聯合艦隊之最後決戰》（臺北：國防部史政編譯局，1990），頁769-772；日本防衛省戰史室，吳玉貴譯，《「捷」號作戰指導》（臺北：國防部史政編譯局，1989），頁569-570。

第一波54架、第二波45架，共有54架未返航；13日夜間出動34架，20架未歸還。[50]

　　T部隊的突襲，12日完全失敗，13日則有第一分遣艦隊的重巡洋艦坎培拉號（Canberra）遭魚雷擊中、第四分遣艦隊航艦福蘭克林號遭一架為美軍擊傷的日機自殺式撞擊而甲板損傷（美軍無人傷亡），兩艦均未沉沒。但此事卻牽動了戰役的發展，為掩護坎培拉號撤退，14日上午美軍因而發動對臺灣機場的攻擊。[51]而日本大本營接獲各式虛假的戰報後，研判過程中更採取寬鬆的認定，最後竟發表擊沉美軍航艦10艘、另有6艘航艦擊破（起火燃燒）的戰果，憑空〝創

---

[50] 神野正美，《臺灣沖航空戰》（東京：光人社，2004）；日本防衛省防衛研究所，《戰史叢書：沖繩、臺灣、硫黃島方面作戰：陸軍航空作戰》（東京：朝雲新聞社，1970），頁218-221；日本防衛省戰史室，曾清貴譯，《聯合艦隊之最後決戰》（臺北：國防部史政編譯局，1990），頁449-452、456、637、678-679；日本防衛省戰史室，吳玉貴譯，《「捷」號作戰指導》（臺北：國防部史政編譯局，1989），頁472-473。

[51] Task Group 38.4, Serial 00263, Action Report, Operations Against Okinawa Jima, Formosa, Luzon, Philippine Inlands, Visayas,Philippine Inlands. In Support of the Occupation of Leyte, Philippine Inlands, ouring Period 7 through 21 October 1944, 16 Nonember 1944, RG38, Box.162 (NARA); USS Franklin, Serial 0039, Action Report - Operations Against the Enemy at Nansei Shoto, Formosa and the Philippine Islands, from 7 October 1944 to 21 October 1944 （Covers Activity Preceding Leyte Landings while operating in Task Group 38.4）, 31 October 1944, RG38 (NARA); USS Enterprise Serial 0053, Operations Against the Enemy: Nansei Shoto, Formosa, Philippine Islands, from 7October 1944 to 21 October 1944 （Covers Activity Preceding Leyte Landings in Task Group 38.4）, 31 October 1944, RG38, Box.970 (NARA). 日本防衛省戰史室，曾清貴譯，《聯合艦隊之最後決戰》（臺北：國防部史政編譯局，1990），頁688-689；日本防衛省戰史室，吳玉貴譯，《「捷」號作戰指導》（臺北：國防部史政編譯局，1989），頁477。

造〞了美軍40艘船艦沉沒或損害的記錄。19日發表的戰果更加誇大，日軍竟宣告擊沉美軍航艦11艘、另擊破航艦8艘，合計19艘，比38特遣艦隊擁有的航艦還多（17艘）。[52]

肆、「臺灣空戰」後美日的攻防

臺灣空戰結束後，美軍艦隊南下轟炸菲律賓各地的機場與港口。盟軍亦於18日發動蘇祿安島的登陸及20日雷伊泰島的登陸戰，臺灣的航空部隊也因此南下增援菲律賓日軍。如10月下旬，陸軍尚有戰力的飛行第11戰隊、飛行第20戰隊殘部移往菲島。而飛行第29戰隊自中國；飛行第246戰隊自大阪短暫駐防臺灣後，亦於11月赴菲律賓作戰。這段期間，臺灣成為日本航空隊南下的轉進基地。自各地增援，途經臺灣的戰機，僅11月就達1千架以上。[53]

由於戰事暫未及於臺灣，陸軍也掌握時間於1944年11月至1945年1月間在臺重整戰力。兵力方面，獨立飛行第23中隊自沖繩回防臺灣、沖繩新編飛行第105戰隊移防桃園、

---

[52] 日本防衛省防衛研究所，《戰史叢書：沖繩、臺灣、硫黃島方面作戰：陸軍航空作戰》（東京：朝雲新聞社，1970），頁229-231；日本防衛省戰史室，曾清貴譯，《聯合艦隊之最後決戰》（臺北：國防部史政編譯局，1990），頁678-680、683-686；日本防衛省戰史室，吳玉貴譯，《「捷」號作戰指導》（臺北：國防部史政編譯局，1989），頁474-475、546-547、552-553。

[53] アジア歷史資料センター，〈第3章 捷號作戰準備（自昭和19年7月下旬至昭和19年10月中旬）／其7 兵力の增減及兵力運用〉，《臺灣方面軍作戰記錄 昭21年8月》，（Code: C11110354800），頁61；日本防衛省防衛研究所，《戰史叢書：沖繩、臺灣、硫黃島方面作戰：陸軍航空作戰》（東京：朝雲新聞社，1970），頁232、235、238；日本防衛省戰史室，吳玉貴譯，《「捷」號作戰指導》（臺北：國防部史政編譯局，1989），頁610

第九教育隊於嘉義整編為飛行第108戰隊。此外，第八師團亦編成三支特別攻擊隊：「と」號第15飛行隊（臺中）、「と」號第16飛行隊（北港、北斗）、「と」號第17飛行隊（花蓮），[54] 預備執行特攻作戰。1945年後，另有第22飛行團自菲律賓轉進臺灣（1月）、飛行第17戰隊自菲律賓移駐屏東（2月）。[55] 機場方面，由於舊有機場已被發現，遂利用地形於山腳、山谷、盆地之中，於1944年底新建和改造了一批「秘密機場」，[56] 作為航空隊進駐之地。

　　海軍方面，第一航空艦隊1944年9月在菲律賓可動用的戰機原有250架，但在美軍的攻擊下，至10月17日僅剩35架。另一方面，19日時第二航空艦隊可動用的海軍戰機約200餘架（包括13日編入的第三與第四戰隊與在臺機群），加上T部隊可抽調100架，這些戰機便成為增援菲律賓日軍的部隊。[57] 於是，臺灣因為地緣，亦成為海軍的南進基地。

　　不過，日軍在臺整備的兵力與機場，不敵美軍的再次攻擊。美國第38特遣艦隊在雷伊泰灣擊潰日本聯合艦隊後，於

54　日本防衛省防衛研究所，《戰史叢書：沖繩、臺灣、硫黃島方面作戰：陸軍航空作戰》（東京：朝雲新聞社，1970），頁240-241、246-247。

55　日本防衛省防衛研究所，《戰史叢書：沖繩、臺灣、硫黃島方面作戰：陸軍航空作戰》（東京：朝雲新聞社，1970），頁236、241、352-353。

56　「秘密機場」包括臺北（松山）、臺北（南）、宜蘭（西）、龍潭、湖口、苗栗、卓蘭、臺中（東）、埔里、新化、小港（東）、平頂山、潮州（東）、旗山、里港（南、北）等，但新化、里港（南、北）的計畫後來終止，參見杜正宇、謝濟全，〈盟軍記載的二戰臺灣飛行場〉，《臺灣文獻》，63卷3期（2012年9月）。

57　日本防衛省戰史室，曾清貴譯，《聯合艦隊之最後決戰》（臺北：國防部史政編譯局，1990），頁617、724-725；日本防衛省戰史室，吳玉貴譯，《「捷」號作戰指導》（臺北：國防部史政編譯局，1989），頁546。

1945年1月，再度發動對臺灣的大規模空襲。主要目標為機場與港口，目的是為了阻斷臺灣對菲律賓的增援。[58]

　　這次的攻擊中，機場目標與臺灣空戰時略有不同。前次美軍攻擊主要機場，此次亦及於次要機場。按1944年10月14日上午，美國海軍轟炸臺灣各地機場後，陸軍第20航空軍即於下午執行轟炸任務。B-29轟炸機之威力遠非海軍艦載機可比擬，而各地的主要機場均是攻擊目標。[59]由於主要機場已為美軍發現，又經常遭受轟炸，故日機多藏匿於次要與秘密機場。而此次海軍的攻擊，除了擴及次要機場，亦派出許多

---

[58] Frederick C Sherman, Combat Command: The American Aircraft Carriers in the Pacific War （New York: E. P. Dutton and Company, Inc., 1950）, pp.315-328.

[59] 20th Air Force, Headquarters XX Bomber Command APO 493, RCM Report – Combat Mission No.11, Okayama, Formosa, 16 October 44 – Daylight, 23 October 1944, RG18, Box.5434 (NARA); 20th Air Force, Headquarters XX Bomber Command Intelligence Section APO 493, Damage Assessment Report No.11, Target: Okayama Aircraft Assembly Plant, Okayama, Formosa, 25 Oct 44, RG18, Box.5434 (NARA); 20th Air Force, Headquarters XX Bomber Command Intelligence Section APO 493, Damage Assessment Report No.12, Target: Main Quay, Takao, Formosa, 25 Oct 44, RG18, Box.5434 (NARA); 20th Air Force, Headquarters XX Bomber Command Intelligence Section APO 493, Damage Assessment Report No.13, Target: Toshien Harbor, Formosa, 26 Oct 44, RG18, Box.5434 (NARA); 20th Air Force, Headquarters XX Bomber Command Intelligence Section APO 493, Damage Assessment Report No.14, Target: Taichu Airfield, Formosa, 26 Oct 44, RG18, Box.5434 (NARA); 20th Air Force, Headquarters XX Bomber Command Intelligence Section APO 493, Damage Assessment Report No.16, Target: Heito Airdrome, Heito, Formosa, 27 Oct 44, RG18, Box.5434 (NARA); 20th Air Force, Headquarters XX Bomber Command APO 493, Tactical Mission Report, Field Orders No.11 and 12, Mission No.11 and 12, Target on the Island of Formosa, 28 Oct 44, RG18, Box.5434 (NARA); 20th Air Force, Office of the Deputy Commander, IB and C APO 493, Tactical Mission Report, Field Orders No.28, Mission No.28, Target: Kagi Air Base, Kagi, Formosa, 6 Feb 45, RG18, Box.5434 (NARA).

偵察機，試圖找出新建和祕匿的機場。1945年1月的第38特遣艦隊，戰鬥序列中共有航艦13艘。[60]此次任務集中於3日、4日、9日、15日、21日，但各艦並非每役必與。

第一分遣艦隊有愛塞克斯號重航艦、提康德羅加重航艦（CV-14, USS Ticonderoga）、蘭利號輕航艦、聖哈辛托號輕航艦。攻擊區域為臺灣中西部一帶。愛塞克斯號的攻擊目標主要為嘉義機場，兼及北港與鹽水機場。3日上午的任務亦協同蘭利號出擊南投、彰化一帶之機場，出擊時間集中於1月3日至4日。聖哈辛托號的目標多為次要機場，特別著重草屯、彰化、鹿港、二林、北斗、虎尾等機場。蘭利號的攻擊目標略同於聖哈辛托號，但亦及於中北部的臺中、公館、八塊、紅毛等機場。

表1-7 愛塞克斯號重航艦的出擊概況（1945年1月）

出擊中隊	出擊時間	攻擊目標
VF4（8架）、VT4（8架）	1/03 05:48-9:40	嘉義機場
VF4（8架）、VT4（7架）	1/03 07:05-11:45	嘉義機場
VF4（12架）、VT44（6架）、VF44（5架）	1/03 09:30-14:00	臺灣中部地區的機場（協同蘭利號航艦機群）
VF4（8架）、VT4（11架）	1/04 07:00-11:20	嘉義機場

---

[60] Task Group 38.1, Serial 043, Action Report – A Main Report for Support of Lingayen Landings, Volume.1-5, 27 January, 1945, RG38, Box.145-146 (NARA); Task Group 38.2, Serial 0047, Action Report – Support of Lingayen Landing 30 December 1944 to 26 January 1945 （Main Report on Task Force 38's Support of Lingayen Landing by 7th Fleet, Report Covers 3-22 January 1945）, 26 January 1945, RG38, Box149 (NARA); Task Group 38.3, Serial 0024, Operations in Support of Luzon Landings – 30 December 1944 through 26 January 1945 – Task Group 38.3 Report of, 9 February 1945, RG38, Box.150 (NARA);「Task Force 38」: http://pacific.valka.cz/forces/tf38.htm.

VF4（12架）	1/04 09:30-13:00	北港機場、嘉義機場、鹽水機場

參考資料：USS Essex, Serial 050, Action Report – Operations 3-22 January 1945 in Support of Landingd at Ligayen and San Fabian, Luzon, P.1 (Covers Air Support for Ligayen Operation. In Task Group 38.3), 8 February 1945, RG38, Box.976 (NARA); Aircraft Action Report, VF-4 # 41,43,44,46, VMF-124 # 1, VT-4 # 10,11,12, RG38, Box.435 (NARA).

表1-8　聖哈辛托號輕航艦的出擊概況（1945年1月）

出擊中隊	出擊時間	攻擊目標
VT45（9架）、VF45（12架）	1/03 07:10-11:15	草屯、彰化、鹿港、二林、北斗、虎尾等機場
VT45（7架）、VF45（10架）	1/04 09:30-13:15	草屯、彰化、鹿港、二林、北斗、虎尾等機場
VT45（11架）、VF45（12架）	1/09 07:15-11:35	草屯、彰化、鹿港、二林、北斗、虎尾等機場
VT45（9架）、VF45（12架）	1/09 07:00-13:00	彰化機場、北港機場
VT45（7架）、VF45（8架）	1/09 12:45-17:30	左營軍港、虎尾、北斗、彰化等機場
VT45（7架）、VF45（8架）	1/15 08:40-12:30	高雄港、左營軍港
VF45（8架）	1/15 09:45-13:20	北港、嘉義、鹽水、白河、北斗、彰化、鹿港、二林、公館、新社等機場
VT45（6架）、VF45（4架）	1/21 07:07-10:10	高雄港、左營軍港、小港機場
VT45（4架）、VF45（4架）	1/21 07:00-10:40	高雄港、高雄機場（小港）
VT45（6架）、VF45（12架）	1/21 13:35-17:20	高雄港、左營軍港
VT45（6架）、VF45（12架）、VT4（10架）、VF4（5架）	1/21 13:45-17:45	高雄港、北斗機場、北港機場、虎尾機場
VF45（8架）	1/21 09:00-14:00	草屯、彰化、鹿港、二林、北斗、虎尾等機場
VF45（8架）	1/21 15:30-18:20	草屯、彰化、鹿港、二林、北斗、虎尾等機場

參考資料：USS San Jacinto, Serial 005, Action Report; (1)Formosa – Luzon Strikes. 3 through 9 January, (2)Saigon – Camranh Bay Strikes, 10 through 12 January, (3)South China Coast – Hong Kong Strikes, 13 through 16 January, (4)Third Formosa Strike, 21 January, and Second Nansei Shoto Strike, 22 January 1945, 23 January 1945, RG38, Box.1400 (NARA); Commander Fighting Squadron Forty-Five, Serial 003, Aircraft Action Reports; 6 through 9 January, 1945. (Reports Cover Attacks on Airfields of Luzon and Batan Islands P.I. and Formosa in

Support of Lingayen Landings. In Task Group 38.3), 15 January, 1945, RG38, Box.453 (NARA); Commander Fighting Squadron Forty-Five, Serial 004, Aircraft Action Reports; 12 January through 16 January, 1945. (Reports Cover Attacks on Shipping & Oil Tanks Saigon Area FR. Indo-China, Shipping at Toshien Naval Base & Airfields at Formosa.), 19 January, 1945, RG38, Box.453 (NARA); Commander Fighting Squadron Forty-Five, Serial 007, Aircraft Action Reports; 21 and 22 January, 1945. (Reports Cover TCAP, Attack on Airfields & Shipping Strike on Takao Harbor, Formosa and Sweep of Ie Airfield, Ie Shima, Okinawa. In Task Group 38.3.), 25 January, 1945, RG38, Box.453 (NARA); Commander Torpedo Squadron 45, Serial 061, Aircraft Action Reports – Strike on Kobi, Rokko, and Rokko Southeast Airfields, Formosa, 3 and 4 January, 1945, 5 January, 1945, RG38, Box.524 (NARA); Commander Torpedo Squadron 45, Serial 064, Aircraft Action Reports – Strike from 6 January through 16 January, Inclusive, 1945.(Covers Strike on Airfields on Luzon, Batan & Formosa. Shipping at Cape ST. Jacques & Saigon, Indo-China.), 21 January, 1945, RG38, Box.524 (NARA); Commander Torpedo Squadron 45, Serial 065, Aircraft Action Reports – Strike on Formosa and Ie Shima, 21 January and 22 January, 23 January, 1945, RG38, Box.524 (NARA).

表1-9　蘭利號輕航艦的出擊概況（1945年1月）

出擊中隊	出擊時間	攻擊目標
VT44（9架）、VF44（8架）	1/03 09:30-13:30	北斗機場
VT44（6架）、VF44（12架）	1/03 09:40-13:50	草屯、彰化、鹿港、北斗、二林等機場。（草屯、二林無敵機）
VT44（9架）、VF44（8架）	1/04 07:00-11:00	虎尾機場
VT44（6架）、VF44（12架）	1/04 07:15-11:35	彰化、鹿港、二林等機場
VT44（8架）、VF44（8架）	1/09 09:40-14:05	草屯機場、彰化機場、北港機場
VT44（5架）、VF44（8架）	1/15 08:20-1:30	虎尾、臺中機場（偵察）
VT44（5架）、VF44（8架）	1/15 08:38-13:05	草屯機場、臺中機場、公館機場
VF44（8架）	1/21 07:20-11:15	八塊機場、紅毛機場

参考資料：USS Langley, Serial 067, Strikes and Sweeps Against the Philippines, Japanese Held China, and Indo-China, Formosa, and the Nansei Shoto in Support of the Reoccupation of Luzon, 30 December 1944 to 25 January 1945 – Submission of. In Task Group 38.3, 1 January 1945, RG38, Box.1089 (NARA); Commander Torpedo Squadron 44, Serial 012, Aircraft Action Reports for Strikes Against Formosa and Luzon from 3-9 January 1945 (Forwards ACA-1 Reports Covering Attacks on Airfields in Support of Lingayen Operations.), 6 February 1945, RG38, Box.523 (NARA); Commander Torpedo Squadron 44, Serial 015, Aircraft Action Reports on Third Formosa Strike on 21 January 1945 (Forwards ACA-1 Report which Covers Third Strikes on Formosa Especially on Shipping in Takao Harbor in Support of Lingayen Operations.), 6 February 1945, RG38, Box.523 (NARA).

　　第二分遣艦隊主力為列星頓號重航艦、大黃蜂號重航艦與漢考克號重航艦。攻擊重心為高雄、屏東等地的機場與港口。列星頓號攻擊區域為高雄至左營一帶。3日進攻岡山機場與高雄港，但天候不佳，全天僅見到三架日機。4日飛抵岡山機場，因機場內有許多低矮掩體，無法觀測到日機數量，僅攻擊一棟狀似工廠的建物。高雄港內有6艘船隻，左營軍港有4艘大型船隻，均在壽山高射陣地的保護之下。9日，進攻小港機場，機場內停放6架戰機，於是掃射其中4架。高雄港內船隻約有75艘，其中20艘為大型貨輪與油輪。左營軍港內有40艘船艦，其中14艘為驅逐艦與護衛驅逐艦，另有6艘運輸艦。但美軍欲接近時，卻遭遇壽山火砲的猛烈攻擊。15日與大黃蜂號、漢考克號的戰機一同執行戰鬥掃蕩任務。21日於屏東（北）機場地面摧毀7架日機。[61]漢考克號

---

[61] USS Lexington, Serial 065, Action Report, December 30, 1944 through January 22, 1945, Strikes Against Formosa, Luzon, Indo-China, Hong Kong, Okinawa, January 1945, RG38, Box.1148 (NARA).

的攻擊區域集中於屏東一帶。3日的攻擊目標為屏東與恆春機場，4日為屏東機場，9日為屏東、佳冬、東港水上機場、恆春等機場，15日擔任戰鬥掃蕩任務，21日則再度轟炸東港水上機場與恆春機場。[62]

第三分遣艦隊有約克鎮號重航艦（CV-10，USS Yorktown）、胡蜂號重航艦、卡伯特號輕航艦、考佩斯號輕航艦。胡蜂號的攻擊區域主要為桃園、新竹一帶。3日發動四波攻勢：戰機6架（攻擊桃園機場）、戰機24架（後龍機場）、戰機16架（新竹機場）、戰機22架（後龍、桃園機場）。4日一波攻勢：戰機27架（臺中機場）。9日戰機15架（轟炸花蓮一帶）。15日兩波：戰機12架（新竹機場）、戰機10架（新竹、虎尾機場）。21日四波：戰機15架（桃園機場）、戰機29架（新竹機場）、戰機11架（攻擊八塊機場與一處美軍新發現機場）、戰機36架（新竹機場）。[63]約克鎮號進攻的區域為北部一帶。主要目標為松山與桃園機場，但亦及於淡水（水上）機場、八塊機場與基隆港。

---

[62] USS Hancock, Serial 032, Action Report of USS Hancock for Period 30 December 1944 to 25 January, 1945, Inclusive, Covering Operations Against Enemy Aircraft, Ground Installation, Surface Forces, and Shipping in Formosa, Luzon, French-Indo-China, the China Coast, and the Nansei Shoto.（Covers Air Support for Lingayen Landing, In Task Group 38.2.），25, January 1945, RG38, Box.1017 (NARA).

[63] USS Wasp, Serial 002, Action Report of Wasp and Carrier Air Group Eight One in Luzon – Formosa – Okinawa – Saigon – Camranh Bay – Caton and Hong Kong during the Period 30 December 1944 – through 25 January 1945 – East Longitude Dates. Covers Air Support for Lingayen Landings in Task Group 38.1, 25 January 1945, RG38, Box.1504 (NARA).

表1-10　約克鎮號重航艦的出擊概況（1945年1月）

出擊中隊	出擊時間	攻擊目標
VF3（16架）	1/03 05:49-10:06	淡水（水上）機場、桃園機場
VF3（8架）、VT3（11架）	1/03 07:00-11:50	松山機場、八塊機場
VF3（16架）	1/04 06:57-11:15	基隆港、淡水（水上）機場、桃園機場
VF3（13架）	1/04 08:47-13:31	新竹機場、宜蘭機場
VF3（26架）、VT3（11架）、VB3（12架）	1/09 07:00-12:05	淡水（水上）機場、八塊機場、桃園機場
VF3（12架）、VT3（12架）、VB3（10架）	1/09 07:15-11:45	松山機場
VF3（15架）	1/09 08:42-14:05	松山機場、基隆港
VF3（16架）	1/21 06:50-11:30	基隆港、松山機場、桃園機場
VF3（16架）、VB3（2架）	1/21 07:00-11:30	松山機場、基隆（偵照搜尋基隆一帶是否有機場）
VF3（6架）	1/21 08:30-13:46	松山機場
參考資料：USS Yorktown, Serial 036, Report of Actions during the Period 30 December 1944 to 23 January 1945. Covers Air Support for Lingayen Landings in Task Group 38.1 with Air Group 3 Aboard, Philippine Inlands, 26 January 1945, RG38, Box.1541 (NARA).		

　　考佩斯號對臺灣的攻擊集中於9日與21日兩天。9日該艦發動三波攻勢，清晨出動4架戰機，攻擊宜蘭與花蓮地區。另一波為照相任務，包括一架偵察機與三架護航戰機，於宜蘭機場偵照，並摧毀4架停放於地面的日機，損毀其它7架，隨後則攻擊蘇澳一帶的設施。下午，17架戰機再度進攻宜蘭機場，摧毀地面日機2架，損毀數架。但其中一架美機被擊落，飛行員降落於蘇澳外海，僚機拋下救生艇，並將落海地點通報救難潛艇。[64]21日派出兩波戰機攻擊宜蘭與花蓮

---

[64]　USS Cowpens, Serial 012, Report of Actions during the Period 8 January to 2400 – 9 January 1945. Covers 1-Day Strike on Eastern Formosa by Task

機場。第一波4架戰機，1架為偵察機，其餘3架護航，於宜
蘭機場上空偵照時，機場停放6架單引擎戰機，隨即加以掃
射，另發現機場各處有許多假飛機及先前已損毀的戰機。
抵達花蓮後，因天候不良無法偵照，隨即返航。第二波戰機
共14架，抵宜蘭、花蓮機場後，攻擊各式設施。其中一架美
機遭高射機槍擊落，飛行員降落於蘇澳外海，被美軍救難潛
艇救起。當天上午，日軍亦派出戰機，試圖搜尋美國艦隊。
考佩斯號擔任艦隊警戒的機群，於上午擊落2架日機。下午
18架日機接近考佩斯號，美軍擊落其中14架。稍後另有一批
日機16架，接近第一分遣艦隊，其中五架遭考佩斯號警戒機
群圍攻，無任何日機進入艦隊火砲射程。[65]卡伯特號的出擊
則為3日、4日、21日三天。前二日攻擊目標為宜蘭、花蓮機
場。21日則為恆春機場。

表1-11　卡伯特號輕航艦的出擊概況（1945年1月）

出擊中隊	出擊時間	攻擊目標
VF29（8架）、VT29（7架）	1/03 07:15-11:15	宜蘭機場、花蓮機場
VF29（7架）	1/03 11:00-15:00	宜蘭（南）機場、宜蘭（北）機場、花蓮（南）機場
VF29（6架）、VT29（7架）	1/04 07:15-11:15	宜蘭機場、花蓮機場
VF29（6架）	1/04 11:00-15:20	宜蘭機場、花蓮機場
VF29（8架）、VT29（7架）	1/21 07:00-11:10	恆春機場

Group 38.1 with Air Group 22 Aboard for Lingayen Landings, Philippine Area – Entered China Sea on Night of 9-10 January via Bashi Channel, 15 January 1945, RG38, Box.936 (NARA).

[65] USS Cowpens, Serial 040, Report of Actions during the Period 21 January to 1400 – 26 January 1945. Covers 2-Day Strike and Photo Mission on Eastern Formosa on 21 January and Southern Nansei Shoto on 22 January by Task Group 38.1 with Air Group 22 Aboard to Aid Lingayen Landings, Philippine, 26 January 1945, RG38, Box.936 (NARA).

參考資料：USS Cabot, Serial 013, Action Report – Support of Cincsowespac Luzon Landing through Attacks on Enemy Shipping Docks and Facilities and on Aircraft, Airfields and Ground Installitions on Formosa, Luzon, French Indo-China, Hong Kong and Nansei Shoto. Covering Air Support for Lingayen Landings, Philippine Inlands, While in Task 38.1 during Period 3-22 February 1945, 23 January 1945, RG38, Box.887 (NARA); ACA Form RPT's VF29 Vol.1, RG38, Box.446 (NARA). ACA Form RPT's VF29 Vol.2, RG38, Box.446 (NARA).

　　第四分遣艦隊為企業號重航艦與獨立號輕航艦。兩艘航艦均搭載夜戰中隊，但僅有21日曾出擊臺灣，攻擊區域為南臺灣一帶。企業號於21日的戰事中，擔任戰鬥掃蕩的任務。當日日間派出二波戰機，夜間一波，巡弋南臺灣一帶，特重機場上方的制空。[66]獨立號21日於夜間（16:50-21:20）派出夜戰部隊偵察南臺灣的日軍部署情況。黃昏時戰機4架（VF（N）-41）起飛，企業號亦派出8架（VF（N）-90）協同作戰。美軍於大崗山機場發現西方有小型建物，跑道則停放8架戰機，[67]於是展開掃射。飛抵臺南與高雄機場後，機場內均無任何戰機停放。高雄港內約有6艘船隻，左營軍港內則有4-5艘中型船艦。南臺灣一帶日軍的防空火砲多為中、小口徑，各機場與壽山均有陣地。[68]

---

[66] USS Enterprise, Serial 022, Action Report – Operations in Support of the Landings on Luzon, P.I. from 5 to 23 January 1945.（Covers Activity as Night Carrier in Task Group 38.5 during Support for Lingayen Landing），25 January 1945, RG38, Box.971 (NARA).

[67] 此隊日機疑為日本海軍1連基地飛行機隊。アジア歴史資料センター，〈（S4）1連基地飛行機隊戰鬥行動調書（昭和19年11月～昭和20年1月）〉（Code: C08051768500）。

[68] USS Independence, Serial 001, Action Report, Operation in Support of

　　此役之後，臺灣的轟炸任務多由陸軍接手。根據總督府的空襲記錄，1945年1月至8月間，每個月均有空襲：1月（10日）、2月（5日）、3月（9日）、4月（19日）、5月（2日）、6月（3日）、7月（6日）、8月（日）。其中，以4月份最為密集，出擊規模也最大。應是支援美軍於4月1日登陸琉球的任務，以壓制臺灣日軍。出擊機種以B-24、B-25為主。機場目標則集中轟炸主要機場如新竹（18天）、臺北（15天）、屏東（13天）、臺南（11天）、臺中（含公館）（8天）、岡山（6天）、嘉義（4天）、東港（3天）、宜蘭（3天）、花蓮（3天）、臺東（3天）、小港（2天）、桃園（1天）等。次要機場部分，轟炸的天數與規模，均不能與主要機場相比，如鹿港（2天）、佳冬（2天）、樹林（1天）、後龍（1天）、八塊（1天）、大肚山（1天）、彰化（1天）、仁德（1天）、恆春（1天）、馬公（1天）等。可見在戰術上，美國陸軍與海軍不同，轟炸機未能低空滲透臺灣各地偵察，以找出真正有航空隊駐防的秘密機場。而美國陸軍對主要機場的密集轟炸，也導致日軍轉而在臺灣的盆地、山谷、山腳等，利用地形遮蔽，興建作戰用的簡易機場。

Lingayen Landings on Luzon, Philippine Inlands Including Strikes on Luzon, Formosa, and the Nansei Shoto Operations in the SouthChina Sea and Strikes on Indo-China, Hainan, and the China Coast, January 1945, 1945 Jan 27, RG38, Box.1057 (NARA).

表1-12　1945年美軍轟炸臺灣各地機場概況

日期	轟炸機種與數量	機場目標	日期	轟炸機種與數量	機場目標
1/12	B-24：1架	屏東	4/4	B-24：26架、B-25：1架	新竹、臺中
1/14	B-29：50架	臺中、彰化、嘉義、屏東	4/5	B-24：42架	臺南
1/14	B-24：3架	屏東	4/7	B-24：59架	臺南
1/17	B-29：80架	新竹	4/8	B-24：37架、B-25：2架	臺北、後龍、馬公
1/18	B-24：6架	屏東	4/11	B-24：4架、B-25：23架	岡山
1/19	B-24：4架	屏東	4/12	B-24：22架、B-25：1架	新竹、臺南
1/20	B-24：4架	屏東、東港	4/13	B-24：12架、B-25：9架	臺北、新竹
1/21	B-24：6架	屏東	4/15	B-24：52架、B-25：18架	臺北、新竹、臺中
1/21	艦載機	臺北	4/16	B-24：97架、B-25：26架	臺北、宜蘭、樹林、八塊
1/22	B-24：24架	屏東	4/17	B-24：80架	新竹、臺中（公館）、大肚山、臺東
1/29	B-24：40架	屏東	4/18	B-24：80架、B-25：13架	臺中、宜蘭
1/29	B-24：8架	岡山	4/19	B-24：26架	臺南
1/31	B-24：40架	屏東、佳冬	4/20	B-24：29架	臺南
1/31	B-24：5架	岡山	4/23	B-24：27架、B-25：16架	臺北、花蓮
1/31	不明	臺北	4/24	B-24：62架	臺南
2/1	B-24：26架	東港	4/28	B-24：44架、B-25：6架	新竹
2/1	B-24：4架	岡山	4/29	B-24：16架、B-25：2架	新竹、臺南、臺東
2/7	B-24：24架	屏東、小港	5/4	B-24：3架、B-25：2架	新竹
2/7	不明	臺南	5/5	B-24：35架、B-25：1架	臺北、新竹
2/10	B-24：3架	屏東	6/19	B-24：62架、B-25：18架	新竹
2/13	B-24：37架	嘉義	6/20	B-24：44架	新竹
2/28	B-24、B-25、B-29：各1架	臺東	6/29	無轟炸機，陸軍戰鬥機為主	新竹

3/2	B-24：151架	臺北、佳冬	7/2	B-24：23架	臺中
3/13	B-24：53架	鹿港	7/7	B-24：56架、B-25：24架	臺北
3/16	B-24：93架、B-29：2架	臺北、岡山、屏東	7/8	B-24：47架	新竹
3/17	B-24：82架	臺中	7/9	B-24：41架	桃園
3/18	B-24：96架	東港、恆春、臺南、仁德	7/11	B-24：22架、B-25：4架	新竹
3/22	B-24：41架、B-29：1架	臺南、岡山	7/18	B-24：24架	臺北、新竹
3/28	B-24：37架、B-25：1架	臺南	8/7	B-24：24架	小港
3/30	B-24：24架、B-25：26架	臺北、臺中	8/8	B-24：30架	新竹、花蓮
3/31	B-24：15架、B-25：1架	鹿港	8/9	B-24：23架	臺北
4/1	B-24：20架、B-25：26架	宜蘭、新竹、花蓮	8/12	B-24：24架	臺北、嘉義
4/3	B-24：39架、B-25：17架、B-29：11架	嘉義			

參考資料：アジア歴史資料センター，《臺灣空襲狀況集計》（1945年1月至8月）（Code:C11110408300至C11110409200）。

表1-13　1945年臺灣各機場遭美軍轟炸日數

機場	轟炸日數	機場	轟炸日數	機場	轟炸日數
新竹	18	宜蘭	3	後龍	1
臺北	15	花蓮	3	八塊	1
屏東	13	臺東	3	大肚山	1
臺南	11	鹿港	2	彰化	1
臺中（含公館）	8	小港	2	仁德	1
岡山	6	佳冬	2	恆春	1
嘉義	4	樹林	1	馬公	1
東港	3	桃園	1		

參考資料：本研究依據表1-12整理

　　1945年後，由於美、日實力懸殊，日本的軍事思想已轉為特攻作戰。於是，臺灣的航空隊亦編組為特攻隊。為防

範美軍登陸，又興建一批作為地面部隊誘敵、死守的機場：
「航空複郭」，導致終戰時臺灣的機場總數高達70餘座。[69]

在美軍的轟炸之下，日軍選擇其中一批機場做為平日
的「祕匿機場」，飛機則設法偽裝、並利用小樹林、掩體、
疏散道等藏匿。每次出擊2至數架不等，出擊前一日黃昏，
或當日清晨，飛到「發進機場」待命。[70]如日本海軍765航空
隊，平日即駐防臺南一帶的機場，出擊時再飛到新竹與宜蘭
機場發進。[71]

陸軍的「祕匿機場」有10餘座，以中南部居多。祕匿
機場中，南部以北港、北斗的特攻隊較多，北部以樹林口較
多。但特攻隊的兵力，實際上相當單薄。終戰前陸軍航空隊
主力之一的第22飛行團，則是以八塊、宜蘭為機動基地。

「發進機場」機場約有9座，多在北臺灣一帶。這種部
署應是受到琉球戰事的影響，故選擇於北部出擊。而八塊、
宜蘭、花蓮港則是終戰前臺灣最重要的基地，兼具「祕匿」
與「發進」的特色，減少了飛行轉進時遭美軍攻擊的危險。
不僅駐防部隊多，出擊次數亦多。[72]

---

[69] 杜正宇，〈日治時期的高雄飛行場研究〉，《高雄文獻》，1卷2期
（2011年9月），頁110；杜正宇、謝濟全，〈盟軍記載的二戰臺灣飛
行場〉，《臺灣文獻》，63卷3期（2012年9月）

[70] 杜正宇、謝濟全，〈盟軍記載的二戰臺灣飛行場〉，《臺灣文獻》，
63卷3期（2012年9月）

[71] 杜正宇、吳建昇，〈日治下臺南永康機場的時空記憶〉，《臺灣文
獻》，61卷1期（2012年3月），頁271-273。

[72] 杜正宇、謝濟全，〈盟軍記載的二戰臺灣飛行場〉，《臺灣文獻》，
63卷3期（2012年9月）

攻擊次數方面，陸軍約在50次，海軍以765航空隊而言亦有10餘次。[73]這些部隊能夠順利出擊的原因應該有二：（一）許多秘匿與發進機場，並未被美國陸軍列為主要目標，B24、B25多是重覆轟炸規模較大、位居平原，但早在臺灣空戰時就已被發現的機場。（二）日軍以假飛機停放機場各處，戰機則藏匿得當，不但達到欺敵效果，對戰力保存而言，亦相當有效。

表1-14　1945年天號作戰時的臺灣秘匿機場

臺北（包括臺北（南））	「誠」第204戰隊（4月）、「と」第117飛行隊（4月）、「と」第118飛行隊（4月）、獨立飛行第41中隊（6月）
樹林口	獨立飛行第42中隊（3-6月）、獨立飛行第43中隊（3月）、「と」第28飛行隊（5月）、「誠」第25飛行隊（5月）、「誠」第71飛行隊（5月）、「誠」第115飛行隊（6月）、「誠」第116飛行隊（6月）
八塊	「と」第120飛行隊（4月）、第22飛行團（5月）、「と」第71飛行隊（5月）、「誠」第28飛行隊（6月）
桃園	「誠」第114飛行隊（4月）、第3鍊成飛行隊（5月）、飛行第108戰隊（6月）
龍潭	「誠」第16飛行隊（6月）
臺中	飛行第29戰隊（3月）
北斗	「と」第117飛行隊（3月）、「と」第118飛行隊（3月）、「と」第120飛行隊（3月）、「誠」第15飛行隊（6月）
北港	「と」第115飛行隊（3-5月）、「と」第116飛行隊（3-5月）、「と」第117飛行隊（3月）、「と」第118飛行隊（3月）、「と」第120飛行隊（3月）、「誠」第121飛行隊（4-5月）、「誠」第114飛行隊（5月）
草屯	第8教育飛行隊（5月）
嘉義	「と」第25飛行隊（5月）
屏東	「誠」第118飛行隊（5月）
潮州	「誠」第118飛行隊（4月）
宜蘭	第22飛行團（5月）、獨立飛行第43中隊（6月）、飛行第24戰隊（6月）

[73] 杜正宇、吳建昇，〈日治下臺南永康機場的時空記憶〉，《臺灣文獻》，61卷1期（2012年3月），頁272-273。

花蓮港	飛行第17戰隊（3月）、「誠」第26戰隊、「誠」第204戰隊（3月）、獨立飛行第23中隊（5月）、獨立飛行第73中隊（6月）、「誠」第1隼飛行隊（6月）	
臺東	「誠」第117飛行隊（4月）	

參考資料：日本防衛省防衛研究所，《戰史叢書：沖繩、臺灣、硫黃島方面作戰：陸軍航空作戰》（東京：朝雲新聞社，1970），頁352、357、370、395、413-414、488-489、535、551-552、554、558、611。

表1-15 1945年天號作戰時的臺灣發進機場

機場	出擊次數	出擊單位
八塊	12	「誠」第120飛行隊（4月）、「誠」第31飛行隊（5月）、「誠」第120飛行隊（5月）、「誠」第123飛行隊（5月）、「誠」第31飛行隊（5月）、飛行第19戰隊（5月）、飛行第204戰隊（5月）、飛行第17戰隊（5月）、「誠」第71飛行隊（5月）、第9飛行團（5月）、第22飛行團（5月）、誠第31飛行隊（7月）
花蓮港	11	「誠」第26戰隊（4月）、飛行第17戰隊（5月）、獨立飛行第23中隊（5月）、「誠」第26戰隊（5月）、「誠」第204戰隊（5月）、獨立飛行第48中隊（5月）、獨立飛行第23中隊（5月）、飛行第204戰隊（5月）、飛行第17戰隊（5月）、「誠」第31戰隊（5月）、飛行第204戰隊（7月）
宜蘭	10	「誠」第34飛行隊（4月）、獨立飛行第49中隊（5月）、飛行第19戰隊（5月）、飛行第105戰隊（5月）、「誠」第16飛行隊（5月）、「誠」第26戰隊（5月）、飛行第20戰隊（5月）、獨立飛行第41中隊（6月）、飛行第20戰隊（6月）、飛行第19戰隊（4月）
臺中	6	飛行第20戰隊、「誠」第34飛行隊（4月）、飛行第19戰隊（4月）、飛行第29戰隊（5月）、「誠」第15飛行隊（5月）、「誠」第33飛行隊（6月）
臺北	4	「と」第115飛行隊、「と」第116飛行隊（3月）、飛行第10戰隊（3月）、獨立飛行第49中隊（5月）
桃園	3	「誠」第119飛行隊（4月）、飛行第10戰隊機（5月）、「誠」第15飛行隊（5月）
樹林口	2	「誠」第121飛行隊（4月）、「誠」第28飛行隊（5月）
龍潭	2	飛行第20戰隊（5月）、飛行第20戰隊（5月）
臺東	1	獨立飛行第47中隊（5月）

參考資料：日本防衛省防衛研究所，《戰史叢書：沖繩、臺灣、硫黃島方面作戰：陸軍航空作戰》（東京：朝雲新聞社，1970），頁370、428、487-488、520、529、534-535、543-544、546-547、554、559-560、585-587、592、609、617。

伍、結論

太平洋戰爭初期，臺灣航空兵力以陸軍為主，防禦重心為南部，但無論陸、海軍的航空隊皆為訓練部隊。因應1943年初美軍於廣東、海南島的攻勢，防禦雖擴及全臺，但重心仍在西南一帶。至美軍轟炸新竹，始重視臺灣，以實戰部隊駐臺。隨著美軍於太平洋的進逼，日本在臺整備機場與兵力，1944年間機場數量已達40餘座，第八飛行師團亦堂皇成軍。但在臺灣空戰一役，仍不敵美軍強大的武力。

臺灣空戰中，美國特遣艦隊以第一、第四艦隊進攻南臺灣、第二艦隊主攻北臺灣、第三艦隊攻擊中臺灣。每日清晨發動戰鬥掃蕩後，再以3至4波攻勢襲擊臺灣各地機場。面對龐大的美軍，日軍於首日的戰鬥掃蕩便遭擊潰。隨後而來的應變則是陸軍的保存實力及海軍的特攻思想。此役結束後，於臺灣各地興建「秘密機場」，並重整戰力。美軍艦隊則南下支援菲律賓登陸戰。臺灣亦因地緣，成為各地日軍轉進菲島的重要基地。

1945年1月，美軍特遣艦隊再度攻擊臺灣，目標擴及次要機場，並試圖找出新建機場。可見美國海軍與駐臺日軍間，在戰略上的確存在著互有攻防，相互影響的關聯。但此役結束後，美國陸軍的轟炸卻集中於早已發現的主要機場，未能真正癱瘓日本的兵力。於是，日軍利用此情勢，一方面在臺增建機場，一方面以特攻隊，襲擊琉球海面的美國海軍。總數近20座的「秘匿機場」與「發進機場」就是終戰前

日本陸軍部署重心，臺南一帶的機場則成為海軍特攻隊的駐所。而這種情況，直到終戰前也未有改變。

第二章：盟軍記載的二戰臺灣機場[*]

杜正宇、謝濟全

壹、前言

　　臺灣眾多的機場，除少數民航機場外，幾乎都是因太平洋戰爭而出現。在猛烈的戰火下，無數人投入了機場的建設，但戰後近70年的今天，我們卻依然不易回答一個基本卻又重要的問題：二戰時期的臺灣機場倒底有多少？近來的研究，礙於臺灣與日本檔案的殘缺；中研院對美軍資料的蒐集尚在進行；以及研究者的不同觀點，以致眾說紛紜。洪致文的論文，係比對他歷年的調查、《警總接收檔案》、《國軍檔案》與一份美軍的調查（1945）：「Dispositions of Japanese Army Airfields in Formosa」，做出二戰臺灣機場共有64座的結論（不含澎湖）。[1]筆者的研究則比對《警總接收檔案》、《國軍檔案》、《空軍年鑑》、《日本防衛省檔案》，以及劉鳳翰的研究，得出71座的初步清單。隨後以何鳳嬌、洪致文、張維斌等人提出之接收時即撤廢的機場名單、跑道是否相連、實際空間分布等，依次刪除。但有二重

---

* 本文原刊載於《臺灣文獻》，63卷3期（2012年9月），經修改、增補而成。

[1] 洪致文，〈二戰時期日本海陸軍在臺灣之機場〉，《臺灣學研究》，第12期（2011），頁43-64。

港、關廟、西螺、梧棲四座機場無法確認,因而僅能暫時做出59-63座的結論。[2]

面對不同數量的結論,筆者心中不無疑問。竊以為歷史之撰寫須為史實負責,先前之研究既缺乏美方檔案,便應設法取得;因而赴美國國家檔案館(NARA)、美國海軍總部(Naval Yard)、密西根大學(University of Michigan)、加州大學柏克萊分校(University of California, Berkeley)等地蒐集盟軍原始檔案。[3]本文的撰寫便是立基於這批盟軍檔案與日、臺文獻,企圖透過對各種檔案的整理與分析,以釐清臺灣機場的使用與數量。

貳、盟軍檔案之編寫與內容

1942至1949年間,美、澳等國的情報單位及美國國防部、海軍與陸軍等編寫了許多臺灣機場的相關調查報告,內容包括經緯度、相對位置、面積、設施、跑道尺寸,以及空照圖、簡圖與分布圖等。美國國防部(War Department)於終戰後編製的臺灣機場檔案中,有兩份係由日本截獲。機場簡圖與筆者於日本防衛省所見相同,但文字記載增加了美軍調查資料。其中一份條列11座機場的建造時間、絕對位置、相對位置、跑道長度、設施與海拔高度(1946)。[4]另一份

---

[2] 杜正宇、吳建昇,〈日治下臺南永康機場的時空記憶〉,《臺灣文獻》,63卷1期(2012年3月),頁231-244。

[3] 美國國家檔案館保存的二戰時期臺灣資料,可參見杜正宇,《美國國家檔案館所藏二戰時期臺灣戰爭相關紙本類檔案簡目》(臺南:國立臺灣歷史博物館,2012)。

[4] War Department Intelligence, Airfields in Formosa, 21 November 1946,

則有22座（1946）。[5]戰後，美國對臺灣機場的調查，即使到了1950年代，仍在持續進行（1954, 1955）。[6]

負責美國陸軍情報工作的陸軍參謀部二部（G-2），曾以美國軍用地圖（AMS L593）為底稿，標示並繪製22座臺灣各地的機場簡略圖。[7]太平戰爭期間，為執行登陸臺灣的軍事計畫，G-2亦編寫澎湖日軍駐防及臺灣本島日本陸軍部署的情報檔案（1944年9月），[8]檔案中包括臺灣機場的情資。為了使占領臺灣計畫更加完善，美國國防部也擬定了在臺成立軍政府（Military Government）的計畫（1944-1945），[9]而美國陸軍第十軍（Tenth Army）就是預定執行登陸任務的部隊，因此，第十軍的情報單位也編寫了多種臺灣軍事檔案（1944年8月至10月間），以供各式計畫所需。

RG319, Box.83 (NARA).

[5] War Department Intelligence, Former Japanese Airfields in Formosa, 28 October 1946, RG319, Box1372. (NARA).

[6] Bureau of Far Eastern Affairs, Department of the States, Formosa Airfields and Facilities, 1954, RG59, Box.14 (NARA); Bureau of Far Eastern Affairs, Department of the States, Formosa Airfields and Facilities, 1955, RG59, Box.14 (NARA).

[7] Assistant Chief of Staff （G-2）, Intelligence Administrative Div., Janis 87: Study No.29 – Taiwan （Plans）, RG319, Box423. (NARA).

[8] G-2, Estimate & Terrain Appreciation – Pescadores, 25 Sept. 1944, RG338, Box.99 (NARA); G-2, Estimate of the Enemy Situation: Formosa Army; Tactical Study of the Terrain: Formosa Army, 20 Sep. 1944, RG338, Box.99 (NARA).

[9] Policy and Government Branch, Civil Affairs Division, War Department, Draft Directive Concerning Military Government of Formosa and the Pescadores, 9 November 1944, RG165, Box.779 (NARA); Policy and Government Branch, Civil Affairs Division, War Department, Financial Directive for Military Government of Formosa and the Pescadores, 11 April 1945, RG165, Box.779 (NARA).

內容包括了登陸地圖、臺灣海灘調查、臺灣機場、軍機裝配廠、軍需工廠、日軍佈防位置等。[10]研擬的登陸預定地有三:北方由左營軍港南側上岸,並奪取壽山;中路於高雄林園的林子邊、汕尾一帶搶灘;南方則於屏東枋寮北方的海灘登陸。由於臺灣南部就是登陸區,故機場調查集中於臺南、高雄與屏東等地。此外,美國陸軍太平洋戰區司令部(US Army Force, Pacific Ocean Area)亦曾進行臺灣的軍事調查,其中一章的主題就是臺灣的機場與水上機場。[11]

　　因應臺灣空戰(1944年10月)的情報需求,美國陸軍與海軍的聯合情報單位(Joint Army-Navy Intelligence Study, JANIS),亦編寫了數份檔案,如臺灣軍防、港口設施、港口與機場設施等。[12]但當時美國軍機尚未大量飛臨臺灣上空

---

[10] Hdq – G2 - Tenth Army, Map and Terrain Study of Shinshiku Beach, Okayama Beach, Boko – Retto, Western Central Boko Is, Nisoko Beach, Hobito Beach, Formosa, Sep to Oct, 1944, RG338, Box74. (NARA); Hqs, 10th Army, Maps-Formosa, Overlays-Formosa to Overlays & Wire Plans, RG338, Box.73 (NARA); G-3, Tenth Army, JICPOA # 9122, Terrain Study Formosa, Issued for Planning Purposes, G-3 Correspondence 1945 to Operations 1944, RG338, Box.99 (NARA); Tenth United States Army, Maps & Overlays to Reports, 1944-1945, Causeway – Signal File 1944 to Causeway Operation – Gen. (Ordnance)1944, RG338, Box.77 (NARA); Tenth United States Army, Location of Air Facilities and Naval Bases, Prepared by G-2, USAFPOA, August 1944, RG338, Box.75 (NARA); Tenth United States Army, Terrain Appreciation: Southwest Formosa, 19 September 1944, RG338, Box.75 (NARA).

[11] US Army Force, Pacific Ocean Area, Study of Formosa, 15 Feb. 1945, RG165, Box.2220 (NARA).

[12] Joint Army-Navy Intelligence Study of Formosa (Taiwan), Port Facilities, June 1944, RG319, Box.421 (NARA); Joint Army-Navy Intelligence Study of Formosa (Taiwan), Defenses, June 1944, RG319, Box.421 (NARA); Joint Army-Navy Intelligence Study of Formosa (Taiwan), Naval and Air

偵照，故檔案中的機場空照圖僅有20餘座。真正較為完整的檔案是1945年7月編製的臺灣機場空照圖集，[13]收錄61座臺灣機場的空照圖，並列出未有空照圖的機場清單。

美國太平洋艦隊與太平洋戰區司令部（United States Pacific Fleet and Pacific Ocean Areas）亦編製多種臺灣機場的相關調查檔案。如機場概要：詳述55座臺灣機場歷年之調查資料來源與機場位置、設施等，並製作分布圖，以標示各地的機場。此外，海、陸兩軍也依照機場規模與可起降之機種，將臺灣的機場分為十類：重轟炸機機場（HAD）、中型轟炸機機場（MAD）、戰鬥機機場（FAD）、重型轟炸機著陸場（HLG）、中型轟炸機著陸場（MLG）、戰鬥機著陸場（FLG）、緊急著陸場（ELG）、水上機場（SS）、輔助水上機場（ASS）、建造中機場（U/C）。[14]嘉義以北地區，有各機場的空照圖及相關分析檔案。[15]嘉義以南亦有兩種主要檔案。[16]

Facilities, June 1944, RG319, Box.421 (NARA).

[13] Joint Intelligence Study Publishing Board, Air Facilities Supplement to Janis 87, Formosa (Taiwan), July 1945, RG319, Box.421 (NARA).

[14] United States Pacific Fleet and Pacific Ocean Areas, Air Information Summary: Formosa and Pescadores, CINCPAC – CINCPOA Bulletin No.150-44, 25 November 1944, RG38, 330/24/21/3-5 (NARA).

[15] United States Pacific Fleet and Pacific Ocean Areas, Air Target Maps & Photos Selected Targets: Northern Formosa, Pescadores, CINCPAC – CINCPOA, A.T.F. No.146A-44, 1 October 1944, RG38, 330/24/21/3-5 (NARA); United States Pacific Fleet and Pacific Ocean Areas, Air Information Summary: Northern Formosa, Pescadores, CINCPAC – CINCPOA Bulletin No.146-44, 1 October 1944, RG38, 330/24/21/3-5 (NARA).

[16] United States Pacific Fleet and Pacific Ocean Areas, Information Bulllletin: Formosa, Takao and Koshun Peninsula, CINCPAC – CINCPOA Bulletin

　　終戰以後，澳洲情報單位對二戰臺灣機場的調查完成於1949年8月。檔案記載了臺灣65座機場的絕對位置、相對位置、跑道長度、設施與海拔高度。另附8座已併入其他機場、戰時廢棄或疑似假機場的資料。[17]

　　不過，若綜合各式檔案，包括戰爭中損毀、廢棄的5座機場以及3座疑似假機場，那麼目前已知的總數達74座。其中，有空照圖者61座。

No.119-44, 1 August 1944, RG38, 330/24/21/3-5 (NARA); United States Pacific Fleet and Pacific Ocean Areas, Target Analysis Air Target Maps, Principal Sections of Takao Area, Formosa, CINCPAC – CINCPOA, A.T.F. No.139-44, 10 September, 1944, RG38, 330/24/21/3-5 (NARA).

[17] Joint Intelligence Bureau (Melbourne), Department of Defence, Australia, Spot Report No J.I.B.(M)4/12/49, Airfield Summary Formosa, August 1949, RG319, Box.451 (NARA).

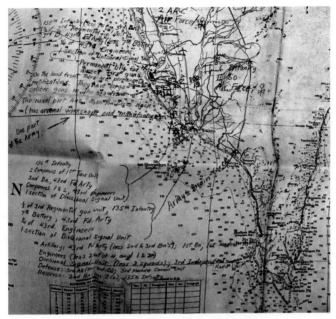

圖2-1　美國陸軍第十軍登陸臺灣計畫

圖像來源：G-3, Tenth Army, JICPOA # 9122, Terrain Study Formosa,
Issued for Planning Purposes, G-3 Correspondence 1945 to
Operations 1944, RG338, Box.99 (NARA).

　　1944年10月，美國海軍為配合菲律賓戰役，壓制在臺
的日本航空隊，曾派出第38艦隊的四支分遣艦隊、17艘航
空母艦，於臺灣東部沿海南北列陣，以龐大攻勢，轟炸臺灣
各地的機場與港口。這場堪稱臺灣史上最大現代戰爭的戰
役，美軍各單位的作戰任務報告（Operation Reports, Aircraft
Action Reports），大多留存，包括各艦隊與各航艦的報告、
航空隊於這段期間各梯次的任務報告等，內容為各中隊的
出擊日期、時間、梯次、目標（以機場與港口為主）、機
種、武器、編隊、作戰經過、空照圖、戰果照片等。航艦

報告則有絕對位置、航行軌跡、戰術、遭遇神風特攻的報
告、照片等。航空隊的報告多附於航艦報告中，但也有10餘
個中隊另行獨立成冊。[18]美國海軍歷史與遺跡檔案館（Naval
History and Heritage Command, Naval Yard）的航空隊隊史檔
案（Aviation History）則有中隊歷史、飛行員名單、相片、
地址，以及戰果照片等，[19]隊史內容與照片亦包括臺灣各地
的機場。

　　四支分遣艦隊執行完集中於1944年10月12-13日的臺灣
轟炸任務後，便南下掩護麥克阿瑟的雷伊泰灣登陸戰，臺灣
的轟炸則由四川成都新津等機場起飛的陸軍第20航空軍接
手。陸軍的任務報告格式除了與海軍相似，更包括了以攻擊
目標彈坑照片進行的投彈落點分析。[20]

---

[18] 分遣艦隊報告包括38.1（5種）、38.2（2種）、38.3（1種）、38.4（3
種）；1944年10月至1945年1月間，執行過轟炸臺灣任務的航艦計有
19艘：Belleau Wood, Bunker Hill, Cabot, Cowpens, Enterprise, Essex,
Franklin, Hancock, Hornet, Independence, Intrepid, Langley, Lexington,
Monterey, Princeton, San Jacinto, Ticonderoga, Wasp, Yorktown；留存之相
關檔案有47種。獨立成冊的飛行隊檔案則有VB-8, VB-11, VB-14, VF-4,
VF-7, VF-8, VF-11, VF-14, VF-29, VF-44, VF-45, VF-51, VT-4, VT-8, VT-
14, VT-44, VT-45等17個中隊，相關檔案28份。

[19] 飛行中隊戰史檔案，筆者共取得VB-1, VB-3, VB-7, VB-8, VB-11, VB-
13, VB-14, VB-15, VB-18, VB-19, VB-20, VF-3, VF-4, VF-7, VF-8, VF-11,
VF-13, VF-14, VF-15, VF-18, VF-19, VF-20, VF-21, VF-22, VF-24, VF-27,
VF-28, VF-29, VF-44, VF-51, VF-81, VF（N）-41, VT-3, VT-7, VT-8, VT-
11, VT-13, VT-14, VT-15, VT-19, VT-20, VT-21, VT-22, VT-28, VT-29, VT-
41, VT-44, VT-45, VT-51, VT-81等51個中隊留存的53種檔案。

[20] 20th Air Force, Headquarters XX Bomber Command APO 493, RCM Report
– Combat Mission No.11, Okayama, Formosa, 16 October 44 – Daylight, 23
October 1944, RG18, Box.5434 (NARA); 20th Air Force, Headquarters XX
Bomber Command Intelligence Section APO 493, Damage Assessment Report
No.11, Target: Okayama Aircraft Assembly Plant, Okayama, Formosa, 25 Oct

　　待陸戰隊與陸軍於雷伊泰灣搶灘上岸後，1945年1月艦隊再度轟炸澎湖與臺灣。這段期間，美軍不僅執行戰鬥掃蕩與轟炸任務，航空隊與偵察機也執行空中偵照及確認臺灣各地機場的任務。

　　透過任務報告的整理與分析，不僅可以呈現臺灣空戰時，美軍的戰略與作戰概況，也可大致還原史實：如臺灣各地的機場與港口，究竟在哪一天何時為哪些美國航空隊轟炸？其經過與戰果等。對本文撰寫而言，這批任務報告亦可作為臺灣各地機場存在的輔證。如臺南仁德機場，就是在1944年10月13日，企業號航艦於當天發動對臺南機場的第二波攻勢中（09:00-13:15），為飛行員發現，並加以偵照，隨後於任務報告中一併呈交仁德機場空照圖。[21]

44, , RG18, Box.5434 (NARA); 20th Air Force, Headquarters XX Bomber Command Intelligence Section APO 493, Damage Assessment Report No.12, Target: Main Quay, Takao, Formosa, 25 Oct 44, RG18, Box.5434 (NARA); 20th Air Force, Headquarters XX Bomber Command Intelligence Section APO 493, Damage Assessment Report No.13, Target: Toshien Harbor, Formosa, 26 Oct 44, RG18, Box.5434 (NARA); 20th Air Force, Headquarters XX Bomber Command Intelligence Section APO 493, Damage Assessment Report No.14, Target: Taichu Airfield, Formosa, 26 Oct 44, RG18, Box.5434 (NARA); 20th Air Force, Headquarters XX Bomber Command Intelligence Section APO 493, Damage Assessment Report No.16, Target: Heito Airdrome, Heito, Formosa, 27 Oct 44, RG18, Box.5434 (NARA); 20th Air Force, Headquarters XX Bomber Command APO 493, Tactical Mission Report, Field Orders No.11 and 12, Mission No.11 and 12, Target on the Island of Formosa, 28 Oct 44, RG18, Box.5434 (NARA); 20th Air Force, Office of the Deputy Commander, IB and C APO 493, Tactical Mission Report, Field Orders No.28, Mission No.28, Target: Kagi Air Base, Kagi, Formosa, 6 Feb 45, RG18 (NARA).

21 Commander, Task Group 38.4, Serial 00263, Carrier Division Two, Action Report: Operations against Okinawa Jima, Formosa, Luzon and the Visayas, 7 through 21 October 1944 （Nov. 16, 1944）, RG38, Box.162 (NARA).

　　臺灣各機場名稱，美、澳等國係以日文、閩南語等發音拼註。為了還原中文的準確性，筆者查閱三套藏於密西根大學地圖圖書館的美國AMS軍用地圖：（1）AMS L892（1:25,000, 1944）；（2）AMS L593（1:250,000, 1944）；（3）AMS L594（1:250,000, 1953）。AMS地圖係美國陸軍工程單位繪製之臺灣與澎湖地圖，經常出現於盟軍檔案中，做為臺灣各機場標示位置的輔助工具。許多機場分布圖與作戰計畫地圖也是以AMS地圖為底圖。而AMS L593與AMS L594的圖面中，亦有中英文地名對照，可以比對機場與鄰近聚落的名稱。但其缺點是比例尺太小，許多街庄下的小聚落並未出現。AMS L892則有250餘張，內容詳盡，甚至繪出聚落房屋的形狀與分布，覆蓋面亦遠遠超越德州大學收藏的臺灣城市地圖。但其應用較為繁瑣，在缺乏中英文地名對照的情形下，須比對大日本帝國陸地測量部繪製的臺灣地形圖等，以對照機場四周的聚落與位置。

　　此外，盟軍以羅馬拼音拼寫的機場名稱，多未統一。大多數機場都出現一座機場數種名稱的現象。各軍事單位或以機場所在街庄命名；或以鄰近大型機場的相對方位命名；或以所在地的小聚落命名；或以鄰近的小村莊命名；而各聚落的閩南語或日語音譯亦未統一。於是在比對之初，經常陷入困境。為此，筆者除求教嘉義大學史地學系黃阿有教授、成大歷史博士蔡博任學友外，另依據分藏於密西根大學漢徹圖書館（Hatcher Graduate Library）與圖書特藏館（Buhr Remote Shelving Facility）的七份1944年美國海軍對臺灣各州廳之調查檔案（Taihoku（臺北），Shinchiku（新竹），

Taichu（臺中）, Tainan（臺南）, Takao（高雄）, Karenko and Taito（花蓮與臺東）, Pescadores（澎湖）），以附錄之地名：日文發音—閩南語發音—中文，進行比對。所幸，均逐一突破，完成機場辨識的工作。

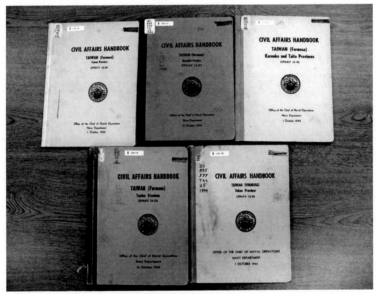

圖2-2　美國海軍編寫之臺灣各州廳調查報告（1944）

圖像來源：筆者拍攝於密西根大學圖書特藏館（Buhr Remote Shelving Facility），另有2本藏於漢徹圖書館（Hatcher Graduate Library）。

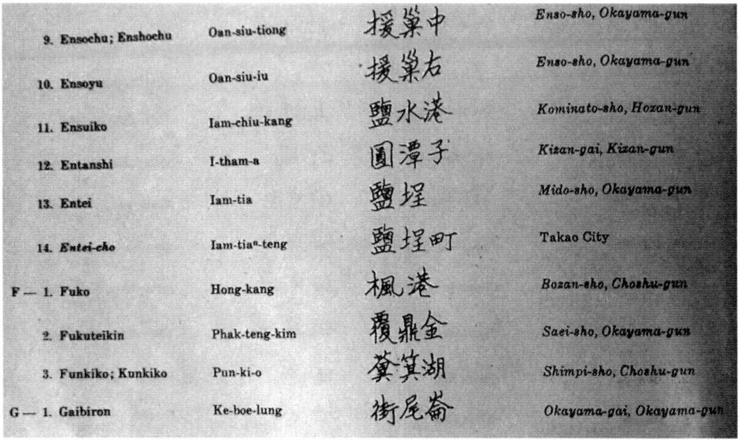

9. Ensochu; Enshochu	Oan-siu-tiong	援巢中	Enso-sho, Okayama-gun
10. Ensoyu	Oan-siu-iu	援巢右	Enso-sho, Okayama-gun
11. Ensuiko	Iam-chiu-kang	鹽水港	Kominato-sho, Hozan-gun
12. Entanshi	I-tham-a	圓潭子	Kizan-gai, Kizan-gun
13. Entei	Iam-tia	鹽埕	Mido-sho, Okayama-gun
14. Entei-cho	Iam-tiaⁿ-teng	鹽埕町	Takao City
F — 1. Fuko	Hong-kang	楓港	Bozan-sho, Choshu-gun
2. Fukuteikin	Phak-teng-kim	覆鼎金	Saei-sho, Okayama-gun
3. Funkiko; Kunkiko	Pun-ki-o	羹箕湖	Shimpi-sho, Choshu-gun
G — 1. Gaibiron	Ke-boe-lung	街尾崙	Okayama-gai, Okayama-gun

圖2-3　調查報告附錄之日文發音—中文發音—中文對照表

來源：Office of the Chief of Naval Operations, Navy Department, Civil Affairs Handbook, Taiwan（Formosa）, Takao Province, OPNAV13-22, 1 Oct. 1944.

參、臺灣各機場之興建與整備

　　1940年末，臺灣已建的機場可分為三類。（一）民用機場：如臺北（松山）、臺中（公館）、臺南、永康、宜蘭、臺東、花蓮港等。（二）陸軍機場：如屏東、嘉義、臺中（西屯，即戰後之水湳）、臺北（練兵場，即南機場）、鹿港等。（三）海軍機場：如苓雅寮（星光碼頭）、岡山、東港（水上）、馬公等。當時，只有海軍的岡山與陸軍的嘉義機場，狀況較為良好。[22]因應南進的作戰態勢，遂展開新建

───────────

[22]　防衛省防衛研究所，《沖繩・臺灣・硫黃島方面陸軍航空作戰》（東京：朝雲新聞社，1970），頁8、13；アジア歷史資料センター，〈島内定期航空開始に関する件〉，《陸軍省-大日記乙輯-S11-9-30》（Code: C01006840500）。永康、岡山、馬公、屏東、淡水等機場，

機場的計畫，至1941年，陸軍設置了鳳山、潮州、佳冬、恆春機場，海軍則設置新竹機場。民用機場方面，除新設淡水（水上）機場外，臺北（松山）轉為陸海軍共用，臺南、臺中（公館）則移作海軍使用。[23]太平洋戰爭開戰前的機場整備重心為南部，主要是充作外戰部隊的南進基地。如海軍的臺南航空隊（駐臺南）、高雄航空隊（駐岡山）、東港航空隊（駐東港），陸軍的飛行第8戰隊（駐屏東）、飛行第14戰隊（駐嘉義）、飛行第50戰隊（駐臺中）等均於戰前陸續開隊。待各部隊於年底出戰後，臺灣遂成為教育航空隊的訓練基地。海軍的第14聯合航空隊與陸軍的第104教育飛行團就是開戰後駐防於臺灣的主要航空部隊。[24]

隨著太平洋戰爭的節節敗退，1944年初日軍實施十號戰備時，決意強化臺灣的航空設施，特別重視東部地區，以便與南西諸島的機場連成一片。日本陸軍傳統的機場設置策略

參見杜正宇，〈日治時期的高雄飛行場研究〉，《高雄文獻》，1卷2期（2011年9月）；杜正宇、吳建昇，〈日治下臺南永康機場的時空記憶〉，《臺灣文獻》，63卷1期（2012年3月）；曾令毅，〈「航空南進」與太平洋戰爭：淡水水上機場的設立與發展〉，《臺灣文獻》，63卷2期（2012年6月）；張志源、邱上嘉，〈西元1937-1945年臺灣淡水水上機場角色功能與空間配置之研究〉，《科技學刊》（人文社會類），16卷2期（2007）；苓雅寮機場可參見本書第四章。

[23] 防衛省防衛研究所，《沖繩・臺灣・硫黃島方面陸軍航空作戰》（東京：朝雲新聞社，1970），頁13。

[24] 防衛省防衛研究所，《沖繩・臺灣・硫黃島方面陸軍航空作戰》（東京：朝雲新聞社，1970），頁15、57；杜正宇，〈日治時期的高雄飛行場研究〉，《高雄文獻》，1卷2期（2011年9月），頁107-108；杜正宇，〈日治下的臺南機場〉，《臺南文獻》，第1期（2012年7月）；曾令毅，〈二次大戰前日軍在臺航空兵力發展之初探（1927-45）〉，《臺灣國際研究季刊》，8卷2期（2012）。

為多數、分散，但在實戰中參考了盟軍於巴布亞紐幾內亞的摩爾斯比（Moresby）航空基地的案例，於是航空本部遠藤三郎中將、參謀本部作戰長服部卓四郎等人，便於1943年提出「航空要塞」戰略，認為機場的設置必須少數、集約，以核心機場為中心，周遭興建數個機場，結合成大型的航空要塞。跑道間以「誘導路」（疏散道）相連，一旦遭到轟炸，仍可利用其餘的跑道起降。1944年1月，日本大本營發表了〈航空基地整備要綱〉，在「航空要塞」概念的指導下，日軍便於3月後構築宜蘭、花蓮港、臺東的「第二機場」。舊有的三座機場亦稱宜蘭（北）、花蓮港（南）、臺東（北），新建者則為宜蘭（南）、花蓮港（北）、臺東（南）。其中，臺東（北）由海軍進駐。完工後的宜蘭、花蓮港為「根據地航空要塞」，臺東則是「機動航空要塞」。[25]

十號戰備時，日軍在臺至少有臺北（松山）、臺北（練兵場）、淡水、臺中（公館）、臺中（西屯）、鹿港、嘉義、永康、臺南、岡山、鳳山、屏東（南）、佳冬、潮州、恆春、宜蘭（北）、花蓮港（南）、臺東（北）等機場，新設置中將作為教育與防空用的機場則有桃園、彰化、鹿港、小港、屏東（北）、宜蘭（南）、花蓮港（北）、臺

---

[25] アジア歴史資料センター，第一復員局，〈第2章 10號作戰準備（自昭和19年3月下旬至昭和19年7月中旬）／其の6 作戰準備〉，《臺灣方面軍作戰記錄 昭21年8月》（Code：C11110354100），頁38；〈10號作戰準備（第2章 10號作戰準備（自昭和19年3月下旬至昭和19年7月中旬）／其2 臺灣軍戰鬥序列下令〉，《臺灣方面軍作戰記錄 昭21年8月》（Code：C11110353700），頁20；防衛省防衛研究所，《沖繩・臺灣・硫黃島方面陸軍航空作戰》（東京：朝雲新聞社，1970），頁30-37、102。

東（南）等。除了海軍於1月發布強化馬公、淡水、新竹、臺中（公館）、虎尾等機場的命令外，至5月尚有桃園、彰化、鹿港、宜蘭（南）、花蓮港（北）、臺東（南）等陸軍機場正進行工事。彰化、鹿港機場預定由陸軍第22教育飛行隊進駐，桃園則由陸軍新編的第三鍊成飛行隊駐紮。[26]

根據防衛省的檔案，這段期間舊有機場中進行擴張、整備的有臺北、臺中、鹿港、嘉義、屏東（南）、佳冬、潮州、恆春、宜蘭（北）、花蓮港（南）等；新增設置中的有桃園、彰化、員林、北斗、鹽水、小港、屏東（北）、宜蘭（南）、花蓮港（北）等。獻納機場（簡易機場）中，亦有金包里、樹林口、八塊、上大和、池上、大肚山等移交陸軍，以做臨時起降使用。[27]當時，臺灣軍航空參謀三浦辰夫的構想是將臺灣的北、中、南部各建設可容納一整個飛行師團進駐的大型航空要塞。北斗、北港、鹽水則做為連接南北「空中列車」的場站。一旦敵軍進攻南部的基地，那麼北部的戰機便可迅速的支援、返航。為了南部航空要塞的建設，三浦也於7月視察了里港（南、北）、屏東（南、北）及小港附近的機場。至於臺中至嘉義間的新設機場群，則預定由第104教育飛行團進駐。[28]

---

[26] 防衛省防衛研究所，《沖繩‧臺灣‧硫黃島方面陸軍航空作戰》（東京：朝雲新聞社，1970），頁48-49、72。
[27] アジア歷史資料センター，第一復員局，〈10號作戰準備（自昭和19年3月下旬至昭和19年7月中旬）／其6 作戰準備〉，《臺灣方面軍作戰記錄 昭21年8月》（Code: C11110354100），頁38。
[28] 防衛省防衛研究所，《沖繩‧臺灣‧硫黃島方面陸軍航空作戰》（東京：朝雲新聞社，1970），頁102、134。

　　不過，集約機場的航空要塞策略，實難敵美國優勢的
空中武力與偵察。根據筆者取得的美方檔案，1941年開戰
前的機場不但早為美方知悉，畫入了軍用地圖中，[29]1944年
為美軍偵照，並由情報單位標示位置、跑道長寬、相關設
施的機場即有花蓮（併入花蓮（南））（4月）、澎湖白沙
（廢棄）（4月）、湖口（6月）、鹿港（6月）、虎尾（6
月）、左營（水上）（6月）、小港（6月）、苓雅寮（水
上）（6月）、豬母水（澎湖）（6月）、池上（9/12）、
嘉義（白河）（廢棄）（10月）、後龍（10/12）、大
肚山（10/12）、北斗（10/12）、北港（10/12）、潮州
（10/12）、仁德（10/13）、宜蘭（西）（10/17）、歸仁
（10/18）、紅毛（11/9）、澎湖廢機場（11月）等。[30]

　　這些檔案證明，至少在情報蒐集上，美國充份掌握先
機。如5月還在施工的鹿港機場，6月即被美軍發現。東部航

---

[29] Army Map Service, U.S. Army, AMS L892, 1:25,000（Washington, D.C.: U.S.Army, 1944）（Map Library, University of Michigan）; Army Map Service, U.S. Army, AMS L593, 1:250,000（Washington, D.C.: U.S.Army, 1944）（Map Library, University of Michigan）; Army Map Service, U.S. Army, AMS L594, 1:250,000（Washington, D.C.: U.S.Army, 1953）（Map Library, University of Michigan）.

[30] Commander, Task Group 38.4, Serial 00263, Carrier Division Two, Action Report: Operations against Okinawa Jima, Formosa, Luzon and the Visayas, 7 through 21 October 1944 （Nov. 16, 1944）, RG38, Box.162 (NARA); Joint Army-Navy Intelligence Study of Formosa （Taiwan）, Naval and Air Facilities, June 1944, RG319, Box.421 (NARA); Joint Intelligence Bureau （Melbourne）, Department of Defence, Australia, Spot Report No J.I.B. （M）4/12/49, Airfield Summary Formosa, August 1949, RG319, Box.451 (NARA); Joint Intelligence Study Publishing Board, Air Facilities Supplement to Janis 87, Formosa （Taiwan）, July 1945, RG319, Box.421 (NARA).

空要塞的興築也為美方掌握，如4月份美軍即知花蓮舊機場已併入花蓮（南）的範圍。此外，美國情報資料也補充了日本現存檔案的缺漏，如嘉義（白河）廢機場日人就未有記載，而美軍的偵照，也佐證了這段期間興造、廢棄的海軍機場已有後龍、虎尾、仁德、歸仁、紅毛、豬母水（澎湖）、澎湖廢機場、澎湖白沙廢機場等。

待10月份臺灣空戰結束後，鑑於美軍密集轟炸各地機場的教訓，加上機場多已被發現，於是11月日軍便展開一系列機場的強化與秘匿措施。除了在主要機場增建耐炸的指揮通信所與特種掩體、增設輔助跑道，並分散機場設施外，也改造和興建了一批「秘密機場」。至12月，工事略成的「秘密機場」，除臺北（松山）、臺北（南）、宜蘭（西）外，有龍潭、湖口、苗栗、卓蘭、臺中（東）、埔里、新化、小港（東）、平頂山、潮州（東）、旗山、里港（南、北）等，但新化、里港（南、北）的計畫後來終止。[31]這些機場除了做為飛行隊進駐基地外，也可供南北來往的戰機轉場與整補。當時南下增援菲律賓的軍機數量非常龐大，僅1944年11月，自日本南下途經臺灣的戰機就達1,000架以上。[32]

「秘密機場」的概念來自臺灣空戰。當時，第八飛行師團將飛機與作戰物資利用偽裝網、道路、森林、坑洞等分散隱匿，戰力保存的成果良好，只有第104教育飛行團因執

---

[31] アジア歴史資料センター，第一復員局，〈第4章 捷1號作戰（自昭和19年10月下旬至昭和19年12月）／其3 主要なる作戰及作戰準備〉，《臺灣方面軍作戰記錄 昭21年8月》（Code: C11110355300），頁96-97。

[32] 防衛省防衛研究所，《沖繩・臺灣・硫黃島方面陸軍航空作戰》（東京：朝雲新聞社，1970），頁236、241。

行不善遭致損失，其它的作戰部隊並無太大損害，[33]於是在戰後便產生了將機場加以隱藏的想法。這批「秘密機場」的位置多有一特色，那就是靠近山腳，或位於谷地、臺地與盆地。這或許是考慮到平原地形遼闊，機場易被發現，也不易防空，山區則可利用地形、煙霧等掩蔽，四周高地的機槍與高射砲陣地亦可防禦美軍低飛轟炸的戰機。為了欺敵，日軍也製作偽飛機約1千架，置放於各地的機場。[34]這些速成的機場與假飛機須動用的勞力頗鉅，除了海軍的勞務隊徵用大量民工外，陸軍多由臺灣人組成的特設警備工兵隊，也從1944年9月18日開隊時的1萬人擴大至終戰時的1萬7千人。[35]

不過，機場的規模、面積，根本無法與飛機、物資相比。僅僅利用地形，就想藏匿整座機場，至少在當時，可能性並不高。除了臺北（松山）、臺北（南）、宜蘭（西）早已為美軍偵知，其餘在1945年1月發現，並經情報單位研究的機場就達約30座，如平頂山（老埤）（1/3）、小港東（大寮）（1/13）、臺中（東）（1/14）、草屯（1/14）、

---

[33] アジア歴史資料センター，第一復員局，〈第3章 捷號作戰準備（自昭和19年7月下旬至昭和19年10月中旬）／其9 敵機動部隊の来襲〉，《臺灣方面軍作戰記録 昭21年8月》（Code: C11110355000），頁79；防衛省防衛研究所，《沖繩・臺灣・硫黃島方面陸軍航空作戰》（東京：朝雲新聞社，1970），頁102-103、215、236。

[34] アジア歴史資料センター，第一復員局，〈第4章 捷1號作戰（自昭和19年10月下旬至昭和19年12月）／其3 主要なる作戰及作戰準備〉，《臺灣方面軍作戰記録 昭21年8月》（Code: C11110355300），頁97。

[35] アジア歴史資料センター，第一復員局，〈第4章 捷1號作戰（自昭和19年10月下旬至昭和19年12月）／其3 主要なる作戰及作戰準備〉，《臺灣方面軍作戰記録 昭21年8月》（Code: C11110355300），頁97；防衛省防衛研究所，《沖繩・臺灣・硫黃島方面陸軍航空作戰》（東京：朝雲新聞社，1970），頁103。

大林（1/14）、新社（東勢）（1/16）、臺中（公館）
（西）（1/16）、彰化（鹿港（東南））（1/16）、二
林（1/17）、湖口（南）（1/18）、苗栗（1/18）、鹽埔
廢機場（1/18）、金包里（1/21）、樹林（1/21）、八塊
（1/21）、龍潭（東）（1/21）、龍潭（南）（1/21）、
左營（1/21）、鹽水（1/21）、麻豆（1/21）、佳冬
（1/21）、卓蘭（1/24）、桃園（1/25）、鳳山（1/29）、
旗山（1/31）、大崗山（阿蓮）（1/31）、臺南（北）（廢
棄）（1月）、岡山（東）（燕巢）（1月）、里港廢機場
（1月）等。[36]

　　秘密機場中，除新化稍晚被偵照（2/2），幾乎都在1月
份就為美軍發現，如苗栗、卓蘭、臺中（東）、新化、小港
（東）、平頂山、旗山、里港等，美軍亦知里港遭廢棄的情
形。只有十號戰備時設置的上大和與秘密機場中的埔里，算
是達到某種秘匿、分散效果，藏匿了數月才為美軍發現。[37]
此外，盟軍檔案也詳列了更多其它機場的資料。如陸軍的
草屯、海軍的大林、新社（東勢）、公館（西）、麻豆、左
營、大崗山（阿蓮），以及陸海軍歸屬不明的臺南（北）

---

[36] Joint Army-Navy Intelligence Study of Formosa (Taiwan), Naval and Air Facilities, June 1944, RG319, Box.421 (NARA); Joint Intelligence Bureau (Melbourne), Department of Defence, Australia, Spot Report No J.I.B.(M)4/12/49, Airfield Summary Formosa, August 1949, RG319, Box.451 (NARA); Joint Intelligence Study Publishing Board, Air Facilities Supplement to Janis 87, Formosa (Taiwan), July 1945, RG319, Box.421 (NARA).

[37] 上大和有兩座，均在4月為美軍發現。除上大和外，另一座上大和（北）機場位於林田。埔里亦有兩座：埔里與埔里（東）廢機場，美軍發現時間為5月。

（廢棄）、岡山（東）（燕巢）、二林、鹽埔（廢棄）機場等，而湖口、龍潭等各有兩座分離的機場，日本檔案僅記載一座，亦是因美國檔案而證明。

1945年3至6月的天號作戰期間，日本深恐美軍欲登陸臺灣，考量到登陸以後地面部隊的重要性，以及機場駐軍與地面部隊的兵力分配問題，遂中止金包里、新化、里港（南、北）、小港（東）等機場的工事，以集中軍力。部分機場亦主動摧毀，如陸軍破壞了佳冬與恆春機場，[38]海軍則破壞紅毛機場。[39]但遭陸軍破壞的恆春機場，終戰前則轉為海軍使用。[40]

為了加強防禦，各機場多利用周邊高地興築防空與野戰陣地。其目的是當盟軍空降部隊奪取機場時，即可發揮火力壓制的作用。如後龍機場南側與北側高地、新竹機場東南側高地、樹林口西側臺地、桃園機場附近的南崁等地均修築野戰陣地。平原地區則修築防空塔，如大肚山機場與臺中機場的防空塔，不但可防空，地下尚有坑道等設施，可供大隊兵力躲藏，待敵軍落地後奇襲。至於建材，則取之於佳冬機場、臺電大安溪發電設施的建築材料，以及岡山、臺南機場遭美軍炸毀的機庫。但仍有鹿港、嘉義等機場不利於防空

---

[38] アジア歴史資料センター，第一復員局，〈第5章 天號作戰準備（自昭和20年1月至昭和20年3月中旬）／其3 天號作戰計畫的特質〉，《臺灣方面軍作戰記錄 昭21年8月》（Code: C11110355600），頁103。

[39] アジア歴史資料センター，第一復員局，〈臺灣島築成計劃ノ大要〉，《第10方面軍作戰準備並に作戰記錄（案）昭21年8月》（Code: C11110383700），頁786。

[40] 高雄市立歷史博物館藏，〈接收前日海軍概況位置要圖〉（編寫單位不詳，1936-1936年間，高市史博館登錄號：KH2000.001.172）。

陣地的修築。[41]此外，日軍另發展出「航空複郭」戰略，指定一批機場或假、廢機場做為地面部隊死守、誘敵之所。列入天號作戰「航空複郭」的機場，包括臺北（東）、臺北（南）、臺中（東）、臺中、草屯、埔里、上大和、池上等。[42]

航空作戰方面，1945年後臺灣的航空隊幾乎全都轉為特攻作戰。以陸軍為例，各隊平日躲藏於「秘匿機場」之隱蔽處，待接到出擊命令時，前一日的黃昏或當日拂曉，將飛機自藏匿處搬運出跑道，再飛至「發進機場」待命，隨後由「發進機場」向臺灣北方的琉球等海面出擊。[43]但搬運與出擊時，飛機暴露於跑道，經常遭美軍攻擊，於是再發展出制空掩護的戰法，另派戰機於「秘匿機場」或「發進機場」上空巡弋。如飛行第105戰隊2架特攻機於4月11日黃昏出擊時，就有同隊2架戰機擔任制空任務。[44]

根據防衛省天號作戰的資料，陸軍主要的「發進機場」為花蓮（11次）、八塊（10次）、宜蘭（10次）、臺中（6次）、臺北（4次，包括松山與臺北（南））、桃園（3

---

[41] アジア歷史資料センター，第一復員局，〈臺灣島築成計劃ノ大要〉，《第10方面軍作戰準備並に作戰記錄（案）昭21年8月》（Code: C11110383700），頁766-769、788。

[42] アジア歷史資料センター，第一復員局，〈第5章 天號作戰準備（自昭和20年1月至昭和20年3月中旬）／其5 作戰準備〉，《臺灣方面軍作戰記錄 昭21年8月》（Code: C11110355800），頁109-110。

[43] 防衛省防衛研究所，《沖繩‧臺灣‧硫黃島方面陸軍航空作戰》（東京：朝雲新聞社，1970），頁624。

[44] 防衛省防衛研究所，《沖繩‧臺灣‧硫黃島方面陸軍航空作戰》（東京：朝雲新聞社，1970），頁490-491。

次）、樹林口（2次）、龍潭（2次）、臺東（1次）等。[45]可見出擊次數以花蓮（包括南北）最多、八塊及宜蘭其次、臺中再次，餘均在4次以下。海軍的出擊基地則以宜蘭、新竹兩地為主，[46]而宜蘭機場原屬陸軍，可見終戰前已出現海、陸軍共用的情況。分布上，「發進機場」集中於臺灣東北部如北、宜、花蓮等地，西部則以桃園、臺中等中部以北的機場為主，這和開戰前機場重心置於南部、十號戰備時置於東部的情況不同，明顯受到美軍登陸硫磺島、琉球等戰事的影響。

北上特攻既為戰略核心，航空修護、補給等工廠，亦因此轉移到臺北的新店與南港一帶，使北臺灣成為「航空優先」戰略基礎下的強化基地。[47]此外，當時的特攻隊，每次出擊僅數架（約2~6架），「發進機場」因敵機經常來襲，跑道只要能維持特攻機起降即可。[48]可見航空要塞已非必要設施，機場的價值取決於隱匿實用。相信這就是獻納機場如

---

[45] 防衛省防衛研究所，《沖繩・臺灣・硫黃島方面陸軍航空作戰》（東京：朝雲新聞社，1970），頁370、428、487-488、520、529、535、543-544、546-547、554、559-560、585-587、592、609、617。

[46] 杜正宇、吳建昇，〈日治下臺南永康機場的時空記憶〉，《臺灣文獻》，63卷1期（2012年3月），頁272-273；陳柏棕，〈若櫻的戰爭足跡──臺灣海軍特別志願兵之部署與戰後復員（1944-46）〉，《臺灣國際研究季刊》，8卷2期（2012），頁49。

[47] アジア歷史資料センター，第一復員局，〈第5章 天號作戰準備（自昭和20年1月至昭和20年3月中旬）／其5 作戰準備〉，《臺灣方面軍作戰記錄 昭21年8月》（Code: C11110355800），頁109。

[48] 防衛省防衛研究所，《沖繩・臺灣・硫黃島方面陸軍航空作戰》（東京：朝雲新聞社，1970），頁624。

八塊、樹林口，秘密機場如龍潭等，在終戰前成為主要「發進機場」的原因。

　　天號作戰期間，陸軍特攻隊曾駐防的「秘匿機場」為臺北（包括臺北（南））、樹林口、八塊、桃園、龍潭、臺中、草屯、北斗、北港、嘉義、屏東、潮州、宜蘭、花蓮港、臺東等。[49]海軍則以765航空隊為主，駐防臺南一帶的機場。[50]可見大部分的秘匿機場都位於中南部，出擊時才飛至東北部的機場待命。但上述機場中既做為「秘匿機場」，又有出擊記錄者為臺北、樹林口、八塊、桃園、龍潭、臺中、宜蘭、花蓮、臺東等。而花蓮、八塊、宜蘭不但不但可供航空隊隱匿，出擊次數亦多，可見這三座機場無論隱匿設施與跑道修復能力都相當完善。這種特性，避免了特攻隊轉進其他機場時暴露於跑道與空中的危險。但花蓮港、宜蘭畢竟由多座機場組成，若以單一機場而論，八塊的重要性就非常明顯。

　　八塊機場（即今國防大學校本部），位於大漢溪流入臺北盆地的山口，除西面平坦空曠外，三面環山，利於設置防空陣地作為掩護。特攻機起飛後除向西出海外，亦可經鶯歌、三峽間的谷地進入臺北盆地。這種地形與位置上的優點，相信就是八塊成為終戰前臺灣西部最重要軍用機場的原因之一。天號作戰期間，秘匿於八塊的航空隊，為終戰前臺

49　防衛省防衛研究所，《沖繩・臺灣・硫黃島方面陸軍航空作戰》（東京：朝雲新聞社，1970），頁370、413-414、488-489、535、551-552、558、588、611。

50　杜正宇、吳建昇，〈日治下臺南永康機場的時空記憶〉，《臺灣文獻》，63卷1期（2012年3月），頁270-273。

灣陸航的主力之一：第22飛行團。該團下轄飛行第17戰隊、
「誠」第26戰隊、「誠」第204戰隊、獨立飛行第23中隊、
獨立飛行第48中隊等。此外，「誠」第25飛行隊、「誠」
第28飛行隊，以及原屬第8教育飛行隊（駐北港）的「と」
第120飛行隊、由第五航空軍派遣來臺的「と」第71飛行隊
等，亦進駐於此。曾利用八塊機場出擊的部隊除上述外，還
有第9飛行團、九州師團的「誠」第31飛行隊與桃園第3鍊成
飛行隊所屬之「誠」第123飛行隊等（參見表2-1）。

表2-1　天號作戰期間八塊機場航空隊之駐防與出擊概況

1945年4月中旬	秘匿	「と」第120飛行隊駐八塊
1945年5月4日	發進	「誠」第120飛行隊由八塊發進
1945年5月5日	發進	「誠」第31飛行隊由八塊發進
1945年5月上旬	秘匿	「と」第71飛行隊駐八塊
1945年5月中旬	秘匿	八塊成為第22飛行團的機動機場。第22飛行團下轄飛行第17戰隊、「誠」第26戰隊、「誠」第204戰隊、獨立飛行第23中隊、獨立飛行第48中隊
1945年5月12日	發進	「誠」第120飛行隊由八塊發進
1945年5月12日	發進	「誠」第123飛行隊由八塊發進
1945年5月13日	發進	「誠」第31飛行隊由八塊發進
1945年5月下旬	發進	飛行第204戰隊由八塊發進
1945年5月下旬	發進	飛行第17戰隊由八塊發進
1945年5月下旬	發進	「誠」第71飛行隊由八塊發進
1945年5月17日	發進	「誠」第31飛行隊，八塊發進
1945年5月	秘匿	「誠」第25飛行隊、「誠」第71飛行隊，於八塊訓練、整備
1945年6月上旬	秘匿	「誠」第28飛行隊，駐八塊
1945年7月19日	發進	「誠」第31飛行隊，八塊發進

主要參考文獻：防衛省防衛研究所，《沖繩‧臺灣‧硫黃島方面陸軍航
空作戰》（東京：朝雲新聞社，1970），頁370-617。

　　機場規模方面，文字記載的面積或跑道長度並不等同
戰力，應以進駐戰機類型與跑道多寡判定。一般而言，戰機
噸數越大，相對也代表跑道的堪用長度與堅實程度越高，可

起降之不同飛機類型越多；而跑道數量越多，也象徵著戰時飛機起降的機會越大。除建造中機場外，盟軍將臺灣機場分為九類：（1）機場（Airfield）擁有完善跑道或起降設施，或兩者皆備；（2）著陸場（Landing Ground）指無完整跑道或設施，但仍能使飛機起降；（3）水上機場（Seaplane Station）則是供水上飛機使用。至於重轟炸機（Heavy Bomber）跑道要求至少6,000呎（約1,829公尺）、中型轟炸機（Medium Bomber）為4,500呎（約1,370公尺）、戰鬥機（Fighter）為3,000呎（約914公尺）。

依盟軍之分類，臺灣無任何機場可列入重轟炸機機場，可見日軍的航空要塞似乎亦非龐然大物。當時，臺灣具戰力之機場多為中型轟炸機機場（MAD）。此類機場中以新竹、臺南、岡山的跑道最多，新竹更以5條跑道居冠。或許也因此，新竹機場成為1945年後美軍轟炸的第一目標，轟炸天數亦居全臺之冠。[51]至於規模較大，但終戰前因跑道、設施不足而列入重轟炸著陸場，則以臺東的跑道最多。

此外，當時的機場亦有幾座無跑道設施，而是將整個機場當成大型的起降區，如虎尾、佳冬、永康、潮州、花蓮（南）等。其中，永康原本有兩條跑道，[52]但對照美軍的空

---

[51] 根據臺灣總督府的記載，新竹機場在1945年1/17、4/1、4/4、4/12、4/13、4/15、4/17、4/28、4/29、5/4、5/5、6/19、6/20、6/29、7/8、7/11、7/18、8/8等18天遭到美軍轟炸，轟炸日數據筆者統計為全臺之冠。參見アジア歷史資料センター，臺灣總督府警務局防空課，《臺灣空襲狀況集計》（1945年1月至8月）（Code: C11110408300至C11110409200）。

[52] 杜正宇、吳建昇，〈日治下臺南永康機場的時空記憶〉，《臺灣文獻》，63卷1期（2012年3月），頁253-255。

照圖，跑道確已消失。或許是轟炸中受損、拆除，也或許是
另一種應敵的策略：機場中若無跑道，則盟軍的攻擊也就失
去了主要目標，但機場仍能使用。如澳洲就記載，虎尾機場
不設跑道，但在起降區中標示七條平行的降落線，以使戰機
起降。[53]

表2-2　臺灣各機場類型與跑道數量（1945年7月）

類型	機場名稱與起降設施
重轟炸機機場（HAD） Heavy Bomber Airfields	無
中型轟炸機機場（MAD） Medium Bomber Airfields	松山（跑道2條，另有一座起降區）、桃園（跑道2條）、後龍（跑道2條）、新竹（跑道5條）、湖口（跑道1條）、臺中（西屯）（跑道1條）、新社（跑道1條）、彰化（跑道1條）、嘉義（跑道1條）、臺南（跑道4條）、仁德（跑道1條）、歸仁（跑道2條）、岡山（跑道4條）、左營（跑道1條）、小港（跑道3條）、屏東（北）（跑道2條）、屏東（南）（跑道1條）、佳冬（起降區）、恆春（跑道3條）、宜蘭（南）（跑道2條）。
戰鬥機機場（FAD） Fighter Airfields	鹽水（跑道2條）、臺中（公館）（跑道1條）。
重型轟炸機著陸場（HLG） Heavy Bomber Landing Ground	龍潭（東）（跑道1條）、北斗（跑道2條）、北港（跑道2條）、大崗山（跑道1條）、鹽埔（新圍）（跑道2條）、花蓮（南）（起降區）、臺東（臺東（南）跑道4條，臺東（北）跑道1條）。
中型轟炸機著陸場（MLG） Medium Bomber Landing Ground	金包里（跑道1條）、樹林口（跑道1條）、八塊（跑道2條）、龍潭（南）（跑道1條）、苗栗（跑道1條）、卓蘭（跑道1條）、大肚山（跑道2條）、草屯（跑道2條）、鹿港（跑道1條）、虎尾（起降區）、二林（跑道1條）、大林（跑道1條）、麻豆（跑道1條）、新化（跑道1條）、旗山（跑道1條）、鳳山（跑道2條）、大寮（跑道1條）、潮州（起降區）、里港（不明）、宜蘭（西）（跑道1條）、上大和（不明）、池上（跑道1條）。

[53] Joint Intelligence Bureau (Melbourne), Department of Defence, Australia, Spot Report No J.I.B.(M)4/12/49, Airfield Summary Formosa, August 1949, RG319, Box.451 (NARA).

戰鬥機著陸場（FLG） Fighter Landing Ground	臺北（南）（跑道1條）、公館（西）（跑道1條）、臺中（東）（跑道1條）、永康（起降區）、豬母水（澎湖）（跑道1條）、花蓮（北）（跑道1條）。
緊急著陸場（ELG） Emergency Landing Ground	湖口（南）（跑道1條）、埔里（不明）、林田（不明）。
水上機場（SS） Seaplane Station	東港（水上）、淡水（水上）。
輔助水上機場（ASS） Auxiliary Seaplane Station	左營（水上）、苓雅寮（水上）。

主要資料來源：Joint Intelligence Study Publishing Board, Air Facilities Supplement to Janis 87, Formosa (Taiwan), July 1945, RG219, Box.421 (NARA); Joint Intelligence Bureau (Melbourne), Department of Defence, Australia, Spot Report No J.I.B.(M) 4/12/49, Airfield Summary Formosa, August 1949, RG319, Box.451 (NARA).

肆、釋疑與新發現

有圖有真相。美、澳等國以空照圖、簡略圖、地圖、文字等呈現的臺灣機場，總數大於過往的研究。這批檔案的出現，也澄清許多疑惑，提供了重要的新訊息。本節針對過去的研究中，向來存在爭議的機場進行補充與探究。

（一）過去普遍認為臺灣僅有兩座水上機場（淡水、東港），但根據美軍空照圖與日方相關的記載，臺灣其實有六座。高雄港內有一座苓雅寮（Reigaryo）水上機場；左營（Toshien，桃仔園）軍港除了一座陸上機場外，亦有一座水上機場。美軍空照的苓雅寮水上機場，經筆者疊圖比對後，位於今前鎮漁港，內苓雅寮一帶。但深入探究後，其實高雄港內還有一座水陸兩用的外苓雅寮著陸場（今星光碼頭），建於1933年，可謂是臺灣最早可供水上飛機起降的機

場。[54]而高雄港、左營軍港出現水上機場的原因，應與當時日本巡洋艦級以上船隻裝卸水上飛機的需求有關，便於艦艇停泊時的整補工作。此外，太平洋戰爭期間，由於淡水機場經常遭受空襲，為了保存實力，原駐淡水的高雄警備府附屬飛行隊，遂轉移至臺北成子寮（今五股二重疏洪道附近）。根據該隊隊員高嶋靜男之回憶，終戰時成子寮駐有零戰觀測機八架，航空隊官兵約150名。[55]

圖2-4　苓雅寮水上機場（Reigaryo Seaplane Station）

圖像來源：United States Pacific Fleet and Pacific Ocean Areas, Formosa, Takao Area and Koshun Peninsula, August, 1944, RG38, 330/24/21/3-5 (NARA).

---

[54] 杜正宇、謝濟全，〈高雄「苓雅寮」機場初探〉，《高雄文獻》，3卷3期（2013年9月）。

[55] 高嶋靜男，〈高雄警備府附屬飛行隊〉，收入海軍飛行科予備学生生徒史刊行会，《海軍飛行科予備学生・生徒史》（東京：海軍飛行科予備学生生徒史刊行会，1988），頁167-169。

圖2-5　左營水上機場與左營機場（Toshien ASS & Toshien MAD）

圖像來源：Joint Intelligence Study Publishing Board, "Toshien ASS
　　　　　(Takao), 21 Jan., 1945", Air Facilities Supplement to Janis 87,
　　　　　Formosa (Taiwan), July 1945, RG319, Box.421 (NARA).

　　當時的小港機場，美軍亦以Reigaryo或Takao名之。何
鳳嬌對小港（東）與小港（或記作小港（西））的討論，認
為小港（東）國軍未接收，小港則是今日的小港機場。[56]不
過，若按照美軍對小港一帶的偵照，小港的西方為水上機

<hr>

[56]　何鳳嬌，〈戰後初期臺灣軍事用地的處理〉，《國史館學術集刊》，
　　第19期（2009），頁97。

場，東方才是今小港機場。至於小港機場的東方是否還有其他機場？經過比對，美軍確有一座大寮（Tairyo）機場的空照圖。圖2-6左下角之Takao機場，為小港機場的別稱。兩機場間的山區為大坪頂，故小港（東）機場確實存在，其位置就在大寮。此機場於1945年天號作戰時中止工程，故何鳳嬌認為小港（東）國軍未接收。但據空軍總司令部編製的〈空軍臺灣地區機場狀況表〉（1946），空軍於終戰後仍對小港（東）進行調查，當時尚有一條跑道可用。[57]

圖2-6　大寮機場

圖像來源：Joint Intelligence Study Publishing Board, "Tairyo Landing Ground (Tua-Liau), 13 Jan., 1945", Air Facilities Supplement to Janis 87, Formosa (Taiwan), July 1945, RG319, Box.421 (NARA).

---

[57] 空軍總司令部，〈空軍臺灣地區機場狀況表〉，《空軍年鑑：民國三十五年》（臺北：空軍總司令部，1946），頁478（續四）。

　　（二）大臺北地區機場，過去的記載有三座：陸軍的臺北（北）（即松山）、臺北（南）（即南機場，今馬場町），以及海軍的臺北機場。前人認為臺北（海軍）機場極可能是位於松山機場南方戰時急造的〝臺北簡易機場〞（今松山醫院一帶），[58]但美軍則是將這座〝臺北簡易機場〞，算做松山機場的一部分。此地1944年10月已成形，是松山機場擴建、延伸的部分，以作為起降區使用。[59]根據終戰時國軍的松山機場圖樣，南方的起降區已出現一條跑道，與北方的舊跑道共有兩條疏散道相連，[60]可見的確是松山機場擴充的區域。

---

[58] 洪致文，〈二戰時期日本海陸軍在臺灣之機場〉，《臺灣學研究》，第12期（2011），頁51。

[59] Joint Intelligence Bureau （Melbourne）, Department of Defence, Australia, Spot Report No J.I.B. （M）4/12/49, Airfield Summary Formosa, August 1949, RG319, Box.451 (NARA).

[60] 檔案管理局，《臺灣海軍情報資料》（檔號0035511.14010）；杜正宇、傅朝卿，〈東風西漸——日、臺飛行場的發展與源流〉（東海大學建築系：亞洲涵構中的臺灣建築與都市——2013臺灣建築史論壇，2013年6月）。

圖2-7　松山機場空照圖

圖像來源：Joint Intelligence Study Publishing Board, "Matsuyama Airfield
　　　　（Taihoku）, 17 Oct., 1944", Air Facilities Supplement to
　　　　Janis 87, Formosa （Taiwan）, July 1945, RG319, Box.421
　　　　（NARA）.

　　至於二戰時期的臺北到底有幾座機場？根據美軍檔案，
1945年的臺北只有兩座機場：松山與板橋（Itahashi）。板
橋既如此重要，為何沒有留下任何歷史痕跡？透過檔案比
對，終於了解原因。原來美軍1942年的情報地圖有誤，將

機場標示於新店溪南方，以致以板橋命名（參見圖2-8）。1945年的空照圖則顯示，板橋機場位於新店溪北方，就是馬場町（參見圖2-9）。根據日本陸軍省檔案，臺北練兵場1926年就已徵地，1928年總督府飛行班機庫轉移至此，後為陸軍航空使用，兼有機場之實。[61]前人記載南機場終戰前並未完工，[62]但南機場是二戰時美軍的主要目標，並非終戰前修築。當時若有工程，應是修復或擴建，而非尚未完工。

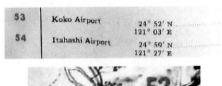

圖2-8　板橋機場（南機場）（第54目標）1942年位置圖

圖像來源：Air Force Historical Research Agency,"Map Section,"Air Objective Folder-Taiwan（Formosa）（Call：142.65291-1, 1942/12/01）.

---

[61] 參閱アジア歴史資料センター，〈臺北練兵場土地買收二關スル件〉，《陸軍省大日記乙輯》（Code: C01006045100）；〈臺灣總督府原飛行班格納庫を臺北練兵場に移轉工事實施の件〉，《陸軍省大日記乙輯》（Code: C01006126000）；〈航空器材特別支給の件〉，《陸軍省大日記乙輯》（Code: C01002024200）。

[62] 何鳳嬌，〈戰後初期臺灣軍事用地的處理〉，《國史館學術集刊》，第19期（2009），頁98。

圖2-9　板橋機場（南機場）1945年1月21日空照圖

圖像來源：Joint Intelligence Study Publishing Board, "Taihoku Landing Ground （Itahashi）, 21 Jan., 1945", Air Facilities Supplement to Janis 87, Formosa （Taiwan）, 1945, RG319, Box.421 (NARA).

　　此外，松山機場到底是陸軍機場還是海軍？根據紀榮松的研究，松山曾駐有海軍鹿屋航空隊，[63]應屬海軍機場。但過去的記載均記陸軍的臺北（北）就是松山。如果松山是陸軍機場，那臺北（海軍）機場又座落何方？爬梳文獻後，

---

[63] 紀榮松，〈跨海西征的駐臺日本海軍鹿屋航空隊〉，《淡江史學》，18期（2007），頁207–226。

終於了解始末，原來松山機場於1941年就已轉由海、陸軍共用。[64]因此，臺北（海軍）就是臺北（北）機場。此外，1945年天號作戰設置為航空複郭的臺北（東）機場，美軍既無記載亦無圖像。但何鳳嬌記載臺北基隆路，日軍曾拓寬準備作為跑道，[65]戰後則成為臺北市東區最重要的交通要道之一。筆者認為，這條基隆路跑道或許就是日人記載的臺北（東）。

（三）桃竹苗一帶亦有新發現。龍潭機場有兩座，國內稱作龍潭、龍潭（西）。盟軍則以龍潭（東）（Ryutan East）、龍潭（南）（Ryutan South）命名。湖口機場，過去的研究均認為僅有一座，但據空照圖，除湖口（Koko）以外，另有一座湖口（南）（Koko South）機場。龍潭和湖口均是1944年底設置的秘密機場，日方檔案亦皆記為一座。這或許是秘密機場隱匿、分散的特性，所以採取了欺敵的保防措施。苗栗與卓蘭兩座機場，無論警總、空軍、國軍、劉鳳翰等均無記載。何鳳嬌記終戰前因未完工，已將土地發還，洪致文據何鳳嬌之記載列入陸軍機場。[66]張維斌則利用中研院的二戰空照圖找到此兩座機場的位置。[67]而何、洪、

---

[64] 防衛省防衛研究所，《沖繩・臺灣・硫黃島方面陸軍航空作戰》（東京：朝雲新聞社，1970），頁13。

[65] 何鳳嬌，〈戰後初期臺灣軍事用地的處理〉，《國史館學術集刊》，第19期（2009），頁98。

[66] 洪致文，〈二戰時期日本海陸軍在臺灣之機場〉，《臺灣學研究》，第12期（2011），頁54。

[67] 張維斌，〈卓蘭飛行場〉：http://taiwanairpower.org/blog/?p=3040（2013/4/30）；〈苗栗飛行場平面圖〉：taiwanairpower.org/blog/?p=1459（2013/4/20）.

張之研究無誤，美軍確有這兩座機場的偵察照片，但均註明
為假機場或廢棄機場。不過，張維斌亦認為湖口機場其實就
是紅毛機場（Komo）[68]

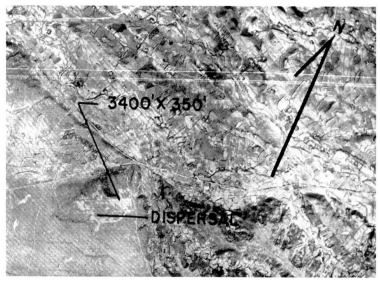

圖2-10　湖口（南）機場

圖像來源：Joint Intelligence Study Publishing Board, "Koko South
　　　　　Emergency Landing Ground, 18 Jan., 1945", Air Facilities
　　　　　Supplement to Janis 87, Formosa（Taiwan）, July 1945,
　　　　　RG319, Box.421 (NARA).

---

[68]　張維斌，〈紅毛飛行場平面圖〉：http://taiwanairpower.org/blog/?p=1377
　　（2013/4/30）；〈紅毛飛行場的設施〉：http://taiwanairpower.
　　org/blog/?p=1399（2013/4/30）；〈湖口飛行場平面圖〉：http://
　　taiwanairpower.org/blog/?p=1254（2013/4/30）.

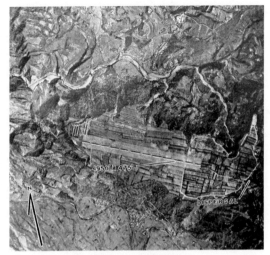

圖2-11　卓蘭機場

圖像來源：Joint Intelligence Study Publishing Board, "Takuran Landing Ground, 26 Jan., 1945", Air Facilities Supplement to Janis 87, Formosa（Taiwan）, July 1945, RG319, Box.421 (NARA).

圖2-12　苗栗機場

圖像來源：Joint Intelligence Study Publishing Board, "Byoritsu Landing Ground, 18 Jan., 1945", Air Facilities Supplement to Janis 87, Formosa (Taiwan), July 1945, RG319, Box.421 (NARA).

　　（四）臺中地區機場，出現了許多從未聽聞的名稱。如豐原機場，盟軍檔案竟有兩座：豐原（Toyohara）與豐原（西）（Toyohara West）。又如東勢（Tosei）機場、新庄仔（Shinshoshi）、臺中（西屯）（Taichu Seiton）等，均前人未載。雖然這些機場均有圖照佐證，但畢竟啟人疑竇。於是筆者比對〈福爾摩沙機場設施圖〉（Formosa（Taiwan） Air Facilities）、愛賽克斯航艦（USS ESSEX）〈福爾摩沙中西部沿岸機場位置圖〉（West-Central Coast of Formosa: Airfield Locations）、大黃蜂航艦（USS WASP）〈臺灣機場攻擊目標圖〉（USS Wasp Target Area: Operation Airfields）等，盟軍所稱的Toyohara機場就是公館（海軍）機場；Toyohara West是公館西側的簡易機場；公館南方的Shinshoshi則是大肚山機場。

　　東勢應為新社機場，位於大甲溪河谷中。東為東勢，西為石岡，反而離新社較遠，美軍的命名並無不妥。至於臺中（西屯），其機場簡圖為日本第一航空軍繪製，現藏於東京防衛省，美國國防部檔案圖面與此圖相同。其址位於陳平西方，即今已轉型之水湳機場。

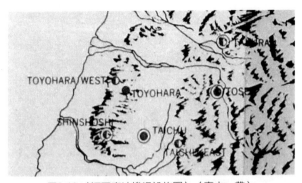

圖2-13〈福爾摩沙機場設施圖〉（臺中一帶）

圖中可見公館、公館（西）與大肚山機場均在大度山區；
東勢則在大甲溪轉折處南方。

圖像來源：JANIS 87-1, Joint Intelligence Study Publishing Board, "Figure
S X Ⅲ–20, Janis 87–1, Confidential", Air Facilities Supplement to
Janis 87, Formosa (Taiwan), July 1945, RG319, Box.421 (NARA).

圖2-14 公館機場

圖像來源：JANIS 87-1, Joint Intelligence Study Publishing Board,
"Toyohara Airfield (Kong Kuan), 16 Jan., 1945", Air Facilities
Supplement to Janis 87, Formosa (Taiwan), July 1945, RG319,
Box.421 (NARA).

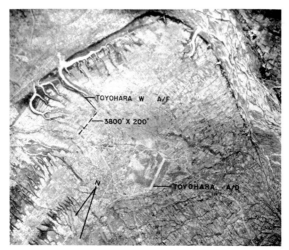

圖2-15　公館（西）機場（左上方TOYOHARA W A/F）

圖像來源：JANIS 87-1, Joint Intelligence Study Publishing Board, "Toyohara West Landing Ground, 16 Jan., 1945", Air Facilities Supplement to Janis 87, Formosa (Taiwan), July 1945, RG319, Box.421 (NARA).

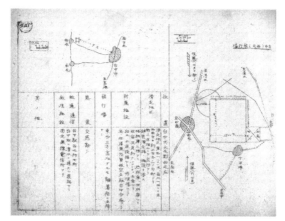

圖2-16　臺中（西屯）機場(即水湳機場)日方檔案

圖像來源：防衛省防衛研究所史料閱覽室，〈飛機場紀錄內地（千島・樺太・北海道・朝鮮・臺灣を含む）〉（請求番號：陸空本土防空48）。

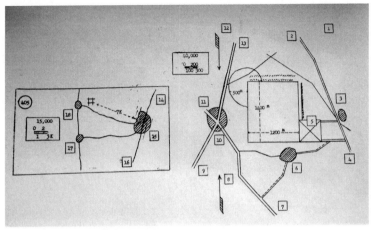

圖2-17　臺中（西屯）機場美方檔案

圖像來源：War Department Intelligence, Former Japanese Airfields in Formosa, 29 October, 1946, RG319, Box.1372(NARA).

（五）彰化一帶，過去的記載與研究皆認為鹿港只有一座機場，僅劉鳳翰認為有兩座。在美軍的記載中，鹿港確有兩座，分別命名為Rokoo SE與Rokko。鹿港街西方為鹿港（Rokko）機場；東方為鹿港（東南）機場（Rokoo SE），即劉所謂的鹿港（東）。鹿港機場1926年之前已啟用，原屬總督府飛行班，1929年轉移予陸軍。[69]鹿港（東）的位置，根據彰化的謝守訓同學利用番社排水幹線辨識、協助筆者進行的疊圖，鹿港（東）機場就是今福興鄉外埔村大興國小西方的農地，而大興國小就是當時的營房（Barracks）。不過，澳洲的檔案亦記載，這座Rokoo SE機場其實就是彰化

---

[69] アジア歴史資料センター，〈高雄州技手千枝四郎叙勲ノ件〉（Code: A10113024600）；〈鹿港飛行場相互管理換ノ件上申〉（Code: 01006436600）；〈鹿港飛行場移轉ノ件〉（Code: C01002095300）。

機場。[70]張維斌曾發表彰化飛行場空照圖，與圖19對照，機場輪廓相同，應是彰化無疑。[71]因此，劉鳳翰將彰化、鹿港（東）算成兩座機場，等於憑空多了一座。至於1944年十號戰備修築的「員林」機場，不但無人論及，美軍亦無圖像。

圖2-18　鹿港機場。右方的聚落為鹿港鎮

圖像來源：JANIS 87-1, Joint Intelligence Study Publishing Board, "Rokko Landing Ground, 16 Jan., 1945", Air Facilities Supplement to Janis 87, Formosa (Taiwan), July 1945, RG319, Box.421 (NARA).

---

[70]　Joint Intelligence Bureau （Melbourne）, Department of Defence, Australia, Spot Report No J.I.B.（M）4/12/49, Airfield Summary Formosa, August 1949, RG319, Box.451 (NARA).

[71]　張維斌，〈攻擊彰化飛行場！〉：http://taiwanairpower.org/blog/?p=4853（2013/4/20）．

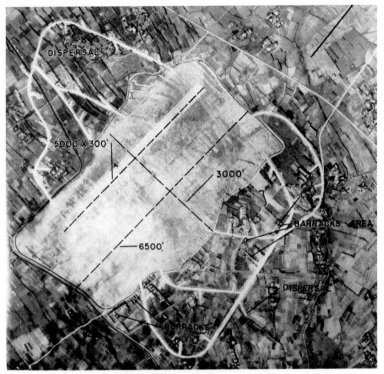

圖2-19　彰化（鹿港（東））機場

圖像來源：JANIS 87-1, Joint Intelligence Study Publishing Board, "Rokko Southeast Airfield , 16 Jan., 1945", Air Facilities Supplement to Janis 87, Formosa (Taiwan), July 1945, RG319, Box.421 (NARA).

　　北斗機場，也有兩條跑道，彼此以疏散道（Dispersal）相連。這種跑道連接方式，應是受到1944年十號戰備〈航空基地整備要綱〉之「機場分散、跑道相連」準則的影響。

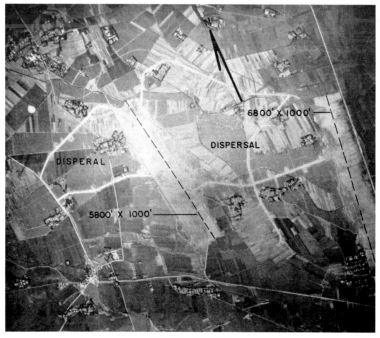

圖2-20　北斗機場

圖像來源：JANIS 87-1, Joint Intelligence Study Publishing Board, "Keishu Landing Ground, 12 Oct., 1944", Air Facilities Supplement to Janis 87, Formosa (Taiwan), July 1945, RG319, Box.421 (NARA).

　　（六）北港一帶，確如劉鳳翰所記，出現兩座機場：北港（東）與北港（西）。不過，空照圖中亦如洪致文所述，兩座機場有疏散道（Dispersal）相連。日軍、美軍均是將其記為同一座。

圖2-21　北港機場（左右各有一條跑道，上方為北方）

圖像來源：JANIS 87-1, Joint Intelligence Study Publishing Board, "Suirin Airfield （Hokko, Tsuina）, 12 Oct., 1944", Air Facilities Supplement to Janis 87, Formosa （Taiwan）, July 1945, RG319, Box.421 (NARA).

（七）臺南鹽水一帶，亦有兩座機場。劉鳳翰曾記作鹽水（北）與鹽水（南）。但1947年空軍僅記一座，卻記為鹽水（西）。這兩座機場，相距不遠，亦有疏散道相連。因此，美軍將其記為一座。與北斗、北港相同，鹽水亦是1944年十號戰備所設置。當時，這三座機場如前述，是臺灣軍計畫做為連接南北機場群的「空中列車」，可見三座機場都是同一戰略下的產物。不過，何鳳嬌曾引〈臺灣區廢置機場處理案〉稱鹽水（南）位於臺南縣鹽水鎮、鹽水（北）位於雲林縣東石鄉。[72]但以美軍空照圖觀之，此記錄不無疑問。

---

[72] 何鳳嬌，〈戰後初期臺灣軍事用地的處理〉，《國史館學術集刊》，第19期（2009），頁109。

圖2-22　鹽水機場（南北各有一座，上方為北方）

圖像來源：JANIS 87-1, Joint Intelligence Study Publishing Board,
　　　　　"Kibutsuzan Airfield （Kibussan, Kuputsua）, 21 Jan., 1945",
　　　　　Air Facilities Supplement to Janis 87, Formosa （Taiwan）,
　　　　　July 1945, RG319, Box.421 (NARA).

　　至於原臺南市一帶，美國偵察機拍攝的空照圖，標
示了三座機場：臺南（Einansho）、臺南（北）（Tainan
North）、永康（Eiko）。雖然日本第一航空軍檔案記載永
康機場就是臺南（北），[73]但美軍命名的臺南（北）機場，

─────────
[73]　防衛省防衛研究所史料閱覽室，〈飛機場紀錄內地（千島・樺太・北
　　　海道・朝鮮・臺灣を含む）〉（請求番號：陸空本土防空48）；杜正
　　　宇、吳建昇，〈日治下臺南永康機場的時空記憶〉，《臺灣文獻》，

96

介於臺南與永康間，並非我們過去所掌握。此地美軍偵照日期在1944年9月（以前），並標記為廢棄或假機場。

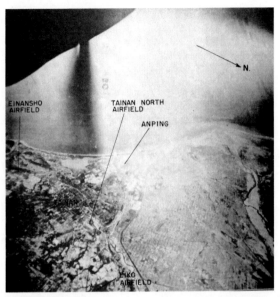

圖2-23　美軍拍攝的臺南（Einansho，左）、臺南（北）（Tainan North，中）與永康（Eiko，下）三座機場

圖像來源：United States Pacific Fleet and Pacific Ocean Areas, Formosa, Target Analysis Air Target Maps, Principal Sections of Takao Area, Formosa, Sep.10, 1944, RG38, 330/24/21/3-5 (NARA).

（八）高雄一帶機場，盟軍標示了一座岡山（東）（Okayama East），其位置在阿蓮（Aren）東南方。根據美軍的附記，此機場位於岡山東方4.5英哩之燕巢（Ensochu）南方，故岡山（東）應該就是燕巢機場。[74]

　　63卷1期（2012年3月），頁245-246。

[74]　JANIS 87-1, Joint Intelligence Study Publishing Board, "Okayama East", Air

圖2-24　高屏地區機場分布圖

圖像來源：Joint Intelligence Bureau （Melbourne）, Department of Defence, Australia, Spot Report No J.I.B.（M）4/21/49, Airfield Summary Formosa, August 1949, RG319, Box.451 (NARA).

（九）屏東境內出現了兩座名稱特殊的機場：內埔（老埤）（Naiho（Rohi））及鹽埔（新圍）（Shinen（Shini））。兩座機場均有空照圖。按內埔（老埤）依美軍記載，位於老埤（Rohi）北方1.5英哩；內埔（Naiho）東北方3.5英哩；介於隘寮溪（Airyo-kei）與東港溪（Toko-kei）之間。美軍拍攝時間為1945年1月3日。觀其位置，為今國立屏東科技大學一帶。此機場日軍稱平頂山，國軍則稱犁頭鏢。[75]

何鳳嬌曾引〈臺灣區廢置機場處理案〉稱潮州（東）機場位於內埔。[76]但內埔的是平頂山，且潮州（東）與平頂山

Facilities Supplement to Janis 87, Formosa（Taiwan）, July 1945, RG319, Box.421 (NARA). 除了美軍檔案證明以外，張維斌亦曾提出岡山（東）就是燕巢機場的推論，參見張維斌，〈岡山東飛行場？？？〉：http:// taiwanairpower.org/blog/?p=2703（2013/4/20）；〈燕巢飛行場平面圖〉：http://taiwanairpower.org/blog/?p=1588（2013/4/20）.

[75] 張維斌，〈平頂山（犁頭鏢）飛行場〉：taiwanairpower.org/blog/?p=1448（2013/4/20）.

[76] 何鳳嬌，〈戰後初期臺灣軍事用地的處理〉，《國史館學術集刊》，

為1944年底設置之不同的秘密機場，故此記錄應該有誤。雖
然證明了接收時確有一座潮州（東）機場，但盟軍檔案中並
未編寫潮州（東）的資料，幸張維斌曾發表潮州（東）飛行
場平面圖，其地應在萬巒鄉內。[77]

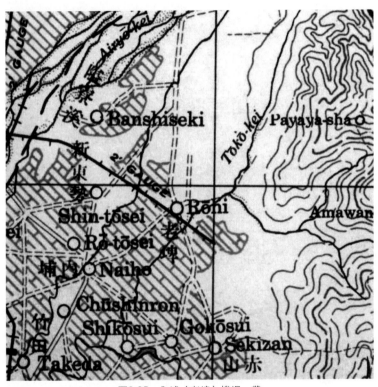

圖2-25　內埔（老埤）機場一帶

圖像來源：TAIWAN FORMOSA 1-250,000 AMS L593 （1944）

第19期（2009），頁109。

[77] 張維斌，〈潮州（東）飛行場平面圖〉：http://taiwanairpower.org/
blog/?p=1593（2013/4/20）.

圖2-26　內埔（老埤）機場空照圖

圖像來源：JANIS 87-1, Joint Intelligence Study Publishing Board, "Rohi Landing Ground （Naiho）, 3 Jan., 1945", Air Facilities Supplement to Janis 87, Formosa （Taiwan）, July 1945, RG319, Box.421 (NARA).

　　新圍機場則美軍記為Shinen（新園），筆者因而誤解，以為在新園鄉內。但其位置依美軍所述，地處鹽埔（Empo）與屏東（Heito）之間；下淡水溪東方4.5英哩；里港（Riko）東南方。若輔以空照圖，此機場位於屏東（北）機場的東北方，的確是新圍（Shini）而非新園（Shinen），或許是發音相近，造成記載錯誤。其地位於鹽埔，鄰近今大仁科技大學。

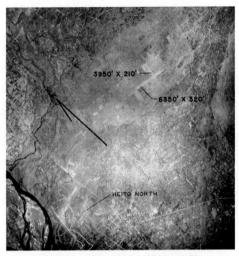

圖2-27　鹽埔（新圍）機場空照圖

圖像來源：JANIS 87-1, Joint Intelligence Study Publishing Board, "Shinen Landing Ground （Hesioliau）, 18 Jan., 1945", Air Facilities Supplement to Janis 87, Formosa （Taiwan）, July 1945, RG319, Box.421 (NARA).

（十）花東地區的機場，上大和一帶依美國記載亦有兩座。一座位於上大和北方的林田（Hayashida），屬緊急著陸場。另一座位於上大和（Yamato, Taiharo），為重轟炸機著陸場。過去的檔案均將上大和記為一座。僅何鳳嬌另記一座接收前已發還的上大和（北）機場。若依美國地圖研判，這座上大和（北）機場應該就是林田機場。花蓮部分，前人曾云花蓮港（北）為1936年民航時啟用的機場，花蓮港（南）則在1941年左右興建。[78]不過，根據日軍之《臺灣方

---

[78]　洪致文，〈花蓮港北飛行場〉，《全球防衛雜誌》297 期（2009年5月），頁114；洪致文，〈花蓮港南飛行場〉，《全球防衛雜誌》299期（2009年7月），頁114。

面軍作戰記錄》，花蓮港（南）是舊機場，花蓮港（北）才
是新設的機場。[79]而花蓮港（南）在民航前就已存在，因為
島內航空使用的花蓮機場，就是花蓮港陸軍機場。[80]但日本
水路部記花蓮港北方之機場為舊機場、第1航空軍司令部亦
記花蓮港（北）為舊有機場，花蓮港（南）為新設機場。[81]
此三種檔案均防衛省所藏，卻出現了記載的差異。筆者以
為，水路部之調查完成於昭和14年（1939），張維斌又告知
《臺灣方面軍作戰記錄》出於戰後回憶，若依此研判，則花
蓮港（北）或成立較早。

　　臺東機場，則過去的研究有些將臺東（北）與臺東
（南）算成一座機場，有些算成兩座機場。美軍則記載，臺
東（北）是臺東機場舊有的著陸區（Old Landing Ground），
因而以一座機場計算，南方的設施則規模宏大，共出現四條
跑道。至於日方記載，已如前節所述，臺東（北）是海軍機
場，臺東（南）才是陸軍機場。筆者認為，兩座機場不僅興
建時間不同，駐防軍種亦不相，應該分開計算。

[79] アジア歴史資料センター，第一復員局，〈第2章 10號作戰準備（自昭和19年3月下旬至昭和19年7月中旬）／其の6 作戰準備〉，《臺灣方面軍作戰記錄 昭21年8月》，（Code: C11110354100），頁38。

[80] アジア歴史資料センター，〈島内定期航空開始に関する件〉，《陸軍省-大日記乙輯-S11-9-30》（昭和11年8月20日）（Code: C01006840500）。

[81] 防衛省防衛研究所史料閲覧室，〈飛機場紀錄內地（千島・樺太・北海道・朝鮮・臺灣を含む）〉（請求番號：陸空-本土防空48）；防衛省防衛研究所史料閲覧室，〈台灣地方飛行場及不時着陸場〉（請求番號：技術-水路（航路）-211航空路資料（第10））。

圖2-28　上大和（北）（Hayashida）與上大和（Taiharo）機場

圖像來源：JANIS 87-1, Joint Intelligence Study Publishing Board, "Figure S X III–20, Janis 87–1, Confidential", Air Facilities Supplement to Janis 87, Formosa (Taiwan), July 1945, RG319, Box.421 (NARA).

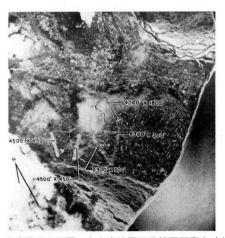

圖2-29　臺東機場空照圖：上方虛線標示的範圍即臺東（北）機場

圖像來源：JANIS 87-1, Joint Intelligence Study Publishing Board, "Taito Landing Ground, 19 Feb., 1945", Air Facilities Supplement to Janis 87, Formosa (Taiwan), July 1945, RG319, Box.421 (NARA).

　　（十一）除臺南（北）外，盟軍亦發現七座已合併、廢棄或偽裝的機場：1.花蓮（Karenko）（已併入花蓮）。偵察時間：1944年4月）；2.澎湖白沙（Hakusa）（廢棄或假機場。偵察時間：1944年4月）；3.嘉義（Kagi）（廢棄或假機場。偵察時間：1944年10月）；4.澎湖（Keimo-U）（廢棄。偵察時間：1944年11月）；5.里港（北）（Riko North）（廢棄。偵察時間：1945年1月）；6.鹽埔（Empo）（廢棄。偵察時間：1945年1月）；7.埔里（東）（Hori East）（廢棄。偵察時間：1945年5月）。[82]

　　嘉義廢機場的位置與嘉義機場不同，在水上（Mizukami）東南方。根據美軍檔案附記，其地位於白河（Shirakawa）。〈臺灣區廢置機場處理案〉中亦包括這座機場，但隨後公布的兩批撤廢機場，卻無白河，[83]可見或為國軍留用。

[82] Joint Intelligence Bureau (Melbourne), Department of Defence, Australia, Spot Report No J.I.B.(M)4/12/49, Airfield Summary Formosa, August 1949, RG319, Box451. (NARA).

[83] 何鳳嬌，〈戰後初期臺灣軍事用地的處理〉，《國史館學術集刊》，第19期（2009），頁109-115。

圖2-30　白河（嘉義）廢機場位置圖

圖像來源：United States Pacific Fleet and Pacific Ocean Areas, Air
Information Summary: Formosa and Pescadores, CINCPAC
– CINCPOA Bulletin No.150-44, 25 November 1944, RG38,
30/24/21/3-5 (NARA).

　　里港機場部分，劉鳳翰曾提及一座里港（九塊）機場。
何鳳嬌則云里港（北）與里港（南），終戰前未完工已發
還。洪致文引何鳳嬌說法，認為里港確有兩座。[84]筆者認
為，劉鳳翰將屏北（九塊）機場與里港記作同一座之事，不
無疑問。[85]何鳳嬌的說法應是正確的。因為里港（南、北）
於1945年天號作戰時就已中止工程，因此終戰前已發還的可
能性確實存在。至於里港（北）的位置，張維斌推測位於今
旗山鎮手巾寮農場。[86]

[84] 洪致文，〈二戰時期日本海陸軍在臺灣之機場〉，《臺灣學研究》，
　　第12期（2011），頁53、55。
[85] 杜正宇、吳建昇，〈日治下臺南永康機場的時空記憶〉，《臺灣文
　　獻》，63卷1期（2012），頁242。
[86] 張維斌，〈里港（北）飛行場〉：http://taiwanairpower.org/

鹽埔（Empo）廢機場與鹽埔（新圍）機場，至少在座落上有著某種關聯。由於筆者並未在空照圖中尋獲當地其他機場的痕跡，因此，這兩座機場或為同一座。也許是1945年1月遭美軍偵照、轟炸後廢棄。埔里（東）有美軍繪製的分布圖，可見1944年底設置之埔里秘密機場，當時亦有可能建造兩座或兩條跑道，形成埔里與埔里（東）機場。澎湖白沙，目前在美國檔案中並未尋獲相關位置圖或空照圖，檔案中僅標示經緯度。

（十二）過去向來成謎的四處機場：二重港（臺南北門）、關廟、西螺、梧棲，[87]在這批美軍檔案中均未尋獲。特別是二重港、西螺、梧棲，地處濱海平地，美軍應不難發現。關廟又鄰近主要目標歸仁機場，在美軍強大且密集的偵照與轟炸下，如有機場，應會被記錄。且作戰任務報告中，出擊目標均未標明這些機場。因此，這四座機場的真實性恐有問題。

但梧棲除警備總部列入接收機場清單外，警總亦記載1945年6月時新高機場曾有北臺海軍航空隊進駐。[88]而梧棲

blog/?p=7252 （2013/4/20）；曾中宜，〈旗山鎮極東版圖（廣福里）〉：http://www.chi-san-chi.com.tw/2culture/db/jun_e/kwon_fu_lee_brief/index.html （2013/4/20）.

[87] 杜正宇、吳建昇，〈日治下臺南永康機場的時空記憶〉，《臺灣文獻》，63卷1期（2012），頁243。

[88] 臺灣省警備總司令部編印，《臺灣警備總司令部軍事接收總報告》（臺北：警備總司令部，1946），收入陳雲林主編，《館藏民國臺灣檔案匯編》（北京：九州出版社，2006），第56冊，頁131-142；杜正宇，〈日治時期的高雄飛行場研究〉，《高雄文獻》，1卷2期（2011年9月），頁111。

即新高，終戰前正進行築港工事。[89]筆者推測，日人曾試圖建造新高港，在左營、高雄、東港不斷遭轟炸的情況下，新高港亦可作為分散海軍艦艇與水上機之地，或因築港工事終戰前未完工，或因美軍誤認作碼頭設施，故未加記錄。但真實情況如何，仍待更多史料的累積。

表2-3　二戰時期的臺灣機場

	機場	英文名稱	文字記載	空照圖	簡略圖與地圖
01	金包里	Sankaidan (Tieng-Kak)	(A), (a)	(a)	
02	淡水（水上）	Tansui (Seaplane Station)	(A), (a), (b), (1)	(a), (d)	(1), (4), (c)
03	成子寮（水上）	無	高嶋靜男，〈高雄警備府附屬飛行隊〉，收入海軍飛行科予備學生生徒史刊行會，《海軍飛行科予備學生‧生徒史》（東京：海軍飛行科予備學生生徒史刊行會，1988），頁167-169。		
04	松山	Matsuyama (Taihoku)	(A), (a), (b), (1)	(a), (b), (c), (d)	(1), (2), (4), (c)
05	南機場（板橋）	Itahashi	(A), (a), (b)	(a), (d)	(2), (4)
06	樹林	Lamsepo (Jurin) (Nanseiho)	(A), (a)	(a)	(c)
07	桃園	Daien (Osono) (Taien)(Toen)	(A), (a), (b), (1)	(a), (b), (c)	(1), (2), (4)
08	八塊	Okaseki (Hachikai) (Oka)	(A), (a)	(a)	(c)
09	龍潭（東）	Ryutan East	(A), (a)	(a)	
10	龍潭（南）	Ryutan South	(A), (a)	(a)	
11	新竹	Shichiku	(A), (a), (b), (1)	(a), (b), (c), (d)	(1), (2), (3), (4), (c)

---

[89] アジア歴史資料センター，第一復員局，〈臺灣島築成計劃ノ大要〉，《第10方面軍作戰準備並に作戰記錄（案）昭21年8月》，（Code: C11110383700），頁766。

12	紅毛 （湖口）	Komo (Koko)	(A), (a), (b), (1)	(a), (c)	(1), (2), (4), (c)
13	後龍	Koryu	(A), (a), (1)	(a)	(1)
14	湖口 （南）	Koko South	(A), (a)	(a)	(c)
15	苗栗	Byoritsu	(A), (a)	(a)	(c)
16	卓蘭	Takuran	(A), (a)	(a)	
17	新社 （東勢）	Tosei (Dojo)	(A), (a)	(a)	
18	大肚山 （新庄仔）	Shinshoshi (Nantonsho)	(A), (a)	(a)	
19	公館 （豐原）	Toyohara (Kong Kuan)	(A), (a), (b)	(a), (b), (c), (d)	(2), (4), (c)
20	公館 （西） （豐原 （西））	Toyohara West	(A), (a)	(a)	
21	臺中 （西屯） （水湳）	Taichu (Taichu Seiton)	(A), (a), (b), (1)	(a), (b), (c), (d)	(1), (2), (4), (c)
22	臺中 （東）	Taichu East	(A), (a)	(a)	
23	草屯	Soton	(A), (a)	(a)	
24	埔里	Hori	(A), (a)		(a)
25	埔里 （東） （廢棄）	Hori East	(A)		
26	彰化 （鹿港 （東））	Shoka (Rokoo SE)	(A), (a), (b), (1)	(a), (c)	(1), (4), (b), (c)
27	鹿港	Rokko	(A), (a), (b)	(a)	(c)
28	北斗	Keishu	(A), (a)	(a)	
29	二林	Rojoseki (Rotoseki) (Nirin)	(A), (a)	(a)	
30	北港	Tsuina (Hokko) (Suirin)	(A), (a)	(a)	
31	虎尾	Kobi	(A), (a), (b), (1)	(a), (c)	(1), (2), (4), (c)
32	大林	Nairin (Tairin)	(A), (a)	(a)	
33	嘉義	Kagi	(A), (a), (b), (1)	(a), (b), (c), (d)	(1), (2), (4), (c)

34	白河 （廢棄） （嘉義廢）	Kagi (Shirakawa)	(A)		(d), (2)
35	鹽水	Kuputsua (Kibutsuzan) (Kibussan)	(A), (a)	(a)	
36	麻豆	Mato	(A), (a), (1)	(a)	(1)
37	新化	Shinka	(A), (a)	(a)	
38	永康	Eiko (Eikosho)	(A), (a), (b), (1)	(a), (d)	(1), (2), (4)
39	臺南 （北） （廢棄）	Tainan North	(A), (b)	(d)	(2), (4)
40	臺南	Einansho (Tainan)	(A), (a), (b), (1)	(a), (b), (c), (d)	(1), (2), (3), (4)
41	歸仁	Chitkao (Shichiko)	(A), (a), (2)	(a)	(1)
42	仁德	Kamka (Dzin Tiok) (Dzintick)	(A), (a)	(a)	
43	旗山	Kizan	(A), (a)	(a)	
44	大崗山 （阿蓮）	Alian (Aren) (Taikozan)	(A), (a)	(a)	
45	岡山	Okayama (Takao)	(A), (a), (b), (1)	(a), (b), (c), (d)	(1), (2), (3), (4)
46	燕巢 （岡山東）	Okayama East (Ensochu)	(A)		(A)
47	左營	Toshien	(A), (a), (b)	(a), (b), (c), (d)	
48	左營 （水上）	Toshien (Seaplane Station)	(A), (a), (b)	(a), (b), (c)	(4)
49	小港 （苓雅寮）	Reigaryo (Takao)	(A), (a), (b), (1)	(a), (b), (d)	(1), (2), (3), (4), (c)
50	小港 （東） （大寮）	Tairyo (Tua-Liau)	(A), (a), (1)	(a)	(1)
51	苓雅寮 著陸場	無 （今星光碼頭）	アジア歴史資料センター，〈軍務二 第四四九號 8.6.23苓雅寮飛行機不 時着陸場設備工事竣工ノ件〉(Code: C05023191300)		
52	苓雅寮 （水上）	Reigaryo (Seaplane Station)	(A), (a), (b)	(a), (b), (d)	(3), (4), (c)

53	鳳山	Hozan (Kosho)	(A), (a), (b)	(a), (b), (d)	(2), (4)
54	屏東 （北）	Heito North	(A), (a), (b)	(a), (b), (c), (d)	(2), (4), (c)
55	屏東 （南）	Heito	(A), (a), (b), (1)	(a), (b), (d)	(1), (2), (4), (c)
56	新圍 （鹽埔） （廢棄）	Empo (Shini) (Resioliau) (Hesioliau)	(A), (a)	(a)	(a)
57	東港 （水上）	Toko (Seaplane Station)	(A), (a), (b), (1)	(a), (b), (c), (d)	(1), (4), (c)
58	潮州	Choshu	(A), (a), (b), (1)	(a), (b)	(1), (2), (4)
59	里港 （北） （廢棄）	Riko North	(A)		(a)
60	平頂山 （內埔） （老埤）	Rohi (Naiho)	(A), (a)	(a)	(a)
61	佳冬	Kato (Suiteiryu)	(A), (a), (b), (1)	(a), (c)	(1), (2), (4), (c)
62	恆春	Koshun	(A), (a), (b), (1)	(a), (b)	(1), (2), (4), (c)
63	豬母水 （澎湖）	Chobosui	(A), (a), (b), (1)	(a), (b)	(1), (2), (3), (4), (c)
64	澎湖 （廢棄）	Keimo-U	(A)		(4), (c)
65	白沙 （澎湖） （廢棄或偽 機場）	Hakusa	(A)		
66	宜蘭 （北）	Giran North	(1)		(1), (4), (c)
67	宜蘭 （南）	Giran South (Rato)	(A), (a), (b)	(a), (c), (d)	(c)
68	宜蘭 （西）	Giran West	(A), (a)	(a)	
69	花蓮 （北）	Karenko North	(A), (a), (b), (1)	(a), (c)	(1), (4), (c)
70	花蓮 （南）	Karenko South	(A), (a), (1)	(a)	(1), (4), (c)

71	上大和 （北） （林田）	Hayashida	(A), (a)		(a)
72	上大和	Yamato	(A), (a)		(a)
73	池上	Ikegami	(A), (a)	(a)	(a)
74	臺東	Taito	(A), (a), (b), (1)	(a)	(1)，(4)

主要資料來源：美國國家檔案館（NARA）及美國海軍總部（Naval Yard）檔案館

說明：大寫英文字母編號檔案以文字記載為主；小寫英文字母編號檔案以空照圖為主；數字編號檔案以簡圖、地圖為主。

A	澳洲軍方臺灣機場調查：Joint Intelligence Bureau （Melbourne）, Department of Defence, Australia, Spot Report No J.I.B.（M）4/12/49, Airfield Summary Formosa, August 1949, RG319, Box.451 (NARA). 調查底稿為：（1）Provisional Airfield List, Japan and Formosa, A.C.A.S. Intelligence, Washington. 5th Edition. 15th June 1945.;（2）Provisional List of Selected Airfields and Flying Boat Bases Far East. J.I.B.（London）5/38, amended to Jan. 1949.;（3）H.O.No.503, Pacific Airways Route Manual Central, amended to May 1949.
a	美國海軍臺灣機場調查：Joint Intelligence Study Publishing Board, Air Facilities Supplement to Janis 87, Formosa （Taiwan）, July 1945, RG319, Box.421 (NARA).
b	美國海軍臺灣港口與機場調查：Joint Army-Navy Intelligence Study of Formosa （Taiwan）, Naval and Air Facilities, June 1944, RG319, Box.421 (NARA).
c	美國海軍任務報告檔案(WW2 Navy Operation Reports)： Task Group 38.1, Serial 043, Action Report – A Main Report for Support of Lingayen Landings, Volume.1-5, 27 January, 1945, RG38, Box.145-146 (NARA); Task Group 38.2, Serial 0040, Action Report – Main Report on Fast Carrier Support for Occupation of Leyte and for Battle of Leyte Gulf, 8 November, 1944, RG38, Box.148 (NARA); Task Group 38.3, Serial 0024, Operations in Support of Luzon Landings – 30 December 1944 through 26 January 1945 – Task Group 38.3 Report of, 9 February 1945, RG38, Box.150 (NARA); Task Group 38.4, Serial 00263, Carrier Division Two, Action Report: Operations against Okinawa Jima, Formosa, Luzon and the Visayas, 7 through 21 October 1944,Nov. 16, 1944, RG38, Box.162 (NARA); Task Group 38.4, Serial 00263, Action Report, Operations Against Okinawa Jima, Formosa, Luzon, Philippine Inlands, Visayas, Philippine Inlands. In Support of the Occupation of Leyte, Philippine Inlands, ouring Period 7 through 21 October 1944, 16 Nonember 1944, RG38, Box.162 (NARA); Task Group 38.4, Track

c	Chart, Action Report for Operations Against Okinawa Jima, Formosa, Luzon, Visayas, Philippines in Support of the Landings on Leyte, Philippines Islands, 7 October 1944 - 21 October 1944, RG38, Box.162 (NARA); USS Belleau Wood, Serial 0170, Action Against Nansei Shoto, Formosa, and Luzon and the Visayas, Philippine Islands, 7 to 21 October 1944(East Longitude Dates), Report of (Covers Activity in Task Group 38.4 Preceding Leyte Landings), 3 November 1944, RG38, Box.837 (NARA); USS Belleau Wood, Serial 0198, Air Group 21 ACA-1 Reports, VF-21 Nos. 22 to 43, Inclusive, and VT-21 Nos. 15 to 26, Inclusive (Covers Air Action of VF-21 and VT-21 for Strikes on Formosa, Luzon, Visayas, Leyte and Jap Carrier Task Group), 11 November 1944, RG38, Box.837 (NARA); USS Bunk Hill, Serial 0293, Action Report of USS Bunk Hill for the Period 7-26 October 1944 (Covers Air Support for Prior to and during Leyte Landings in Task Group 38.2), RG38, Box.879 (NARA); USS Cabot, Serial 069, Action Report – Okinawa Jima, Formosa, the Visayas Action Against the Jap Fleet, Luzon, 6 October to 14 October and 20 October to 31 October 1944 (Covers Air Support for Leyte Landings and also 2nd Battle of Philippines while in Task Group 38.2), 31 October, 1944, RG38, Box.886 (NARA); USS Cowpens, Serial 027, Report of Actions During the Period 1400, 15 October 1944 to 2230, 17 October 1944 (Covers Air Support for Task Group 38.3 while Protecting Crippled "Canberra" and "Houst on" from Formosa, and to Act as Bait to Lure Jap Fleet into Battle with Task Force 38), 17 October, 1944, RG38, Box.936 (NARA); USS Enterprise Serial 0053, Operations Against the Enemy: Nansei Shoto, Formosa, Philippine Islands, from 7 October 1944 to 21 October 1944 (Covers Activity Preceding Leyte Landings in Task Group 38.4), 31 October, 1944, RG38, Box.970 (NARA); USS Essex, Serial 0194, Action Report- the Battle of Formosa, 12-14 October 1944, RG38, Box.975 (NARA); USS Essex, Serial 0220, Report AA Action by Surface Ships, Forwards without Comment from AA Reports in Regard to Fast Carrier Support of Leyte Landings. In Task Group 38.3, 18 November 1944, RG38 (NARA); USS Franklin, Serial 0039, Action Report - Operations Against the Enemy at Nansei Shoto, Formosa and the Philippine Islands, from 7 October 1944 to 21 October 1944 (Covers Activity Preceding Leyte Landings while operating in Task Group 38.4), 31 October 1944, RG38, (NARA); USS Hancock, Serial 0100, Action Report, USS Hancock, for the Period 6 October to 31 October, 1944, Inclusive (Covers Air Support for Leyte Landings and 2nd Battle of Philippines in Task Group 38.2). Volume.1-5, 3 November 1944, RG38, Box.1016 (NARA); USS Hornet, Serial 0031, Action Report – Ryukyu Inlands, Formosa, and Philippine Operations, 2 to 27 October,

c	1944 (Cover Activity in Task Group 38.1), 28 October, 1944, RG38, Box.1041 (NARA); USS Independence, Serial 0017, Action Report for October 1944 (Covers Air Support for Leyte Landings and 2nd Battle of Philippines. In Task Group 38.2. 10-31 October 1944), 2 November 1944, RG38, Box.1057 (NARA); USS Intrepid, Serial 0166, Action Report – Operations Against Nansei Shoto, Formosa, Luzon, and Japanese Fleet – the Visayas in Strategic Support of Landings Operations on Leyte, Philippine Islands from 10 October to 31 October 1944 (Covers Air Support for Leyte Landings and also the 2nd Battle of Philippines in Task Group 38.2), RG38, Box.1064 (NARA); USS Langley, Serial 0227, Action Report – Operations in Support of Seizure and Occupation of Leyte – Samar Area, Philippine Island, 6-30 October, 1944 – Submission of, 7 November 1944, RG38, Box.1089 (NARA); USS Lexington, Serial 0282, Attacks on Formosa on 12, 13 and 14 October 1944 (East Longitude Dates) – Action Report of, 22 November 1944, RG38, Box.1148 (NARA); USS Monterey, Serial 0029, Action Report – Operations Against Nansei Shoto, Sakishima Shoto, Formosa, Luzon, Visayas and Support of the Leyte Landings, 2 October to 28 (EL) October 1944 (Covers Activity in 2 Operations while Operating in Task Group 38.1; Air Strikes in Support Leyte Landings and Second Battle of Philippines), 27 October, 1944, RG38, Box.1250 (NARA); USS Princeton, Serial 06, The Battle of Formosa, 12-14 October 1944 – Action Report (Covers Air Strikes & Patrols for Strikes on Formosa & Pescadores Inlands), 10 November 1944, RG38, Box.1334 (NARA); USS San Jacinto, Serial 0043, Action Report, Operations Against Okinawa Jima, Formosa, Luzon, Philippine Islands and Visayas, P.I. Ouring Period 7 through 21 October 1944 (Covers Activity in Task Group 38.4 Strikes and Patrols during Attacks on Naha Harbor, Okinawa, Nansei Shoto and Subject Places), 31 October 1944, RG38, Box.1400 (NARA); USS WASP, Serial 0040, Action Report of Wasp and Carrier Air Group Fourteen in Operations against Okinawa Jima, Miyako Jima, Northern Luzon, Formosa, Manila Bay Area, Leyte, Support of Battle of Leyte Gulf, and Enemy Naval Units Western Visayas during the Periods 2 October 1944 through 27 October 1944, East Longitude Dates, 28 October, 1944, RG38, Box.1503 (NARA).
d	太平洋艦隊與戰區檔案(United States Pacific Fleet and Pacific Ocean Areas): United States Pacific Fleet and Pacific Ocean Areas, Air Information Summary: Formosa and Pescadores, CINCPAC – CINCPOA Bulletin No.150-44, 25 November 1944, RG38, 330/24/21/3-5 (NARA); United States Pacific Fleet and Pacific Ocean Areas, Air Target Maps & Photos Selected Targets: Northern Formosa, Pescadores,

d	CINCPAC – CINCPOA, A.T.F. No.146A-44 1 October 1944, , RG38, 330/24/21/3-5 (NARA); United States Pacific Fleet and Pacific Ocean Areas,Air Information Summary: Northern Formosa, Pescadores, CINCPAC – CINCPOA Bulletin No.146-44, 1 October 1944, RG38, 330/24/21/3-5 (NARA); United States Pacific Fleet and Pacific Ocean Areas, Information Bullletin: Formosa, Takao and Koshun Peninsula, CINCPAC – CINCPOA Bulletin No.119-44, 1 August 1944, RG38, 330/24/21/3-5 (NARA); United States Pacific Fleet and Pacific Ocean Areas, Target Analysis Air Target Maps, Principal Sections of Takao Area, Formosa, CINCPAC – CINCPOA, A.T.F. No.139-44, 10 September, 1944, RG38, 330/24/21/3-5 (NARA); US Army Force, Pacific Ocean Area, Study of Formosa, 15 Feb. 1945, RG165, Box.2220 (NARA).
1	美國國防部檔案：Policy and Government Branch, Civil Affairs Division, War Department, Draft Directive Concerning Military Government of Formosa and the Pescadores, 9 November 1944, RG165, Box.779 (NARA); War Department Intelligence, Airfields in Formosa, 21 November 1946, RG319, Box.83 (NARA); War Department Intelligence, Former Japanese Airfields in Formosa, 28 October 1946, RG319, Box.1372 (NARA).
2	美國陸軍參謀總部二部檔案(G-2)：Assistant Chief of Staff (G-2), Intelligence Administrative Div., Janis 87: Study No.29 – Taiwan (Plans), RG319, Box.423 (NARA). G-2, Estimate & Terrain Appreciation – Pescadores, 25 Sept. 1944, RG338, Box.99 (NARA). G-2, Estimate of the Enemy Situation: Formosa Army, 20 Sep. 1944, RG338, Box.99 (NARA); G-2, Tactical Study of the Terrain: Formosa Army, 20 Sep. 1944, RG338, Box.99 (NARA).
3	美國陸軍第十軍檔案：Hdq – G2 - Tenth Army, Map and Terrain Study of Shinshiku Beach, Okayama Beach, Boko – Retto, Western Central Boko Is, Nisoko Beach, Hobito Beach, Formosa, Sep to Oct, 1944, RG338, Box.74 (NARA); Hqs, 10th Army, Maps-Formosa, Overlays-Formosa to Overlays & Wire Plans, RG338, Box.73 (NARA); G-3, Tenth Army, JICPOA # 9122, Terrain Study Formosa, Issued for Planning Purposes, RG338, Box.99 (NARA); G-3, Correspondence 1945 to Operations 1944; Tenth United States Army, Maps & Overlays to Reports, 1944-1945, Causeway – Signal File 1944 to Causeway Operation – Gen. (Ordnance), 1944, RG338, Box.77 (NARA); Tenth United States Army, Location of Air Facilities and Naval Bases, Prepared by G-2, USAFPOA, August 1944, RG338, Box.75 (NARA); Tenth United States Army, Terrain Appreciation: Southwest Formosa, 19 September 1944, RG338, Box.75 (NARA).

4	美國陸軍航空隊臺灣機場調查與任務報告：Estimate of the Situation 1944 to Misc Maps 1944, RG338, Box75. (NARA). 此套圖為美國陸軍航空隊對臺灣各地機場之標示與軍力分析。

伍、結論

透過對各式檔案的比對與分析，本文除明確列出盟軍記載的74座臺灣機場外，並得到其它研究結果如下：

（一）澄清了過去的疑團：確認出苗栗、卓蘭、上大和（北）、里港（北）等四座過去記載不清，疑為接收前已發還的機場，以及二重港（臺南北門）、關廟、西螺、等接收時誤記或多記的機場。此外，所謂的松山醫院簡易機場，實為松山機場之一部；而臺北（南）機場則是1942年美軍早已計畫轟炸的目標，並非終戰前修築。臺東（北）是臺東機場的舊有起降區，屬海軍所有。花蓮最早的機場為花蓮（南）、宜蘭最早的機場為宜蘭（北）。湖口、公館、埔里、小港、里港、上大和等機場，均有兩座；北斗、北港、鹽水的不同跑道則有疏散道相連。海、陸軍共用機場有松山、宜蘭、恆春等。

（二）新發現五座機場：成子寮（水上）、湖口（南）、公館（西）、左營（水上）、苓雅寮著陸場、苓雅寮（水上）、鹽埔（新圍）等。均有空照圖、地圖、文字記載等為證。

（三）比對出國軍、日軍與盟軍命名之差異：盟軍的板橋機場，即臺北（南）機場；盟軍的龍潭（東）即龍潭；龍潭（南）則是龍潭（西）；東勢即新社；新庄仔是大肚山；

豐原為公館；豐原（西）是公館（西）；盟軍記臺中機場，日軍稱臺中（西屯），國軍則稱水湳機場；鹿港（東）是彰化；岡山（東）為燕巢機場；小港（東）則是大寮機場。美軍記內埔（老埤）機場，日軍稱平頂山，國軍稱犁頭鏢。

（四）發掘出新的研究課題。美軍檔案中，出現了三座過去未為人熟知的機場：臺南（北）（已廢棄或假機場）、白河（已廢棄或假機場）、埔里（東）（廢棄）。其中，臺南（北）有空照圖；白河有標示地圖位置；埔里（東）則缺乏空照與地圖。白河雖有國軍記錄，但日軍無。臺南（北）、埔里（東）則無論臺、日均無記載。

日軍檔案也出現了潮州（東）、員林、臺北（東）三座美軍未記錄的機場。國軍有記載的是潮州（東）；臺北（東）或許是基隆路跑道；但員林機場，無論臺、美檔案均無。此外，臺灣的檔案中，也出現一座梧棲（新高）機場，無論美、日檔案皆無記載，但又有存在的可能。而里港的兩座機場，里港（北）雖在美軍記載中出現，但沒有里港（南）。

澎湖島上倒底有幾座機場？除了過去已查出的四座機場：位於今澎湖縣立棒球場與中山國小一帶的舊機場（Old Airport）、今湖西鄉龍門漁港東方的裡正角機場（Risei Kuko）、馬公市今山水沙灘西方的豬母水（30基地），以及約今石泉國小至203縣道間的Keimo-U機場；[90]盟軍檔案中另出現了白沙機場（廢棄或偽機場）。但這座白沙機場僅有

---

[90] 杜正宇、吳建昇，〈日治下臺南永康機場的時空記憶〉，《臺灣文獻》，63卷1期（2012年3月），頁239-242。

文字記載，缺乏各式圖照。而澎湖的二戰機場，過去向來為學界忽略，亦為未來努力探尋的方向。

第三章：日治時期的「高雄飛行場」[*]

杜正宇

壹、尋找「高雄飛行場」

　　高雄最早的民航交通，開通於1936年8月1日，由日本航空輸送株式會社經營的島內線航空。當時的西部航線有臺北、臺中、高雄三站，唯初期僅有貨運與郵遞，9月3日才展開客運業務。[1]根據日本航空輸送株式會社的〈定期航空案內〉（1936年10月至1937年3月），高雄的飛行場事務所，位於「高雄飛行場」內（見圖1）。但奇怪的是，根據《部報》（臺灣總督府臨時情報部出版）、《臺灣日日新報》、《まこと》（臺灣三成協會出版）等，[2]「高雄飛行場」開場於1939年12月1日。那麼，島內線航空所使用的「高雄飛行場」倒底是哪一座？

---

[*] 本文原刊載於《高雄文獻》，1卷2期（2011年9月），經修改、增補而成。

[1] 大竹文輔，《臺灣航空發達史》（臺北：臺灣國防義會航空部，1939），頁431-432。

[2] 〈高雄飛行場の初飛行祝賀會〉，《部報》（臺灣總督府臨時情報部，1939年12月21日）；〈高雄飛行場に初車輪　州民の努力見事に實を結ぶ〉，《臺灣日日新報》（1939年12月4日）；〈輝く高雄空港　第一機を迎へて祝賀會〉，《まこと》（臺灣三成協會，1939年12月10日）。

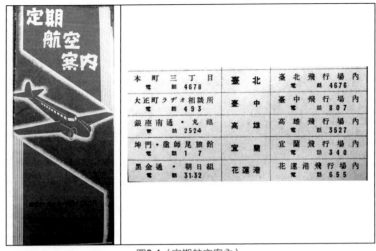

圖3-1〈定期航空案內〉

圖像來源：日航，〈定期航空案內〉（1936年10月至1937年3月）

　　此外，1938年4月1日，日本海軍航空隊中，隸屬於馬公要港部的「高雄空」（高雄海軍航空隊）成軍。可見當時高雄州地區應有飛行場可供「高雄空」進駐使用。[3]那麼，「高雄空」所使用的機場為何？洪致文曾撰寫〈臺灣飛行場考古－高雄飛行場〉一文，將「高雄」飛行場視同「岡山」飛行場，並認為「高雄空」就是成軍於「岡山」飛行場。[4]但弔詭的是，《警備總部接收檔案》中，「高雄」機場與「岡山」機場標示於不同位置，分明是兩座不同的機場。[5]

---

[3] 永石正孝，《海軍航空隊年誌》（東京：出版共同社，1961），頁109；海軍歷史保存會，《日本海軍史（第七卷）》（東京：第一法規出版株式會社，1996），頁38。

[4] 洪致文，〈臺灣飛行場考古－高雄飛行場〉，《全球防衛雜誌》，309期（2010）。

[5] 臺灣省警備總司令部編印，〈臺灣日陸海軍飛機場一覽圖〉，《臺灣

那麼,「高雄空」的飛行場與警備總部記載的「高雄」機場,是否為同一座?

綜上所述,日治時期的「高雄」飛行場至少有:(一)1936年8月1日,島內線航空所使用的「高雄」飛行場;(二)1938年4月1日,「高雄空」進駐的飛行場;(三)1939年12月1日開場的「高雄飛行場」;(四)被視為「高雄飛行場」的岡山機場;以及(五)警備總部記載的「高雄機場」。這五座「高雄飛行場」是同一座嗎?如果不是,那又是哪些機場?甚至,日治時期的高雄州,倒底有幾座機場?

由於日治時期的交通史研究,航空經常是被忽略的一環。「高雄飛行場」的相關問題,向來缺乏前人研究。為了釐清上述問題,筆者遂以日本防衛省與美國國家檔案館現存檔案資料,交互比對。結果顯示,今日大高雄地區的飛行場,竟達11座,數量驚人。其中,屬於海軍航空隊6座、陸軍航空隊4座。另有一座燕巢飛行場,洪致文推測為海軍機場。[6]

表3-1 日治時期大高雄地區飛行場一覽表

	機場	英文名稱	屬性
01	苓雅寮著陸場	無	海軍
02	岡山	Okayama（Takao）	海軍
03	左營	Toshien	海軍

警備總司令部軍事接收總報告》(臺北:警備總司令部,1946),收入陳雲林主編,《館藏民國臺灣檔案匯編(第56冊)》(北京:九州出版社,2006),頁138。

[6] 洪致文,〈二戰時期日本海陸軍在臺灣之機場〉,《臺灣學研究》,第12期(2011),頁51。

04	左營（水上）	Toshien （Seaplane Station）	海軍
05	苓雅寮 （水上）	Reigaryo （Seaplane Station）	海軍
06	大崗山 （阿蓮）	Alian（Aren） （Taikozan）	海軍
07	燕巢 （岡山（東））	Okayama East （Ensochu）	疑為海軍
08	鳳山	Hozan（Kosho）	陸軍
09	小港 （苓雅寮）	Reigaryo（Takao）	陸軍
10	小港 （東）（大寮）	Tairyo（Tua-Liau）	陸軍
11	旗山	Kizan	陸軍

資料來源：防衛省防衛研究所史料閱覽室，〈航空基地圖（朝鮮、臺灣、支那方面）〉（請求番號：（5）航空基地-87）；防衛省防衛研究所史料閱覽室，〈飛機場紀錄內地（千島・樺太・北海道・朝鮮・臺灣を含む）〉（請求番號：陸空-本土防空-48）；防衛省防衛研究所史料閱覽室，水路部，〈（6）航空路資料（第10）昭和15年4月 刋行臺灣地方飛行場及不時着陸場〉（請求番號：技術-水路（航路）-211）；アジア歷史資料センター，〈軍務二第四四九號 8.6.23苓雅寮飛行機不時着陸場設備工事竣工ノ件〉（Code: C05023191300）；杜正宇、謝濟全，〈盟軍記載的二戰臺灣機場〉，《臺灣文獻》，63卷3期（2012年9月）；杜正宇、吳建昇，〈日治下臺南永康機場的時空記憶〉，《臺灣文獻》，63卷1期（2012年3月）；洪致文，〈二戰時期日本海陸軍在臺灣之機場〉，《臺灣學研究》，第12期（2011）。

貳、民間航空與「高雄飛行場」

1920年11月21日屏東飛行場正式啟用。這不但是高雄州內最早的飛行場，也是臺灣史上第一座具規模的飛行場。當時，其它可供飛機降落的場地，僅為著陸場（如鹿港、臺東、花蓮港），或是以陸軍練兵場為主的臨時著陸場（如臺北、宜蘭）。屏東飛行場位於屏東崇蘭，土地係臺灣救濟團所轉讓，原為臺灣總督府警務局航空班所使用。至1930年，

日本陸軍飛行第八聯隊在屏東飛行場開隊，成為臺灣史上第一個常駐的航空軍事單位。屏東飛行場不但和今屏東市的發展息息相關，更是日治時期高雄州地區最重要的機場之一。[7]

　　當1936年8月1日，日本航空輸送株式會社開通島內線航空之時，屏東飛行場就是高雄州內唯一的機場。至於島內線西線終點：「高雄飛行場」，與屏東機場的關係；本文以為，民航使用的「高雄飛行場」，就是屏東飛行場。

---

[7]　防衛省防衛研究所史料閱覽室，〈飛機場紀錄內地（千島・樺太・北海道・朝鮮・臺灣を含む）〉（請求番號：陸空本土防空48），頁412；アジア歷史資料センター，〈飛行第8聯隊応急動員準備上必要事項に関する件〉，《密大日記》（C01002598500）；臺灣總督府警務局航空班，〈飛行場〉，《班務概況》；臺灣總督府警務局，《臺灣總督府警察沿革志》；〈屏東飛行場開始式 下淡水溪畔に地を相して計劃したる藥寮飛行班の飛行場開設に付本日盛大なる開場式を行ふ〉，《臺灣日誌》（1920年11月21日），頁18；臺灣經世新報社，〈屏東飛行場 開設さる〉，《臺灣大年表》（臺北：臺灣經世新報社，1925），頁120；〈屏東飛行場 飛行開始式〉，《臺灣日日新報》（1920年11月12日）；大竹文輔，《臺灣航空發達史》（臺北：臺灣國防義會航空部，1939），頁107-109、199；王御風等，〈社會型態與社會構成〉，《重修屏東縣志》（屏東，屏東縣政府，2012），頁91-92；陳文樹，〈屏東空軍基地和民用機場的沿革變遷〉，《屏東文獻》，第15期（2011），頁143-144；曾令毅，《日治時期臺灣航空發展之研究（1906-1945）》（臺北：淡江歷史所碩士論文，2008），頁34、68-69。

圖3-2　陸軍飛行第八聯隊正門
（屏東飛行場）

圖3-3　陸軍飛行第八聯隊隊部
（屏東飛行場）

圖3-4　屏東上空的陸軍飛行
第八聯隊偵察機

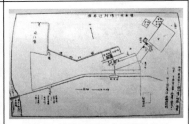

圖3-5　陸軍飛行第八聯隊駐防的
屏東飛行場

圖像來源：臺灣日日新報社，《飛行隊見學》（臺北：臺灣日日新
　　　　　報，1930），頁數未註明。

　　1936年5月島內線開通前，為因應民間航空的需求與地
方發展，高雄州與臺南州當局展開了諮商，希望能在兩州之
間，距離適中的岡山設置飛行場。飛行場敷地約三千萬坪，
預計於1937年實現此計畫。[8]不過，此案乃高雄州出於己身
立場的想法，希望將南部的飛航重鎮置於州內。高雄州知事
內海忠司除了提出以彌陀、路竹、岡山三庄為候選地，並由
岡山郡郡守飯島稔視察飛行場預定地。[9]

[8]　〈國際飛行場設置を兩州共同で計畫〉，《まこと》（臺灣三成協
　　會，1936年5月20日）。
[9]　〈高雄飛行場急速に具體化か　內海知事が下檢分〉，《臺灣日日新

圖3-6　高雄州知事內海忠司（右上角）
圖像來源：高雄市立歷史博物館「高雄老照片數位博物館」館藏（總
登錄編號：cca100062-hp-ph037_058pa-0001）。

　　臺南州方面，則另有想法。早在1935年，今川淵擔任臺
南州知事時，臺南州當局就已評估臺南飛行場的設置地點。
原先選定臺南練兵場（近臺南市大北門），並以後甲（今臺
南市東區）、竹篙厝（今臺南市東區）、安平三地作為候選
地。[10]但1936年卻因故選擇新豐郡鞍子的「臺灣製糖株式會
社」土地，並由接替今川出任臺南州知事的藤田俱治郎展開
磋商。[11]飛行場預定地的改變，或許是因為這些地點，皆位

──────────────────────────────────────
　　報》（1936年5月26日）。
[10]　〈臺南飛行場の候補地　後甲、竹篙厝、安平　この中から一ケ所を
　　選定〉，《臺灣日日新報》（1935年12月25日）；〈臺南飛行場候補
　　地　後甲竹高厝安平　就其中選定一處〉，《臺灣日日新報》（1935
　　年12月26日）。
[11]　〈建設臺南飛行場　經費計上追加豫算　附議來廿三日臨時州會〉，
　　《臺灣日日新報》（1936年12月11日）。

於市區，無論對飛航或市民的安全、城市發展、噪音等，都有影響。而鞍子地近臺南市，車程僅約10分鐘；又為臺糖之地，產權分明。這些應該就是被選為飛行場用地的原因。[12]

另一方面，日本航空輸送株式會社明確支持高雄州的構想。1936年7月13日-14日，日航臺北支所松村技士前來高雄訪問，向高雄州內務部長廣谷表達希望能借用岡山海軍用地的意見。由於不確定海軍方面是否會同意，廣谷只能期待透過高雄與臺南兩州的合作促成此事。[13]

航空事業主管機關—總督府遞信部的想法則出現變化，鑒於高雄市軍事的重要性，打算將原計畫的臺北－高雄航線，改為臺北－屏東。[14]本文以為，遞信部的想法，至為實際與重要。除了軍事因素外，由於島內線預定開通於8月1日，至7月中，高雄飛行場竟仍無著落，若不迅速與陸軍協調，借用屏東飛行場，那麼，西部航線的終點僅能抵達臺中。至於軍方會同意的原因，則和當時日本陸軍主動提出民間航空應與軍事航空統合設置有關。日本陸軍更進而與海軍航空、大藏省、主管飛航的遞信省等展開協商。[15]此外，早在1923年，運送郵件的「郵便飛行」航線，就是臺北－屏東。[16]可見這條航線存在已久。

---

[12] 杜正宇，〈日治下的臺南機場〉，《臺南文獻》，第1期（2012），頁30。

[13] 〈臺南、高雄協力して　岡山空港を實現したい〉，《臺灣日日新報》（1936年7月14日）。

[14] 〈南部國際飛行場　希望設于岡山郡〉，《臺灣日日新報》（1936年7月15日）。

[15] 〈民間航空國防　統一機關設置〉，《臺灣日日新報》（1936年7月15日）。

[16] 〈郵便飛行　警察航空班に於て臺北屏東間の郵便飛行を試む、三機雁

　　島內線開通後，日航將高雄營業所設置於高雄市銀座南通・丸池（今鹽埕區國際商場一帶）。但隨著臺南飛行場（今臺南機場）於1937年6月26日啟用，島內線西線終點改為臺南，[17]高雄站停飛。於是，日航高雄營業所廢止，遷至臺南，[18]並選擇臺南驛前的東屋旅館（大正町三丁目），作為支所的設置地點。[19]而東屋旅館就是今臺南車站前，臺南大飯店的前身。[20]搭乘日航班機的旅客可於起飛50分鐘前於東屋旅館搭車，由日航客運車接送至機場。[21]

圖3-7　日航客運車

圖像來源：〈照片：北支經濟使節團〉，《臺灣自動車界》（臺灣自
　　　　　動車界社，1939年5月1日）。

　　行出發、第一機は午前六時廿七分臺北練兵場を離陸し同八時卅三分屏東飛行場に著陸す〉，《臺灣大年表》（1923年8月22日），頁136。

[17]　〈西線のダイヤと料金變更　臺南飛行場の使用で〉，《臺灣日日新報》（1937年5月29日，日刊）；大竹文輔，《臺灣航空發達史》（臺北：臺灣國防義會航空部，1939），頁442。

[18]　〈臺南飛行場成り　六月一日から使用　日空高雄支所は臺南に移轉　來月廿日　晴れの飛行場開き〉，《臺灣日日新報》（1937年5月26日）。

[19]　日航《定期航空案內》（1936年10月至1937年3月）。

[20]　此為鄭道聰之考證。參見文建會，《國家文化資料庫》：cca100001-hp-d2721-i.jpg。

[21]　日航《定期航空案內》（1937年10月至1938年3月）。

　　當時島內線的西線，有臺北、臺中、臺南、馬公四站。每周有三班（周二、周四、周六）往返的班機。不過，離島線初期僅有貨運與郵件遞送業務。1937年7月3日，日航以中島飛行機（フォッカー・スーパー・ユニバーサル），進行臺南－馬公航線試飛。由於效果頗佳，9月21日，離島線的郵便航空正式開始。運輸品包括郵件與貨物。旅客運輸比貨運晚了一年餘。1938年11月6日才通航。[22]

　　不過，島內線分為東、西兩航線所造成的不便，也造成許多工商人士不滿。譬如由花蓮前往高雄，不能向南往西繞行，反而須搭乘客機飛往臺北後，才能繼續往南，飛抵臺南，再乘車前往高雄。於是花蓮港工商會，發起請願，希望能開通島內循環線。[23]加上輿論亦以歐美各國民航發達之情況，呼籲總督府應更加重視民間航空。[24]於是，1938年4月，總督府遞信部與日航開闢島內循環線。增設屏東與臺東兩航站，形成東迴線：臺北－宜蘭－花蓮—臺東—屏東—臺南—臺中—臺北；以及西迴線：臺北—臺中—臺南—屏東—臺東－花蓮－宜蘭－臺北。東、西迴線每日皆有一航班。臺南至馬公的離島線，則逢偶數日一班。[25]同年11月22日，

---

[22] 大竹文輔，《臺灣航空發達史》（臺北：臺灣國防義會航空部，1939），頁442、452-453。

[23] 〈二〇、定期航空路ヲ臺灣周廻ニ延長シ各地每日發着スル樣請願ノ件〉，《全島實業大會ニ關スルパンフレット　第二〇回》，頁28；《高雄商工會報　第六十八號》（高雄：高雄商工會，1936年12月31日），頁24。

[24] 原田生，〈臺灣の民間航空に就て〉，《交通時代》（交通時代社，1937年9月1日）。

[25] 臺灣農林新聞社，〈五　航空〉，《臺灣農林新聞》（臺灣農林新聞

日本樞密院決議通過，由大日本航空株式會社經營日本國內
外的民間航線。[26]於是，原先由日本航空輸送株式會社經營
的島內線，改由大日本航空營運。屏東飛行場雖恢復民航，
但大日本航空發行的1939年版《定期航空案內》，卻一如
過往將「屏東」稱為「高雄」。幸好，〈定期航空發著時刻
表〉上註明高雄站就是屏東飛行場。〈航空券發賣所〉也記
載營業所（位於屏東驛前的臺灣運輸株式會社）與飛行場事
務所皆位於屏東。[27]此外，1940年版的大日本航空〈定期航
空發著時間表〉，則起降航站未見「高雄」，直接記為「屏
東」。[28]這些事證，皆可證明民航時期的「高雄飛行場」，
就是屏東飛行場。

　　不過，高雄州當局並未放棄在大高雄地區設置民用飛行
場的意圖。根據《部報》（臺灣總督府臨時情報部出版）、
《臺灣日日新報》、《まこと》（臺灣三成協會出版），另
一座「高雄飛行場」確實啟用於1939年12月1日。[29]根據各報
之報導，島內航空過去都是在高雄州下的屏東飛行場進行，

　　社，1939年8月10日）。

[26] アジア歴史資料センター，〈枢密院決議・一、日本国「タイ」国間
　　定期航空業務ノ運営ニ関スル協定締結ノ件〉，《大日本航空株式会
　　社定款》（Code: A03034241500）。

[27] 日航，《定期航空案內》（1939年4月至1939年9月）。

[28] 林于昉醫生收藏，〈定期航空發著時間表〉，《美麗之島-臺灣古地圖
　　與生活風貌展》。轉引自「地圖會說話」網站：http://richter.pixnet.net/
　　blog/post/26100262。

[29] 〈高雄飛行場の初飛行祝賀會〉，《部報》（臺灣總督府臨時情報
　　部，1939年12月21日）；〈高雄飛行場に初車輪　州民の努力見事に
　　實を結ぶ〉，《臺灣日日新報》（1939年12月4日）；〈輝く高雄空港
　　　第一機を迎へて祝賀會〉，《まこと》（臺灣三成協會，1939年12
　　月10日）。

但隨著「高雄飛行場」的啟用，島內線出現變更。當天上午
10點39分，第一班日航客機，也是第一架降落於「高雄飛行
場」的飛機，平安抵達。經過簡短的迎接儀式後，10點50
分，在與會者的歡呼下，起飛航向臺東。這場「初飛行紀念
會」的與會者包括高雄州知事赤﨑鐵吉、高雄州內務部長江
藤、高雄州警務部長加藤、市尹宗藤大陸、市尹古川（兼鳳
山郡守）、航空官難波、郵便局長中山、高雄要塞司令小倉
尚等人。除了兩位旅客外，日航臺北支所長大西也搭機前
來，由古川市尹贈花，赤﨑知事發表歡迎賀辭。而飛行場的
落成，更象徵高雄的空、海、陸交通已全數完備。將帶動高
雄大步躍進。

　　這些訊息顯示，1939年的「高雄飛行場」啟用之初是
作為民航機場。而高雄直飛臺東的路線，也顯示高雄已取代
屏東，成為島內線航站。但後來1940年島內線客機卻仍然在
屏東起降。為何如此？原因或許是此時，日航將原先用於島
內線的小型客機：中島飛行機（フォッカー・スーパー・ユ
ニバーサル），換成較大型的客機：三菱エアスピード エ
ンボイ客機與フォッカー　F-7b/3m客機。[30]前者可搭載旅客
8位；後者可搭載旅客7位。均為小型客機，跑道滑行長度
（滑走路）約為800公尺。[31]三菱客機，馬力349×2，原為
英國研發之使節式客機（The Envoy），[32]除售予日本外，並

---

[30]　日航《定期航空案內》（1939年4月至1939年9月）。
[31]　「プロペラ旅客機」：http://blog.livedoor.jp/amet1972/archives/
　　　cat_10005168.html。
[32]　「Index of Naval Aircraft」：http://www.fleetairarmarchive.net/aircraft/
　　　Envoy.htm。

授權日本三菱公司於名古屋製造10架。³³F-7b/3m客機，馬力220×3。1927年時，由荷蘭設計研發，³⁴日本亦購入10架。³⁵

有鑑於此，1940年2月下旬，高雄市會提出了「高雄飛行場」擴張意見書。認為現有的「高雄飛行場」過於狹窄，為配合新式客機的起降，應展開擴張工程，以實現未來成為臺灣與華南、南洋等地飛航的航空基地。³⁶不過，礙於一期米稻作的收成，要待收割後才能展開工程。因此，只能利用原先的屏東飛行場起降。³⁷

不過，「高雄飛行場」的竣工實在太晚，比起臺南，在島內民航上，已失先機。隨著戰爭的發展，1940年10月，實施「燃料消費規正」，島內循環線停止，改為臺北至馬公（每週一次往返）、臺北至臺東（每週三次往返）兩航線。可見西部航線，無論高雄或屏東站皆已停飛。日後從臺南至高雄或屏東，只能搭車。如總督府總務長官齋藤樹進行島內視察時，就先由永康機場飛往澎湖（臺南—馬公），當天往返。並從臺南乘坐火車，晚間7點抵達高雄。隔天再由高雄前往屏東。³⁸至於高雄、屏東飛行場停飛的原因，顯然與

---

³³ 「Wikipedia, Airspeed Envoy」：http://en.wikipedia.org/wiki/Airspeed_Envoy。

³⁴ 「Dutch Aviation」：http://www.dutch-aviation.nl/。

³⁵ 「Flightglobal」：http://www.flightglobal.com/pdfarchive/view/1931/1931%20-%200930.html。

³⁶ 〈高雄飛行場擴張に關する意見書〉，《臺灣日日新報》（1940年2月24日）。

³⁷ 〈高雄飛行場擴張は一期作の收穫後に それ迄は屏東飛行場を使用〉，《臺灣日日新報》（1940年2月26日）。

³⁸ 〈昨夕高雄着 けふ屏東地方視察〉，《臺灣日日新報》（1941年10月15日）。

太平洋戰爭有關。因為1941年臺灣的航空隊出擊呂宋島的任務。除了進駐「高雄飛行場」的高雄空；還包括屏東飛行場內的陸軍航空隊。開戰當天，海軍的臺南空還差點在巴士海峽誤擊9架編隊飛行的日本陸軍轟炸機。[39]這些部隊事前的整備與編成，當然就是飛行場停止民航的主因。

最後，這座「高雄飛行場」到底在哪？根據終戰時補為日本海軍南臺空司令—增田正吾中校的回憶錄：《赤蜻賦》，高雄飛行場就在岡山。[40]

參、日治時期臺灣的海軍航空隊

正當高雄州民間航空繁榮發達之際，高雄地區的海軍航空隊也逐次成軍，參與中國與南洋的戰役。而戰時情報的嚴密與調動的頻繁，又導致日本海軍航空隊在臺之編成與派遣情形至為複雜。故在探討高雄海軍航空隊與「高雄飛行場」之關聯時，有必要對臺灣日本海軍航空隊之發展進行初步研究。

臺灣有史以來第一次的空中飛行，是由海軍航空隊於1912年進行的「山林飛行」；史上第一次的內臺飛行，也是由佐世保海軍航空隊三架戰機於1921年5月14日所完成。在1938年，馬公要港部之「高雄空」開隊以前，海軍航空隊已在臺灣執行多次重要的飛行任務（參見表3-2）：

---

[39] 坂井三郎著，黃文範譯，《荒鷲武士》（臺北：九歌，1999），頁79-80。

[40] 增田正吾，《赤蜻賦》（大阪：關西書院，1982），頁143；永石正孝，《海軍航空隊年誌》（東京：出版共同社，1961），頁166。

表3-2　1938年以前海軍航空隊飛航臺灣之情形

時間	概況
1912年夏季	海軍飛機於臺中、南投一帶進行山林飛行。此為臺灣上空第一次出現飛機。
1921年3月18日	停泊於馬公之春日號軍艦上的水上飛機起飛,盤旋馬公上空。
1921年5月14日	佐世保航空隊三架戰機飛抵基隆。此為史上第一次的內臺飛行。
1924年3月~6月	佐世保航空隊之F5號飛行艇,飛抵臺灣。
1926年4月9日	由馬公出港之鳳翔號航艦三架艦載機,飛抵高雄。
1926年7月7日	停泊於基隆港的若宮號水上機母艦所屬之2架飛行機,盤旋基隆上空。
1927年4月8日	停泊於高雄港的古鷹軍艦上的飛機起飛,盤旋高雄上空。
1927年6月	佐世保航空隊三架偵察機飛抵基隆。
1928年4月6日	第一艦隊所屬航空母艦艦載機六架,自基隆飛抵屏東。
1928年6月15日	佐世保航空隊三架偵察機飛抵基隆。
1929年5月14日	三架水上飛機自佐世保起飛,途經基隆,抵達馬公。
1930年9月30日	大村航空隊4架艦載戰鬥機,飛抵馬公。
1930年10月	陸海軍航空隊聯合演習。此為臺灣史上第一次的航空演習。
1931年4月	佐世保航空隊、大村航空隊共15架戰機飛抵臺灣。
1932年6月	佐世保航空隊的飛行艇,飛抵基隆。
1932年6月3日	大村航空隊多架戰機飛抵臺北。
1933年6月1日	佐世保航空隊的飛行艇,飛抵基隆。
1933年12月23日	臺灣各製糖會社聯合捐贈兩架戰機予海軍航空隊。
1934年9月9日	海軍航空隊大編隊,繞行臺灣一周。
1936年4月24日	佐世保航空隊的飛行艇、水上機12架,飛抵高雄。
1936年5月30日	佐世保航空隊的飛行艇2架,飛抵淡水。
1936年6月5日	大村航空隊3架艦上攻擊機飛抵臺北。

資料來源：大竹文輔,《臺灣航空發達史》（臺北：臺灣國防義會航空部,1939）,頁279-330。1912年夏季的情形,參見曾令毅,《日治時期臺灣航空發展之研究（1906-1945）》（臺北：淡江歷史所碩士論文,2008）,頁70-71。

　　日本海軍航空隊於臺灣的設置與運作,約可分為五個時期。

（一）馬公要港部時期

　　1938年至1940年,海軍航空隊常駐臺灣,高雄空是第一個常設航空隊,隸屬於馬公要港部。

（二）第11航空艦隊時期

1940年末，為了太平洋戰爭的準備，日本海軍自中國戰區抽調已有空中作戰經驗的飛行員，以鹿兒島的鹿屋、臺灣南部的臺南、高雄、東港為基地，編組航空隊。至1941年10月1日，除高雄空、東港空已陸續編成，位於岡山的第61海軍航空廠與今臺南機場的臺南空，也於同日成軍。[41] 這些航空隊被編入第11航空艦隊。珍珠港事變後，臺南空、高雄空、東港空、鹿屋空等，均被派往太平洋南西方面作戰。[42]

（三）第14聯合航空隊時期

1942年5月20日，日本海軍新設海軍航空基地隊制度。這段期間，接替外戰部隊防衛臺灣的是馬公警備府之下陸續成立的新竹空、高雄空（二代）與臺南空（二代）。這三支航空隊合組為第14聯合航空隊。到了1943年4月1日，馬公警備府裁撤，高雄警備府成立。其麾下除了原有的新竹空、高雄空（二代）與臺南空（二代），並加入了中國戰區方面的三亞空、海口空、黃流空。不過，三亞空、海口空、黃流空後來陸續轉出，14聯空仍然以臺灣的基地航空隊為主。[43] 1943年11月25日下午2點10分，美軍B25轟炸機14

---

[41] 海軍歷史保存會，《日本海軍史（第八卷）》（東京：第一法規出版株式會社，1996），頁162。

[42] 永石正孝，《海軍航空隊年誌》（東京：出版共同社，1961），頁21-35。

[43] 永石正孝，《海軍航空隊年誌》（東京：出版共同社，1961），頁115-116、118、132-133。

架、P38戰鬥機8架、P51戰鬥機8架，自江西遂川起飛，利用警戒死角，以超低空飛行方式，轟炸新竹。[44]此後，空襲不斷，僅1944年1月上旬，就有美軍82架，12次的轟炸。高雄、鹽水一帶亦是攻擊目標。因應美方的攻擊，高雄警備府加強戰備，急速整備馬公、淡水、新竹、臺中、虎尾等飛行場。[45]4月1日，第六海軍燃料廠亦於高雄開廠。[46]至4月15日，高雄警備府直轄的海軍航空部隊，除了新竹空、高雄空（二代）與臺南空（二代），還包括淡水的水偵隊與東港航空隊。各航空隊的任務為反潛掃蕩、哨戒、對敵艦船與航空機的偵查攻擊、海上交通保護等。[47]但由於戰爭的消耗與補充，新竹空、高雄空（二代）與臺南空（二代）陸續解散，而虎尾空、第二高雄空、第二臺南空等三支航空隊，仍隸屬於高雄警備府。[48]此外，海軍亦開始在臺徵召特別志願兵，僅7月1日至7月15日，響應者竟達31萬6千餘人。[49]

---

[44] 防衛省防衛研究所，《戰史叢書：沖繩、臺灣、硫黃島方面作戰：陸軍航空作戰》（東京：朝雲新聞社，1970），頁22；劉鳳翰，《日軍在臺灣：1895至1945年的軍事措施與主要活動》（臺北：國史館，1997），頁494。

[45] 防衛省防衛研究所，《戰史叢書：沖繩、臺灣、硫黃島方面作戰：陸軍航空作戰》（東京：朝雲新聞社，1970），頁23、72。

[46] 海軍歷史保存會，《日本海軍史（第八卷）》（東京：第一法規出版株式會社，1996），頁172；海軍歷史保存會），《日本海軍史（第七卷）》（東京：第一法規出版株式會社，1996），頁74；謝濟全，〈日治後期高雄第六海軍燃料廠之興建與戰備分析〉，《史地研究》，第3期（2011年）。

[47] 防衛省防衛研究所，《戰史叢書：沖繩、臺灣、硫黃島方面作戰：陸軍航空作戰》（東京：朝雲新聞社，1970），頁72-73。

[48] 永石正孝，《海軍航空隊年誌》（東京：出版共同社，1961），頁115-118、121、123-124。

[49] 五味田忠，《臺灣年鑑（1943）》（臺北：成文出版社，1985），

（四）臺灣沖航空戰時期

1944年7月10日，日本海軍航空隊實施空地分離制度，航空隊編制改編甲、乙兩種。甲航空隊（數字番號）為戰鬥飛行隊。乙航空隊（地名番號）則以基地任務為主。當甲、乙航空隊駐防同一機場時，則以甲航空隊之作戰任務為主。[50]於是，7月10日實施當天，乙航空隊臺灣空成立，並納入第2航空艦隊管轄。但或許是機場的整備與人員編組需要時間，直到11月15日臺灣空才正式編成，而高雄空（二代）、臺南空（二代）也因而解散。[51]除臺灣空外，高雄警備府尚轄有虎尾空、第二高雄空與第二臺南空等航空隊。

1944年10月，美軍於攻擊菲律賓前，為了避免來自臺灣及沖繩的空中攻擊，先行轟炸沖繩、新竹、臺南、高雄等地的飛行基地。於是，海軍第一航空艦隊司令的大西瀧治郎中將，於10月5日下達特別攻擊隊編成命令，展開日本第一次有組織的特攻行動，並從10月20日開始，以第一神風特別攻擊隊、大和隊、朝日隊、敷島隊、山櫻隊等自殺機攻擊菲律賓的盟國海軍。[52]主力部隊方面，日本則以708空、98空、501空、703空、262空、303空、701空、11空、801空等

頁496。

[50] 海軍歷史保存會，《日本海軍史（第八卷）》（東京：第一法規出版株式會社，1996），頁158。

[51] 永石正孝，《海軍航空隊年誌》（東京：出版共同社，1961），頁58-62。

[52] 原勝洋，《真相・カミカゼ特攻》（東京：KKベストセラーズ，2004），頁124-128。

兵力編組為T部隊,自南九州鹿屋與臺灣的新竹、臺南、高雄等飛行場出擊。[53]10月12日凌晨東港出發的901空水偵機(97大艇3架),於臺灣東方海面發現美國特遣艦隊,T部隊開始攻擊,連續5日的臺灣沖航空戰就此爆發。[54]至10月19日,日本海軍在臺的機群已達399架,可用於作戰者241架。[55]

基地航空隊方面,高雄警備府轄下14聯空(虎尾空、第二高雄空、第二臺南空),在移駐高雄的海軍第二航空艦隊司令福留繁中將的要求下,被編入第二航空艦隊第六基地航空部隊。[56]當時的14聯空多為教練機,駐防於新竹、臺中一帶。[57]其中四十架被編成特攻機。[58]臺灣空則擔任支援作戰任務,負責殲滅敵軍以及保護海上交通。[59]待戰役結束,比島

---

[53] 神野正美,《臺灣沖航空戰》(東京:光人社,2004),頁154-155、264。

[54] 神野正美,《臺灣沖航空戰》(東京:光人社,2004),頁158;海軍歷史保存會,《日本海軍史(第八卷)》(東京:第一法規出版株式會社,1996),頁187;劉鳳翰,《日軍在臺灣:1895年至1945年的軍事措施與主要活動》(臺北:國史館,1997),頁540。

[55] 國防部史政編譯局譯印,日本防衛省防衛研究所,《聯合艦隊之最後決戰》(臺北:國防部史政編譯局,1990),頁724。

[56] 神野正美,《臺灣沖航空戰》(東京:光人社,2004),頁261;國防部史政編譯局譯印,日本防衛省防衛研究所,《聯合艦隊之最後決戰》(臺北:國防部史政編譯局,1990),頁662;劉鳳翰,《日軍在臺灣:1895年至1945年的軍事措施與主要活動》(臺北:國史館,1997),頁542。

[57] 神野正美,《臺灣沖航空戰》(東京:光人社,2004),頁262。

[58] 國防部史政編譯局譯印,日本防衛省防衛研究所,《「決」號作戰與投降》(臺北:國防部史政編譯局,1990),頁122。

[59] 防衛省防衛研究所,《戰史叢書:沖繩、臺灣、硫黃島方面作戰:陸軍航空作戰》(東京:朝雲新聞社,1970),頁179。

（菲律賓）的飛行隊紛紛撤退來臺，為了支援這些部隊的再編成作業，臺灣空因而廢除了直屬的各訓練教育隊。[60]而臺南、高雄上空則由254空臺灣派遣隊（駐仁德飛行場）的12架零戰哨戒，1944年10月13日至10月27日期間，共擊墜5架美機。[61]

（五）1945年2月5日至終戰

1944年12月，美軍進占菲律賓後，日本海軍第一航空艦隊與第四航空軍的殘餘機群撤入臺灣。1945年1月10日，海軍第一航空艦隊司令的大西瀧治郎中將亦將司令部設置於高雄。[62]同年1月16日，大本營陸軍部與海軍部作戰課研判，美軍可能於3至4月間登陸臺灣，因應硫磺島、沖繩的戰爭局勢，隨即解散第二航空艦隊，並將第一航空艦隊駐臺之部隊予以整頓重編。[63]2月5日，第一航空艦隊三支新設航空隊於臺灣編成：765空（臺南整編，原駐鹿屋）、132空（臺南整編，原駐松山）、133空（歸仁整編，原駐松山）、205空（臺中整編，原駐藤枝）。由於132空移防新竹；133空移防高雄後編入聯合艦隊；205空分駐宜蘭、石垣島；使得765空

---

[60] 永石正孝（1961），《海軍航空隊年誌》（東京：出版共同社，1961），頁117-118。

[61] 末國正雄、秦郁彥，〈第254海軍航空隊臺灣派遣隊戰鬥詳報〉，《聯合艦隊海空戰戰鬥詳報》（東京，アテネ書房，1996），頁219-239。

[62] 原勝洋，《真相・カミカゼ特攻》（東京：KKベストセラーズ，2004），頁164、171。

[63] 國防部史政編譯局譯印，日本防衛省防衛研究所，《「決」號作戰與投降》（臺北：國防部史政編譯局，1990），頁191、227。

成為臺灣南部海軍航空的主要兵力。[64]132空、205空、765空三支航空隊編為「29戰隊」，隸屬高雄警備府。[65]而當時日本航空戰的思想已轉為全面特攻化，因此將「29戰隊」全數編為「神風特別攻擊隊」，進行特攻作戰。[66]

至於臺灣海軍航空隊，則在1945年6月15日，改編為北臺海軍航空隊、南臺海軍航空隊。兩支基地航空隊均隸屬高雄警備府。北臺海軍航空隊司令為原臺灣空司令鈴木由次郎。南臺海軍航空隊則為伊藤信雄。[67]北臺海軍航空隊派駐地點為臺北、淡水、新竹、宜蘭、臺中、新高、新社、石垣、宮古等；南臺海軍航空隊派駐地點為虎尾、歸仁、大林、岡山、東港、臺東等。終戰時，日本海軍在臺的機群為389架，可用於作戰者289架。[68]

上述的海軍航空隊中，與高雄淵源較深者為高雄空、高雄空（二代）、第二高雄空。歸仁編成的133空，移防高雄

---

[64] 永石正孝，《海軍航空隊年誌》（東京：出版共同社，1961），頁162-163。

[65] 防衛省防衛研究所，《「決」號作戰與投降》（臺北：國防部史政編譯局，1990），頁227、533。

[66] 原勝洋，《真相・カミカゼ特攻》（東京：KKベストセラーズ，2004），頁171。

[67] 海軍歷史保存會，《日本海軍史（第七卷）》（東京：第一法規出版株式會社，1996），頁74；臺灣省警備總司令部編印，《臺灣警備總司令部軍事接收總報告》（臺北：警備總司令部，1946），收入陳雲林主編，《館藏民國臺灣檔案匯編（第56冊）》，（北京：九州出版社，2006），頁119。

[68] 臺灣省警備總司令部編印，《臺灣警備總司令部軍事接收總報告》（臺北：警備總司令部，1946），收入陳雲林主編，《館藏民國臺灣檔案匯編（第56冊）》，（北京：九州出版社，2006），頁131-135、141-142。

僅兩個月，就被編入聯合艦隊。但高雄空駐防高雄的時間也不長，僅三個月就被派赴南太平洋作戰。因此，長期派駐於高雄的海軍航空隊，實為14聯空的高雄空（二代）與第二高雄空。

高雄空是日治時期臺灣地區最早成立的海軍航空隊，也是實戰飛行部隊。開隊於1938年4月1日。太平洋戰爭爆發後，改隸屬於第11航空艦隊第23航空戰隊。1942年10月1日，整編為第753海軍航空隊。在戰爭不斷的消耗下，1944年7月10日解隊。[69]

高雄空（二代）是為訓練已有飛行基礎的飛行員而設置的練習航空隊。1942年11月1日開隊時，使用高雄的番號，並編入第十四聯合航空隊。雖是練習航空隊，該隊也使用零式艦上戰鬥機以及九六式陸上攻擊機，並擔任臺灣周邊的對潛、哨戒等任務。1944年5月15日，設置臺中分遣隊。12月1日，高雄空（二代）解隊，臺中分遣隊改隸屬於虎尾海軍航空隊。[70]

第二高雄空，則是為訓練不具飛行基礎的練習生而設置的練習航空隊，故該隊不具備實際作戰能力。1944年8月15

---

[69] 渡辺博史，《空の彼方（一）海軍基地航空部隊要覽》（東京：樂學庵，2008），頁358-378；永石正孝，《海軍航空隊年誌》（東京：出版共同社，1961），頁109。

[70] 渡辺博史，《空の彼方（二）海軍基地航空部隊要覽》（東京：樂學庵，2008），頁394-398；永石正孝，《海軍航空隊年誌》（東京：出版共同社，1961），頁116-117。

日開隊，並編入第十四聯合航空隊。12月1日，由於十四聯空解散，直屬於高雄警備府。1945年2月15日解隊。[71]

表3-3　日治時期臺灣海軍航空隊的編制

年代	海軍航空兵力配置
1938年4月1日	馬公要港部：高雄空開隊
1939年末	馬公要港部：高雄空
1940年末	聯合艦隊附屬第一聯合空：鹿屋空、高雄空、東港空
1941年10月1日	臺南空開隊，隸屬於第11空艦隊23航空戰隊
1941年12月8日	第11航空艦隊赴南西方面作戰，包括三支航空戰隊： （一）21航戰：1空、鹿屋空、東港空 （二）23航戰：3空、高雄空、臺南空 （三）22航戰：元山空、美幌空、司令部附
1942年4月1日	（一）臺南空改隸屬於第11航空艦隊25航空戰隊 （二）新竹空開隊，隸屬馬公警備府
1942年7月10日	高雄空（二代）開隊，隸屬馬公警備府
1942年7月14日	南西方面艦隊： （一）21航戰：鹿屋空、東港空　（二）23航戰：3空、高雄空
1942年10月1日	高雄空番號改為275空。
1942年11月1日	（一）臺南空番號改為251空。隸屬於第11航空艦隊25航戰 （二）東港空番號改為851空。 （三）馬公警備府：14聯合航空隊成立：高雄空（二代）編入
1943年4月1日	臺南空（二代）開隊，隸屬於14聯空
1943年10月1日	新竹空設置高雄分遣隊
1943年11月1日	新竹空隸屬於14聯空
1943年12月1日	高雄空（二代）設置臺中分遣隊
1943年末	（一）第11航空艦隊：25航戰：251空（臺南空） （二）高雄警備府：14聯空：高雄空（二代）、臺南空（二代）、新竹空、三亞空、海口空、黃流空
1944年1月1日	新竹空解散
1944年2月1日	第二臺南空開隊，隸屬於14聯空
1944年4月1日	高雄空（二代）之臺中分遣隊解散
1944年4月1日	（外戰部隊）第11航空艦隊25航戰：251空（臺南空）
1944年5月5日	251空（臺南空）改隸屬於第1航空艦隊22航戰
1944年5月15日	虎尾空開隊，隸屬於14聯空。並設置臺中分遣隊
1944年6月1日	953空於東港開隊，隸屬於高雄警備府

[71] 渡辺博史，《空の彼方（三）海軍基地航空部隊要覽》（東京：樂學庵，2008），頁453-455；永石正孝，《海軍航空隊年誌》（東京：出版共同社，1961），頁124。

1944年7月10日	（一）海軍航空隊空地分離制度 （二）第2航空艦隊：臺灣空成立
1944年8月15日	第二高雄空開隊，隸屬於14聯空。
1944年11月15日	臺灣空編成，隸屬於第2航空艦隊
1944年12月1日	高雄空（二代）、臺南空（二代）解散；虎尾空隸屬於高雄警備府
1944年末	高雄警備府：虎尾空、第二高雄空、第二臺南空
1945年1月1日	953空（東港開隊）併入901空
1945年2月5日	（一）第132航空隊於臺南編成，隸屬於第一航空艦隊 （二）第205航空隊於臺中編成，隸屬於第一航空艦隊 （三）第133航空隊於歸仁編成，隸屬於第一航空艦隊
1945年2月15日	第765航空隊於臺南編成，隸屬於第一航空艦隊
1945年2月15日	虎尾空、第二高雄空、第二臺南空解散
1945年2月底	133空移防高雄
1945年3月28日	205空分駐宜蘭、石垣島
1945年4月17日	第132航空隊移防新竹
1945年5月8日	第133航空隊編入聯合艦隊
1945年6月15日	（一）132空、205空、765空編入29戰隊，隸屬於高雄警備府。（二）臺灣空解散，改為北臺空、南臺空
1945年8月15日	終戰時高雄警備府下轄： （一）北臺空、南臺空　（二）29航戰：132空、205空、765空

資料來源：渡辺博史，《空の彼方（一）海軍基地航空部隊要覽》（東京：楽學庵，2008）；渡辺博史，《空の彼方（二）海軍基地航空部隊要覽》（東京：楽學庵，2008）；渡辺博史，《空の彼方（三）海軍基地航空部隊要覽》（東京：楽學庵，2008）；渡辺博史，《空の彼方（四）海軍基地航空部隊要覽》（東京：楽學庵，2008）；渡辺博史，《空の彼方（五）海軍基地航空部隊要覽》（東京：楽學庵，2008）；渡辺博史，《空の彼方（六）海軍基地航空部隊要覽》（東京：楽學庵，2008）；渡辺博史，《空の彼方（七）海軍基地航空部隊要覽》（東京：楽學庵，2008）；海軍歷史保存會，《日本海軍史（第七卷）》（東京：第一法規出版株式會社，1996），頁38-53；日本海軍航空外史刊行会，《海鷲の航跡別冊・海軍航空年表》（東京：原書房，1982）；永石正孝，《海軍航空隊年誌》（東京：出版共同社，1961）。

肆、海軍航空隊與「高雄飛行場」

根據本文之整理，日治時期高雄地區海軍主要機場有高雄（左營）、岡山、東港、馬公、阿蓮（大崗山）等。其中，「高雄」機場與「岡山」機場的區分，係來自《警備總部接收檔案》。可見是當時接收人員區分兩座機場的方式。而此方式，實際上和日軍將「岡山飛行場」稱為「高雄飛行場」的習慣，相當不同。[72]且根據《警備總部接收檔案》的〈臺灣日陸海軍飛機場一覽圖〉，[73]警備總部所指的「高雄」機場，應是位於今左營軍區內的機場（海軍海航左營基地）。並非當時習稱的「高雄飛行場」。此外，左營軍港的築港與要塞化，其事在1940年4月以後，以時間先後衡量，此左營機場也絕非1938年4月1日，「高雄空」成軍後能夠進駐的機場。[74]

---

[72] 如日本第一航空軍製作的「高雄」飛行場地圖，就是「岡山」飛行場。日本防衛省防衛研究所史料閱覽室，〈飛機場紀錄內地（千島・樺太・北海道・朝鮮・臺灣を含む）〉（請求番號：陸空一本土防空一48）。

[73] 臺灣省警備總司令部編印，《臺灣警備總司令部軍事接收總報告》（臺北：警備總司令部，1946），收入陳雲林主編，《館藏民國臺灣檔案匯編（第56冊）》，（北京：九州出版社，2006），頁138。

[74] 劉鳳翰，《日軍在臺灣：1895年至1945年的軍事措施與主要活動》（臺北：國史館，1997），頁208。

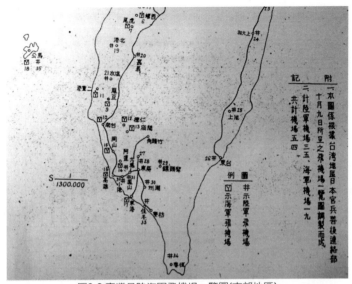

圖3-8 臺灣日陸海軍飛機場一覽圖(南部地區)

資料來源：臺灣省警備總司令部編印，〈臺灣日陸海軍飛機場一覽
　　　　　圖〉，《臺灣警備總司令部軍事接收總報告》（臺北：警
　　　　　備總司令部，1946），附圖一(無頁數)。

　　東港飛行場，則為水上機場。但高雄空使用的為陸攻戰
鬥機，[75]並非水上機。且東港飛行場內亦有東港空。[76]因此，
高雄空駐地也不可能是東港。至於阿蓮（大崗山）飛行場，
則地處丘陵。空軍接收後，記其位置為阿蓮莊東南3公里，
但東方有山，排水不良。[77]如與民航初期的臺北松山、臺
南、永康等機場均建於平原的情形相比，阿蓮機場建於山區
的特色便十分明顯。為何機場會建於山區？根據防衛省防衛

---

[75] 永石正孝《海軍航空隊年誌》（東京：出版共同社，1961），頁109。

[76] 永石正孝，《海軍航空隊年誌》（東京：出版共同社，1961），頁113。

[77] 空軍總司令部，〈空軍臺灣機場調查表〉，《空軍年鑑：民國三十五
　　年》（1946），頁478。

研究所史料閱覽室藏海軍施設部的〈築城戰訓〉，[78]太平洋
戰爭末期，鑒於戰爭的經驗與教訓，日本海軍新設飛行場，
均不能建於平原。因平原地形遼闊，易被敵機發現；也無法
建造強固的防空壕。因此，新建飛行場須符合以下規定：
（一）遮蔽：選擇高約數十米的丘陵地。（二）耐炸：土質
以粘土最佳，砂土最差。（三）偽裝：遠離人口稠密的居住
地。（四）補給：機場位置距海岸不超過30公里。這些都與
阿蓮飛行場的位置、地形等相當吻合。故其成立時間應在戰
爭晚期，在美軍經常性的空襲下，做為疏散、掩蔽機群的簡
易飛行場。[79]

　　根據以上分析，五座機場中，可為高雄空進駐的只剩
下岡山與馬公。1937年7月3日，日航已在馬公飛行場成功試
飛，但延至1938年11月6日，才開放讓旅客搭乘。[80]馬公飛行
場開場當天，出席者也不同於臺南、永康等民航機場，以官
員為主、軍方為輔，號召民間各級學校師生、民眾與會的情
形；[81]馬公的代表為海軍馬公要港部司令水戶春造與陸軍澎
湖要塞司令大妻茂澄。[82]可見其軍用性質。不過，直至1941

[78] 防衛省防衛研究所史料閱覽室，海軍施設本部，〈施本戰訓軍極密第一號〉（1944年9月20日），《大東亞戰爭戰訓（築城施設）第一輯》（請求番號：中央-戰訓-85），頁1-2。
[79] 周明德，〈日軍的不沈航空母艦—臺灣的「獻納飛行場」〉，《臺灣風物》，48卷2期（1998），頁14。
[80] 大竹文輔，《臺灣航空發達史》（臺北：臺灣國防義會航空部，1939），頁442、452-453。
[81] 杜正宇，〈日治下的臺南機場〉，《臺南文獻》，第1期（2012年7月），頁31-32；杜正宇、吳建昇，〈日治下臺南永康機場的時空記憶〉，《臺灣文獻》，63卷1期（2012年3月），頁248。
[82] 〈馬公、臺南を結ぶ　旅客機初飛行　きのふ目出度く往復〉，《臺

年30艦攻隊開隊前，[83]馬公飛行場似乎僅有民航的記錄。

　　高雄海軍航空隊成軍於1938年4月1日，其設立係緣於日本海軍〈昭和12年度海軍第三次補充計畫〉。待第70議會通過後，陸續成立了高雄、鈴鹿、大分、筑波、鹿島等12支航空隊，用以增強對中國華中與華南的侵略戰爭。[84]高雄空不但是該計畫通過後最早成軍的航空隊，也是馬公要港部轄下第一，也是唯一的航空武力。[85]而馬公要港部的管轄範圍為全臺以至南沙的廣袤海域，[86]當時轄區內主要的機場，除了1937年竣工的馬公飛行場外，就是1936年購置的岡山海軍用地。[87]

　　按日本海軍航空隊第一次的大規模渡海戰役，係1941年12月8日，航空隊自南臺灣起飛，利用恆春飛行場整補油料，出擊呂宋島。但飛越巴士海峽後，由於零式戰機的不著陸飛行最多6、7個小時，真能運用於空戰、空襲的時間並不多，往往接戰後就須返航。[88]且零式戰機出產於1940年，海

灣日日新報》（1938年11月7日）；海軍歷史保存會，《日本海軍史（第七卷）》（東京：第一法規出版株式會社，1996），頁74。

[83]　渡辺博史，《空の彼方（四）海軍基地航空部隊要覧》（東京：樂學庵，2008），頁152-154

[84]　永石正孝，《海軍航空隊年誌》（東京：出版共同社，1961），頁24-25。

[85]　海軍歷史保存會，《日本海軍史（第七卷）》（東京：第一法規出版株式會社，1996），頁38。

[86]　黃有興，《日治時期馬公要港部臺籍從業人員口述歷史專輯》（馬公：澎湖縣文化局，2004）。

[87]　アジア歴史資料センター，〈第2665號 12‧5‧20 高雄飛行場用地買収外3廉工事要領變更の件〉（Code: C05111104400）。

[88]　此為曾參與該役的臺南空飛行員坂井三郎回憶。坂井三郎著，黃文範譯，《荒鷲武士》。（臺北：九歌，1999），頁76-77。

軍航空隊的換裝，事在同年6月以後。[89]前此，赴中國戰區作戰之部隊，多為96式戰鬥機。[90]續航力與滯空時間，都只有零戰的一半。[91]

　　檢視高雄空的作戰任務，在1940年1月15日編入聯合艦隊第一聯合航空隊以前，除了在機場整備、訓練外，成軍後僅20餘日就被派往三灶島作戰（4月27日）[92]，此後數度返臺，短暫停留後多由「高雄」與松山機場發進，並以三灶島為進出基地。或許是考量渡海作戰的風險與困難，1938年9月該隊於廣東三竈島建立第六基地，此後之作戰則由三竈島基地出擊，僅有同年11月12日與12月9日曾返回「高雄基地」，而1939年更是全年都未有返航臺灣的記錄。[93]機場既長期未使用，這或許就是高雄州於1939年在岡山設置民航機場的背景。

　　待1940年高雄空編入聯合艦隊航空隊後，改以漢口為基地，參與華中方面的戰役。1940年9月6日返回高雄駐地，停留數月之久[94]相信此舉亦或是島內線終點改為臺南永康，高

---

[89]　坂井三郎著，黃文範譯，《荒鷲武士》（臺北：九歌，1999），頁71。

[90]　ヘンリー・サカイダ著，小林昇譯，《日本海軍航空隊のエース》（東京：大日本繪畫，2006），頁8。

[91]　坂井三郎著，黃文範譯，《荒鷲武士》（臺北：九歌，1999），頁71。

[92]　永石正孝，《海軍航空隊年誌》（東京：出版共同社，1961），頁109。

[93]　渡辺博史，《空の彼方（一）海軍基地航空部隊要覽》（東京：樂學庵，2008），頁358-360。

[94]　永石正孝記為「內地歸還」，導致筆者先前誤以為返回日本。今以渡辺博史之考證辨誤。參見永石正孝，《海軍航空隊年誌》（東京：出版共同社，1961），頁109；渡辺博史，《空の彼方（一）海軍基地航空部隊要覽》（東京：樂學庵，2008），頁359；杜正宇，〈日治時期的高雄飛行場研究〉，《高雄文獻》，1卷2期（2011年9月），頁117。

雄停飛的原因。但1941年7月25日高雄空又再度派往漢口。[95]
直到日本決心發動對南洋的侵略（南西方面作戰），9月
初，中國戰區海軍航空兵司令片桐英吉少將，在漢口調集已
有戰鬥經驗的飛行員，宣告他們將往臺灣集結。[96]9月2日，
高雄空便原隊復返「臺灣高雄州基地」。[97]但此時的高雄州
基地已是「高雄航空基地」，是日本本土以外的主要航空基
地。[98]

　　日本海軍設立航空隊的模式是先有機場，才有航空隊。
如〈昭和14年度海軍軍備充實計畫〉（第四次補充計畫），
日本海軍計畫新增7支航空隊：小松島、臺南、三沢、香
取、松島、新竹與豐橋。但因各地飛行場興建情況等因素，
只有小松島與臺南兩支航空隊順利成軍。[99]當時，臺南飛行
場（今臺南機場）先在1940年2月29日廢止名稱，轉為軍
用。[100]經擴建、整備後，1941年10月1日，臺南空才於臺南
飛行場成軍。[101]可見，當1941年高雄空返回高雄時，高雄飛
行場早已完工啟用。事實上也確是如此。除了日本空戰英雄
坂井三郎，就是在1940年夏季結束後，於高雄飛行場換裝

[95] 永石正孝，《海軍航空隊年誌》（東京：出版共同社，1961），頁109。
[96] 坂井三郎著，黃文範譯，《荒鷲武士》（臺北：九歌，1999），頁74。
[97] 永石正孝，《海軍航空隊年誌》（東京：出版共同社，1961），頁109。
[98] 坂井三郎著，黃文範譯，《荒鷲武士》（臺北：九歌，1999），頁70-71。
[99] 永石正孝，《海軍航空隊年誌》（東京：出版共同社，1961），頁27。
[100] 〈臺南飛行場設置〉，《總督府府報》，告示第94號（1940年3月2日）。
[101] 杜正宇，〈日治下的臺南機場〉，《臺南文獻》，第1期（2012年7月），頁38-39；杜正宇、吳建昇，〈日治下臺南永康機場的時空記憶〉，《臺灣文獻》，63卷1期（2012年3月），頁248-249。

零式戰鬥機，[102]日本防衛研究所出版的專書，也記載1940年末，海軍的岡山、東港飛行場已啟用。[103]

根據戰時為日本海軍技術上尉的佐用泰司之研究，1941年以前竣工的臺灣本島海軍飛行場共有四座：1937年一座、1939年兩座（其中一座為水上機場）、1940年一座。[104]雖然佐用泰司未說明這些飛行場的名稱，但筆者研判，1937年的飛行場，就是1937年6月26日啟用，後為臺南空開隊的臺南飛行場（今臺南機場）。[105]1939年的水上機場，則是東港。因臺灣另一座水上機場：淡水，係1941年才開始興造。[106]且東港機場完工後，東港空便於1940年開隊，時間銜接上亦頗為合理。[107]至於1940年的飛行場，則是開場於1940年1月20日，後來為海軍第14聯空之高雄空（二代）臺中分遣隊進駐的永康機場。[108]至此，最後一座1939年竣工的飛行場，依本文之考證，就是1939年12月1日正式開場的高雄（岡山）飛行場。

[102] 坂井三郎著，黃文範譯，《荒鷲武士》（臺北：九歌，1999），頁70-71。

[103] 日本防衛省防衛研究所，《戰史叢書：沖繩、臺灣、硫黃島方面作戰：陸軍航空作戰》（東京：朝雲新聞社，1970），頁13。

[104] 佐用泰司，《海軍設營隊の太平洋戰爭：航空基地築城の展開と活躍》（東京：光人社，2001），頁186。

[105] 杜正宇，〈日治下的臺南機場〉，《臺南文獻》，第1期（2012年7月）。

[106] 臺灣總督府交通局遞信部，《臺灣航空事業ノ概況》（臺北：臺灣日日新報社，1941），頁18。

[107] 永石正孝，《海軍航空隊年誌》（東京：出版共同社，1961），頁113。

[108] 杜正宇、吳建昇，〈日治下臺南永康機場的時空記憶〉，《臺灣文獻》，63卷1期（2012年3月），頁264-265。

伍、結論

　　本文的目的，在於釐清過去對「高雄飛行場」記憶的混亂。五處同名之「高雄飛行場」，透過史料的整理與分析，初步獲得以下結果：（一）1936年8月1日，島內線航空所使用的「高雄飛行場」，就是屏東飛行場。高雄州當局雖一度設法將屏東站之業務轉移至高雄（岡山），但因岡山機場旋即轉為軍用，沒得到預期之結果；（二）1938年4月1日，「高雄空」進駐的飛行場，應為岡山飛行場；（三）1939年12月1日開場的「高雄飛行場」，實為民航之用；（四）被視為「高雄飛行場」的岡山機場，的確來自日人舊稱。（五）警備總部記載的「高雄」機場，依地圖位置研判，則為今海軍海航左營基地。

　　時至今日，當年與「高雄飛行場」有關的機場，無論是屏東、岡山、左營等都仍然存在。而「高雄飛行場」（岡山）也延續了它原有的飛航教育功能。日治時期，駐防高雄飛行場時間最長的高雄空（二代）與第二高雄空，都是練習航空隊。由教官教授學員飛行機的操縱教育。戰後則成為空軍官校，一樣肩負著培育空中戰士的使命。

第四章：高雄「苓雅寮」機場初探[*]

杜正宇、謝濟全

壹、前言

在臺灣的航空史上，只要提到水上機場，國人都會想起東港（今大鵬灣，1938年填土興築）或淡水（1941年開場），[1]卻少人知曉日治時期的水上機場至少有四座，而其中兩座就在高雄：苓雅寮（Reigaryo）與桃子園（Toshien，左營軍港）。[2]

---

[*] 本文原刊載於《高雄文獻》，3卷3期（2013年9月），經修改、增補而成。

[1] 東港水上機場，文建會的歷史建築登錄資料係以填土動工之1938年記之，而1939年竣工之記載，則係筆者推敲戰時為日本海軍設營隊上尉佐用泰司的記載。參見杜正宇，〈日治時期的「高雄」飛行場研究〉，《高雄文獻》，1卷2期（2011年9月），頁118；佐用泰司，《海軍設營隊の太平洋戰爭：航空基地築城の展開と活躍》（東京：光人社，2001），頁186。至於淡水水上機場，可參見曾令毅，〈「航空南進」與太平洋戰爭：淡水水上機場的設立與發展〉，《臺灣文獻》，63卷2期（2012）；張志源、邱上嘉，〈西元1937-1945年臺灣淡水水上機場角色功能與空間配置之研究〉，《科技學刊》（人文社會類），16卷2期（2007）。

[2] 苓雅寮水上機場（Reigaryo ASS）與桃子園水上機場（Toshien ASS），均有美軍空照圖與設施記載等為證。參見Joint Intelligence Study Publishing Board, Air Facilities Supplement to Janis 87, Formosa (Taiwan), July 1945, RG319, Box.421 (NARA)；杜正宇、謝濟全，〈盟軍記載的二戰臺灣機場〉，《臺灣文獻》，63卷3期（2012年9月），頁360-361；杜正宇，〈太平洋戰爭下的高雄岡山機場〉，《臺灣近代戰爭史（1941~1949）第二屆國際學術研討會論文集》（臺北：

　　苓雅寮機場的美方名稱為「Takao Seaplane Station
（Reigaryo）」，[3]又稱「Takao Seaplane Station」，[4]可譯為
「高雄水上機場（苓雅寮）」或「高雄水上機場」。類別上
美軍記為輔助水上機場（Auxiliary Seaplane Station），澳軍
則記作飛行艇基地（Flying Boat Base）。[5]空照圖（1944年8
月）顯示其地即今前鎮漁港一帶（圖1-1），位於內苓雅寮
西方濱海處，地近佛公，南為尖尾（今過港隧道一帶），東
北為草衙（Soga），東南為小港（Shoko, Kominato）。內苓
雅寮舊名苓仔寮，為了與北方的同名聚落苓仔寮區分，俗稱
內苓仔寮。後因苓仔名稱不雅，改為苓雅。[6]日治時期此地
屬小港庄，鄰近亦有一座陸上機場（即今小港機場），美軍
以Takao, Shoko或Reigaryo Airfield稱之。

高雄市關懷臺籍老兵文化協會，2012年10月），頁7；許進發，〈1944
年美軍攻臺計畫的戰情資料──陸海軍聯合情報研究第87號〉，《戰
時體制下的臺灣學術研討會論文集》（南投：國史館臺灣文獻館，
2004），頁54；J. Yao，〈REIGARYO SEAPLANE STATION〉：
http://www.flickr.com/photos/jonyao/6465745029/（時間未詳）。

[3]　JANIS 87-1, Joint Intelligence Study Publishing Board, Air Facilities Supplement
to Janis 87, Formosa (Taiwan), July 1945, RG319, Box.421 (NARA).

[4]　United States Pacific Fleet and Pacific Ocean Areas, Information Bulllletin:
Formosa, Takao and Koshun Peninsula, CINCPAC – CINCPOA Bulletin
No.119-44, 1 August 1944, RG38, 330/24/21/3-5 (NARA).

[5]　JANIS 87-1, Joint Intelligence Study Publishing Board, Air Facilities
Supplement to Janis 87, Formosa (Taiwan), July 1945, RG319, Box.421
(NARA); Joint Intelligence Bureau (Melbourne), Department of Defence,
Australia, Spot Report No J.I.B.(M)4/12/49, Airfield Summary Formosa,
August 1949, RG319, Box.451 (NARA).

[6]　楊玉姿，《前鎮開發史》（高雄市：前鎮區公所，2007），頁78。

　　不過，若依照張維斌之研究，除內苓雅寮機場外，高雄港內另有一座外苓雅寮機場（今星光碼頭）。[7]筆者生於高雄，長於高雄，成長過程中從未聽聞前鎮漁港的前身竟是座水上機場，也未曾得悉星光碼頭竟有機場之存在。為了探尋這段神祕的往事，於是拼湊史事，撰寫本文，期能為大高雄之歷史研究，拋磚引玉。文中所論若有不當與欠缺，敬請方家不吝指正。

圖4-1　苓雅寮水上機場（1944年8月）圓圈為水上機場所在地，左側之油廠與油槽則是日本石油高雄製油所（今中油前鎮石化儲運站）

圖像來源：United States Pacific Fleet and Pacific Ocean Areas, Information Bulllletin: Formosa, Takao and Koshun Peninsula, CINCPAC – CINCPOA Bulletin No.119-44, 1 August 1944, RG38, 330/24/21/3-5 (NARA).

---

[7]　張維斌，〈罕為人知的苓雅寮飛行場part 3〉：http://taiwanairpower. org/blog/?p=6502（2012/11/23）；張維斌，〈罕為人知的苓雅寮飛行場part 2〉：http://taiwanairpower.org/blog/?p=6442（2012/11/16）；張維斌，〈罕為人知的苓雅寮飛行場part 1〉：http://taiwanairpower.org/blog/?p=6354（2012/11/10）；張維斌，〈高雄水上飛機場〉：http://taiwanairpower.org/blog/?p=6280（2012/11/5）。

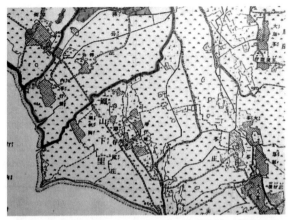

圖4-2 　《臺灣堡圖》（1904年）中，內苓仔寮一帶的聚落

圖像來源：本圖日治時期為禁圖，故遠流版《臺灣堡圖》未載。此處
　　　　　轉引自楊玉姿，《前鎮開發史》（高雄市：前鎮區公所，
　　　　　2007），頁67。

貳、文獻回顧與史料概況

撰寫之初，曾蒐羅戰後資料，但無論是學棣陳咨仰提
供之《臺灣省警備總司令部周年工作概況報告書》，或現
存《臺灣警備總司令部軍事接收總報告》，高雄港務局編印
之《高雄港擴建工程施工報告》、《高雄港第二港口開闢工
程》、《高雄港三十年志》等，均未見記載。[8]

---

[8]　臺灣省警備總司令部編印，《臺灣省警備總司令部周年工作概況報告
　　書》（臺北：臺灣警備總司令部接收委員會，1946）；臺灣省警備總
　　司令部編印，《臺灣警備總司令部軍事接收總報告》（臺北：警備總
　　司令部，1946），收入陳雲林主編，《館藏民國臺灣檔案匯編（第56
　　冊）》（北京：九州出版社，2006）；高雄港務局，《高雄港擴建工
　　程施工報告》（高雄：高雄港務局，1971）、高雄港務局編，《高雄
　　港第二港口開闢工程》（高雄：高雄港務局，1976）、張連榮主編，
　　《高雄港三十年志》（高雄：高雄港務局，1975）等。

　　前人研究方面，地方史研究如曾玉昆之《高雄市各區發展淵源》、楊玉姿的《前鎮開發史》等未有明載。[9]戰爭史研究則有許進發之〈1944年美軍攻臺計畫的戰情資料─陸海軍聯合情報研究第87號〉，曾譯介美方檔案，並據美軍記載指出臺灣有高雄港、東港泊地、淡水港、桃子園港等四處水上機場。[10]日治航空史領域，洪致文、曾令毅等並未提到此機場，筆者則於2012年接連兩文論及苓雅寮水上機場，[11]並請張維斌指正。張先生為美國威斯康辛大學博士，投入航空史研究十餘年，用功頗勤。他於部落格中刊載的文章，雖引起回應，[12]但此機場的中文資料依舊缺乏，仍需向日、美方面查找。

　　日本方面，筆者檢索、查閱國內諸多日治時期專書與資料庫，均無所獲。於是轉向日本尋覓，幸《海軍省公文備考》中，尚有數份相關文書留存。但為了解是否有更多文書可閱，遂於2013年寒假再赴東京，至防衛省史料閱覽室核對目錄，但《海軍省公文備考》已全部數位化公開。此外，嘉

9　　參見曾玉昆，《高雄市各區發展淵源》（高雄：高雄市政府文獻會，2003）、楊玉姿，《前鎮開發史》（高雄市：前鎮區公所，2007）。

10　許進發，〈1944年美軍攻臺計畫的戰情資料──陸海軍聯合情報研究第87號〉，《戰時體制下的臺灣學術研討會論文集》（南投：國史館臺灣文獻館，2004），頁54。

11　杜正宇、謝濟全，〈盟軍記載的二戰臺灣機場〉，《臺灣文獻》，63卷3期（2012年9月），頁360-361；杜正宇，〈太平洋戰爭下的高雄岡山機場〉，《臺灣近代戰爭史（1941~1949）第二屆國際學術研討會論文集》（臺北：高雄市關懷台籍老兵文化協會，2012年10月），頁7。

12　Anderson，〈歷史洪流中尋寶──苓雅寮飛行場〉：http://andersonplus.blogspot.tw/2013/03/20130319.html（2013/3/16）；孫拉拉，〈苓雅寮飛行場〉：http://lingyaliao.blogspot.tw/2012/11/blog-post.html（2012/11/29）。

南藥理科技大學陳信安教授，亦慨借筆者《打狗築港計畫一斑》、《高雄港》等史料，[13]惜未見記載，日方資料依舊不足。

位於美國馬里蘭州的國家檔案館二館（National Archives and Records Administration, NARA），則有不少檔案記載了苓雅寮水上機場。編寫的單位包括了美國聯合情報研究出版局（Joint Intelligence Study Publishing Board）、太平洋艦隊與太平洋戰區司令部（Commander in Chief, United States Pacific Fleet and Pacific Ocean Areas）、美國海軍特遣艦隊（Task Group 38, United States Pacific Fleet）、美國陸軍第十軍（Tenth Army, US）、澳洲國防部聯合情報局等（Joint Intelligence Bureau （Melbourne）, Department of Defence, Australia）。

根據許進發的譯介，美國聯合情報研究出版局在二戰期間係由四個情報單位聯合組成：軍事情報局（Military Intelligence Division, G2）、海軍情報局（Division of Naval Intelligence）、陸軍航空助理參謀長室（Office of Assistant Chief of Air Staff, Intelligence）、戰略調查局（Office of Strategic Services）。編寫的檔案，反映了當時的作戰需求與戰略重心。[14]筆者於NARA館內翻檢得知，該局編製的臺

---

[13] 臨時臺灣工事部，《打狗築港計畫一斑》（臺北：臨時臺灣工事部，1908）、臺灣總督府交通局高雄築港出張所，《高雄港》（臺北：臺灣總督府交通局高雄築港出張所，1928）。

[14] 許進發，〈1944年美軍攻臺計畫的戰情資料——陸海軍聯合情報研究第87號〉，《戰時體制下的臺灣學術研討會論文集》（南投：國史館臺灣文獻館，2004），頁47。

灣情報資料至少有五種，分別給予JANIS -87及JANIS 87-1
的代號。[15]其中，〈臺灣的海軍與航空設施〉（1944年6月）
及〈臺灣機場補充資料〉（1945年7月）兩份檔案，刊載了
苓雅寮機場的空照圖與設施。[16]

美國太平洋艦隊與太平洋戰區司令部編寫的檔案中，
則有〈情資公告：高雄恆春半島〉（1944年8月）、〈目
標分析與空照圖：高雄地區〉（1944年9月）、〈航空情
資摘要：臺灣與澎湖〉（1944年11月）等三份檔案記載了
本機場。[17]當時美軍正準備登陸臺灣作戰（又稱堤道計劃
（Causeway）），由於登陸預定地就在高屏溪口一帶，因
此檔案編寫著重南部的港口與機場等設施。[18]而美國陸軍第

---

[15] 這五種情報檔案之概況，參見杜正宇，《美國國家檔案館所藏二戰時期臺灣戰爭相關紙本類檔案簡目》（臺南：國立臺灣歷史博物館，2012）。

[16] JANIS 87-1, Joint Intelligence Study Publishing Board, Air Facilities Supplement to Janis 87, Formosa (Taiwan), July 1945, RG319, Box.421 (NARA); JANIS 87, Joint Army-Navy Intelligence Study of Formosa (Taiwan), Naval and Air Facilities, June 1944, RG319, Box.421 (NARA).

[17] United States Pacific Fleet and Pacific Ocean Areas, Information Bulletin: Formosa, Takao and Koshun Peninsula, CINCPAC – CINCPOA Bulletin No.119-44, 1 August 1944, RG38, 330/24/21/3-5 (NARA); United States Pacific Fleet and Pacific Ocean Areas, Target Analysis Air Target Maps, Principal Sections of Takao Area, Formosa, CINCPAC – CINCPOA, A.T.F. No.139-44, 10 September, 1944, RG38, 330/24/21/3-5 (NARA); United States Pacific Fleet and Pacific Ocean Areas, Air Information Summary: Formosa and Pescadores, CINCPAC – CINCPOA Bulletin No.150-44, 25 November 1944, RG38, 330/24/21/3-5 (NARA).

[18] 杜正宇、謝濟全，〈盟軍記載的二戰臺灣機場〉，《臺灣文獻》，63卷3期（2012年9月），頁343-349。

十軍就是預定執行登陸的部隊。除了各式衍生的計劃外，留存的油紙地圖與軍用地圖亦標示了苓雅寮水上機場。[19]

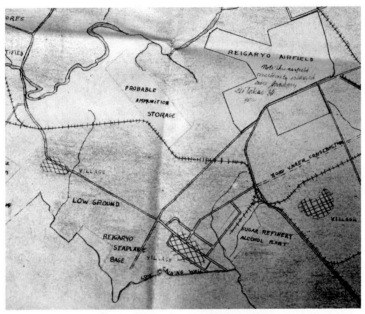

圖4-3　美國陸軍第十軍之臺灣油紙地圖

圖像來源：Hqs – 10th Army, Maps – Formosa, RG338, Box.73 (NARA).

---

[19]　Hqs – 10th Army, Maps – Formosa, RG338, Box.73 (NARA); 10th Army–Artillery Section, RG338, Box.74 (NARA).

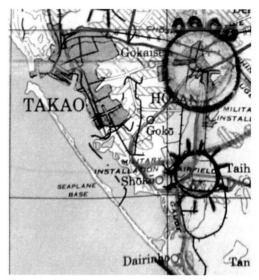

圖4-4　美國陸軍第十軍之南臺灣機場設施分布圖

圖像來源：10th Army – Artillery Section, RG338, Box.74 (NARA).

　　美國海軍第38特遣艦隊則是臺灣沖之役的主角，1944
年10月12日，大黃蜂號（USS Hornet）、胡蜂號（USS
WASP）等航艦派出6個飛行中隊轟炸苓雅寮水上機場。海
軍任務報告（Operation Reports）檔案中，亦留存轟炸苓
雅寮之概況與地圖資料。[20]為求印證，筆者亦前往華盛頓

20　USS Hornet, Serial 0031, Action Report – Ryukyu Inlands, Formosa, and
Philippine Operations, 2 to 27 October 1944 (Cover Activity in Task Group
38.1), Vol.1-2, 28 October 1944, RG38, Box.1041 (NARA); USS WASP,
Serial 0040, Action Report of Wasp and Carrier Air Group Fourteen in
Operations against Okinawa Jima, Miyako Jima, Northern Luzon, Formosa,
Manila Bay Area, Leyte, Support of Battle of Leyte Gulf, and Enemy Naval
Units Western Visayas during the Periods 2 October 1944 through 27 October
1944, East Longitude Dates, 28 October, 1944, RG38, Box.1503 (NARA);
USS Monterey, Serial 0029, Action Report – Operations Against Nansei

特區的海軍歷史與遺跡檔案館（Naval History and Heritage Command），取得曾轟炸本機場的隊史檔案。[21]此外，澳洲國防部聯合情報局（Joint Intelligence Bureau）戰後編寫的二戰臺灣飛行場調查（1949）中，亦條列了此機場的經緯度、相對位置與設施等。[22]密西根大學漢徹圖書館（Hatcher Graduate Library）則保存了一套罕見的AMS L892臺灣地圖（1：25000, 1944編製），編號2114 I SW的圖面繪製了本機場。[23]加州大學柏克萊分校地圖圖書館（Map Library）中，也有一幅相當清楚的苓雅寮空照圖，照片係由胡蜂號航艦

Shoto, Sakishima Shoto, Formosa, Luzon, Visayas and Support of the Leyte Landings, 2 October to 28 (EL)October 1944 (Covers Activity in 2 Operations while Operating in Task Group 38.1; Air Strikes in Support Leyte Landings and Second Battle of Philippines), 27 October, 1944, RG38, Box.1250 (NARA); VB-11, ACA-1 Form Reports, Vol.2 , RG38, Box.389 (NARA); VF-11, ACA-1 Form Reports, Vol.1, RG38, Box. 439 (NARA); Commander Fighting Squadron 14, Serial 057, ACA-1 Report of 14 for Period 10-26 October 1944 – Forwarding of. Forwards without Comment ACA-1 Reports of VF-14(NOS.121 thru 148)Covering Air Strikes on Okinawa, Luzon, Formosa and Leyte as well as Battle of Leyte Gulf – Baced on Wasp, RG38, Box.442 (NARA); Command Torpedo Squadron 14, No Serial, Aircraft Action Report, Forwarding of Reports Cover Strikes on Airfields on Airfields of Okinawa, Nansei Shoto, Formosa and Luzon P.1. Report Covers 10-20 October 1944, 23 October 1944, RG38, Box.517 (NARA).

[21] 如第11轟炸中隊（VB-11）、第11戰鬥中隊（VF-11）、第11魚雷中隊（VT-11）、第14轟炸中隊（VB-14）、第14戰鬥中隊（VF-14）、第14魚雷中隊（VT-14）、第15轟炸中隊（VB-15）、第15戰鬥中隊（VF-15）、第15魚雷中隊（VT-15）、第28戰鬥中隊（VF-28）、第28魚雷中隊（VT-28）等。

[22] Joint Intelligence Bureau (Melbourne), Department of Defence, Australia, Spot Report No J.I.B.(M)4/12/49, Airfield Summary Formosa, August 1949, RG319, Box.451 (NARA).

[23] Map Library （Clark Library）, University of Michigan, Army Map Service （TV）, 2114 I SW, AMS L892 （1944）.

（USS WASP）戰機於1944年10月12日凌晨時分拍攝，[24]應是為天明時美國艦隊發動的攻擊預作偵察。[25]

參、興建原因與選地條件

（一）水上飛機巡航高雄港

1916年，日本已完成第一架國產水上飛機—橫廠式イ號、ロ號的製造。[26]由於水上飛機海空兩用的特性，一戰期間各國海軍除運用水上機母艦外，亦紛紛將水上飛機搭載於巡洋艦級以上的艦艇，作為偵察、反潛、護航、巡邏與轟炸之用。[27]日本亦然。甚至發展到驅逐艦亦有能力運送水上飛機的地步。如1921年5月10日一架編號7號的橫廠式ロ號甲型的水上機在從慶良間群島航向基隆途中，因故障臨時在海面降落，就由警備中的桃號驅逐艦收容運回那霸。又如1927年

[24] Map Library, University of California, Berkeley, WASP 259 NO.1-30, WASP 259-12OCT44 -0100 GCT 12"-7500'10000' FORMOSA REST JICPOA 7717-220.

[25] 美國艦隊攻擊臺灣的情況，參見杜正宇，〈太平洋戰爭下的高雄岡山機場〉，《臺灣近代戰爭史（1941~1949）第二屆國際學術研討會論文集》（臺北：高雄市關懷台籍老兵文化協會，2012年10月）、杜正宇，〈太平洋戰爭下臺灣的航空空防（1941-1945）〉（航院：2012年軍事通識教育暨航空史學術研討會，2012年10月）、杜正宇、謝濟全，〈盟軍記載的二戰臺灣機場〉，《臺灣文獻》，63卷3期（2012年9月）、杜正宇，〈日治下的臺南機場〉，《臺南文獻》，第1期（2012年7月）、杜正宇、吳建昇，〈日治下臺南永康機場的時空記憶〉，《臺灣文獻》，63卷1期（2012年3月）等。

[26] 小森郁雄，〈陸・海軍機の國產〉，日本航空協会，《日本航空史年表──証言と写真で綴る70年》（東京：日本航空協会，1981），頁14。

[27] World War One Seaplanes and Naval Aviation: www.wwiaviation.com/seaplanes.html （2013/3/5）

7月初，一架編號76號的一四式水上偵察機，從基隆返航日本途中故障迫降海面，則由32號艦運載返航。[28]當然，這僅是臨時性輸送任務，並非驅逐艦已擁有水上機的標準配備。而高雄港作為本島重要之港口，常有日本海軍艦隊如第一艦隊、第二艦隊、第三艦隊、練習艦隊，或個別母艦搭載水上機入港之事，留下許多水上飛機於高雄港內起降的記錄。[29]

---

[28] 大竹文輔，《臺灣航空發達史》（臺北：臺灣國防義會航空部，1939年），頁282、298。

[29] 〈軍艦新高入高雄軍艦新高以十四日午前十一時入高雄港。旗艦春日則入港在〉，《臺灣日日新報》，1921年3月17日，6版；〈碧波を蹴つて來航せる我が海軍の精強廿九隻 二十二日高雄港の內外に錨す第一艦隊の入港は十三年目〉，《臺灣日日新報》，1924年3月23日，7版；〈高雄準備觀艦〉，《臺灣日日新報》，1926年3月29日，4版；〈翩翩日章軍艦旗足徵帝國之威武 第一艦隊入高雄港旗艦長門當先御艦扶桑次之〉，《臺灣日日新報》，1926年4月10日，4版；〈第一艦隊向基隆十四日朝發高雄港〉，《臺灣日日新報》，1926年4月15日，4版；〈第二艦隊所屬 驅逐艦出動 支那の某方面へ〉，《臺灣日日新報》，1927年4月11日；〈名殘を惜みつつ 各艦舳艫相ふくみ 高雄港を後に 一路基隆へ向ふ〉，《臺灣日日新報》，1927年4月13日，夕刊2版；〈桐樺兩驅逐艦率先各艦入高雄港 市民蝟集在高臺歡呼〉，《臺灣日日新報》，1928年4月8日，4版；〈高雄市歡迎第一艦隊參觀者三千餘名〉，《臺灣日日新報》，1930年4月19日，夕刊；〈第三艦隊入高雄港市民歡迎〉，《臺灣日日新報》，1930年4月20日，夕刊4版；〈練習艦隊入高雄港知事以下官民歡迎〉，《臺灣日日新報》，1932年3月15日，夕刊4版；〈高雄 歡迎三艦〉，《臺灣日日新報》，1933年3月26日，夕刊4版；〈高雄 三艦出港〉，《臺灣日日新報》，1933年3月29日，夕刊4版；〈第二艦隊樂隊送放電音〉，《臺灣日日新報》，1933年7月7日，夕刊4版；〈第二艦隊入高雄港軍艦載飛行機十餘編隊訪高鳳屏上空〉，《臺灣日日新報》，1933年7月9日，夕刊4版；〈第二艦隊精銳舳艫相接入高雄港〉，《臺灣日日新報》，1933年7月11日，夕刊4版；〈第二艦隊廿八隻先後出高雄港〉，《臺灣日日新報》，1933年7月15日，夕刊4版；〈第二艦隊全艦はけふ高雄港入港 艦載飛行機十餘機も翼を連て編隊飛行する〉，《臺灣日日新報》，1933年7月8日，3版；〈第二艦隊の艨艟烏海外二十八隻市民に

至於長程飛行（日本至臺灣），高雄也常是佐世保海軍航空隊造訪的城市。[30]如1924年4月20日下午1點51分，佐世保航空隊兩架F-5飛行艇降落高雄港，這應是高雄史上首次出現水上機降落的記錄。官民群聚觀看，飛行員繫留大艇後，於高雄灣碼頭上岸。[31]又如1931年4月21日上午，佐世保航空隊派出一五式飛行艇四架、一四式水偵機四架，分批前來高雄訪問。市役所在飛機抵達前就發射信號煙火，市民湧向蓬萊碼頭及對岸旗後一帶等待，高雄州知事平山泰也率官員迎接。待三架飛行艇降落後，平山知事於壽旅館聽取簡報並設宴款待，晚上則在高雄驛前滋養軒召開歡迎會。22日上午，另一架飛行艇與四架水偵機飛向高雄，蓬萊水產前的地勤人員完成準備，平山知事亦率眾前來迎接。這一天，高雄港內共停泊八架水上飛機，是1921年至1931年之間，臺灣同時聚集最多水上飛機的記錄。[32]

不過，佐世保航空隊派遣水上飛機來臺的過程，其實並不平順。在1933年6月以前至少八次的飛行記錄中，完全無事故僅有二次。隨著水上機來臺的次數越趨頻繁，每遇風

名残を惜みつつ高雄港警發南方に向ふ〉，《臺灣日日新報》，1933年7月14日，3版。

[30] 佐世保海軍航空隊成軍於1920年12月1日，基地位於日本九州長崎。由於南下臺灣距離相近，又為使用水偵與飛艇的水上機隊，故成為探索、試航日臺間航線的主力。參見永石正孝，《海軍航空隊年誌》（東京：出版協同社，1961），頁105。

[31] 〈海軍飛行艇きのふ基隆より一氣に 馬公を經て高雄に飛行ぶ壯觀を呈せる高雄灣頭〉，《臺灣日日新報》，1924年4月21日，7版。

[32] 〈基隆發の水上機三機難航をつづけて豫定より遅れ高雄に著水〉，《臺灣日日新報》，1931年4月22日，7版；大竹文輔，《臺灣航空發達史》（臺北：臺灣國防義會航空部，1939年），頁306-318。

浪、豪雨或機件故障、缺乏油料等造成之損害亦相對增加。除較小之損害可於基隆孤拔濱或港口碼頭檢修外，由於缺乏維修場地與能力，往往只能將水上機運回，或就地解體，拆解運返，甚至直接棄置。

可見在水上飛機經常於臺灣起降的情形下，缺乏適合場地進行水上機的起降、維修與整補等問題勢須解決。而這些經驗累積的教訓，相信就是日本當局考量在臺興建水上機場的原因之一。

表4-1　1933年6月前佐世保海軍航空隊水上飛機訪臺事故與處理概況

時間	單位/機種/數量	事故情形	處理方式
1921年5月	佐世保海軍航空隊：橫廠式口號甲型水偵機四架	七號機因故障迫降海面	驅逐艦載回那霸，因無法修理，就地解體
		二號機在石垣島附近遭遇強風，迫降海面	四艘驅逐艦搜救。因無適合場地，只能在基隆孤拔濱設法修復
		五號機則因燃料耗盡，排熱器故障，於多良間群島附近著水	
		返航時，基隆的雨勢造成五號機機翼翼布破裂	拖回基隆孤拔濱設法修復
		二號機於宮古島臨時著水	動員驅逐艦搜救
		五號機從基隆返航，至石垣島附近時遭遇風雨，臨時著水。	動員四艘驅逐艦搜救
1924年4月	佐世保海軍航空隊：F-5飛行大艇2架	返航時因基隆風浪過大無法起降	兩架飛行艇就地解體，由軍艦運回日本
1927年6-7月	佐世保海軍航空隊：一四式水偵機三架	兩架水偵機在新竹後龍遭遇強風，油料不足，迫降海面	由陸路運補油料
		返航時，76號故障無法飛行	驅逐艦搭載返國
1928年6月	佐世保海軍航空隊：一四式水偵機三架	無	無

1929年5月	佐世保海軍航空隊：一四式水偵機三架	返航時，於釣魚臺附近遇強風	機群返回基隆孤拔濱
1931年4月	佐世保海軍航空隊：一五式飛行艇四架、一四式水偵機四架	39號飛行艇，發動機故障，引擎漏油，迫降釣魚臺附近海面	夜間由驅逐艦榧尋獲並拖曳至古仁屋
		39號降落基隆時，機翼破損	於基隆孤拔濱設法修復
		返航時，68號機泵浦故障、油槽破損，於釣魚臺附近海面迫降，右側浮筒被沖走	動員四艘驅逐艦搜救，拆解零件後棄置
		65與67號機缺乏油料	由五洲丸運回門司
		69號機缺乏油料	於基隆解體，以船隻運回佐世保。
1932年6月	佐世保海軍航空隊：一五式飛行艇三架	無	無
1933年6月	佐世保海軍航空隊：一五式飛行艇三架	返航時，3號艇因浪濤衝擊，機體底部裂開大洞，龍骨折損	於基隆解體，由驅逐艦搭載返國

史料來源：〈一大壯圖のスタートは切られ三機雁行無事鹿兒島に著 七號機に故障を生じたが間もなく離水單縱陣を作つて遂に眼界を去る〉，《臺灣日日新報》，1921年5月8日，2版；〈海軍飛行艇は船に積んで内地に歸る 機體は危險と係官語る〉，《臺灣日日新報》，1924年4月3日，9版；〈軍艦『若宮』の練習飛行 今日クールへ― 海水浴場に著水〉，《臺灣日日新報》，1926年7月7日，5版；〈佐世保出發海軍機遭濃霧不時著陸 水上機四機比翼出發〉，《臺灣日日新報》，1931年4月21日，4版；〈水上機三機基隆のクールベ―濱に著水 伊藤少佐搭乘の司令機 魚釣島の南方に不時著水〉，《臺灣日日新報》，1931年4月21日，7版；〈飛行艇四機を呼戾し遭難機救助を命ず 基地本部は昨夜徹宵〉，《臺灣日日新報》，1931年4月25日，夕刊2版；〈解體の六十八號機特務艦で佐世保に送る〉，《臺灣日日新報》，1931年4月25日，7版；大竹文輔，《臺灣航空發達史》（臺北：臺灣國防義會航空部，1939年），頁280-324。此外，曾令毅亦曾羅列1921、1924二次來臺的記錄。但據本文之整理，實際次數至少在八次以上。參見氏著，《日治時期臺灣航空發展之研究》（臺北：淡江大學碩士論文，2008），頁71。

（二）機場的選地條件

日本早期的機場，因應可同時起降陸上飛機與水上飛機的需求，多選擇濱海之地建立機場。如日本最早的民航發祥之地，就位於千葉縣的海濱遊樂地─稻毛海岸。該地為潟湖（日文為「干潟」），砂地堅硬又可通行馬車，雖然潮汐落差大，但不失為良好的飛行場地，於是日本第一座民用練習場便在此地設置（水陸兩用機場）。隨後，民用練習場如町穴守（今東京羽田機場旁）、津田沼（日本飛行學校，千葉縣習志野市）、津田沼（東亞飛行專學校）、船橋町（日本飛行學校，千葉縣）等，亦多設立於砂岸潟湖地形。此外，東京港區的芝浦埋立地，曾有「奈良原式4号鳳号」飛機在此試飛，可見填土造陸的埋立地亦可做為臨時起降之處[33]。

至1927年，日本開闢「東京─福岡─大連」以及「大阪─上海」間的定期航線，於是東京機場、大阪機場（水陸兩用）、福岡水上機場（名島）等成立。唯東京暫借用陸軍立川機場，後由遞信省選定羽田町鈴木新田北側，海老取川與六鄉川出海口的沖積地作為機場用地，1931年正式開場。東京機場亦為水陸兩用，海防義會設有水陸兩用機庫及滑溜臺，水上飛機的起降則以海老取川為主。[34]可見早期的日本

---

[33] 伊藤音次郎，〈稻毛飛行場の生い立ち〉，收入日本航空協會編，《日本民間航空史話》（東京：日本航空協會，1975）；平木国夫，《日本飛行機物語—首都圈篇》（東京：冬樹社，1982），頁18-19、20-21、52-59。

[34] 竹內正虎，《日本航空發達史》（東京：相模書房，1940），頁403-405；相羽有，〈東京飛行場の生い立ち〉，收入日本航空協會編，

民航機場亦選擇濱海之地，以建設水陸兩用或水上機場。除了潟湖、濱海等條件外，機場選址也須考量港灣寬度、深度、沙岸地形、風浪穩定等自然環境問題。[35]

隨著航空事業發展，日本亦展開臺灣起降場地的評估工作。如1921年2月，佐世保航空隊司令金子中佐就接受航空局的委託，評估適合地點。他認為淡水條件頗佳，不但可停泊海軍水上飛機，附近沙洲亦可起降陸軍飛機。[36]而1924年，佐世保航空隊欲以F-5飛行大艇渡海來臺，事先派遣淺田大尉等人赴基隆、淡水、安平、馬公、高雄等地考察適合的著水場，返國後在門司發表談話，認為淡水和安平兩港不適合，必須在其它三港中選定。[37]淺田應是考量基隆、馬公、高雄三港均為海軍主要駐地，故做此建議。是以1924年後，此三港均成為佐世保航空隊水上飛機造訪之地。

但在水上飛機事故不斷，機場設置有必要進行之際，以本島而言，水上機經常泊放的基隆、高雄兩港中，僅有高雄較適合作為水上機場的設置地點。此論依據有三：

（一）基隆號稱雨港，風浪過大，經常造成水上飛機

《日本民間航空史話》（東京：日本航空協會，1975）；平木国夫，《日本飛行機物語──首都圈篇》（東京：冬樹社，1982），頁25、138、143～145。

[35] 片岡直道，《航空五年》（東京：遞信學館，1937），頁37-39。

[36] 〈內地臺灣間の航空隊著陸地▽近く調查員來る或は淡水海岸ならん〉，《臺灣日日新報》，1921年2月19日。但此議要到1941年才成真。

[37] 〈佐世保基隆間海軍大飛行を前に著々準備を整へてゐる基隆〉，《臺灣日日新報》，1924年2月20日，7版；〈淡水と安平とは著水地として不適當佐世保航空隊 淺田大尉談 基隆其他に選定しやう〉，《臺灣日日新報》，1924年2月27日，7版。

破損或無法起降，如1921年5月19日佐世保海軍航空隊返航時，基隆的雨勢造成五號機機翼出現約1呎的翼布破裂，只好拖回修理[38]。又如1924年4月，佐世保海軍航空隊F-5飛行大艇兩架，由於基隆天候不佳，一直無法進行基隆至馬公、高雄間的飛行。待返航日本時，卻因風浪過大不宜起降，竟就地解體運回。[39]而1933年6月3日一架一五式飛行艇於基隆起飛時，也因浪濤衝擊，機身底部竟裂開直徑1米的大洞，龍骨折損，只能將其解體。[40]可見基隆的氣候不利於水上飛機的運作。

（二）基隆雖然有孤拔濱（クールへ一濱）可供水上飛機停放、利用，[41]但該地畢竟是海水浴場，且沙灘狹長，腹

---

[38] 1921年佐世保海軍航空隊的起降與故障等過程，可見大竹文輔，《臺灣航空發達史》（臺北：臺灣國防義會航空部，1939年），頁280-291。

[39] 〈海軍飛行艇きのふ基隆より一氣に 馬公を經て高雄に飛ぶ壯觀を呈せる高雄灣頭〉，《臺灣日日新報》，1924年4月21日，7版；〈海軍飛行艇は船に積んで內地に歸る 機體は危險と係官語る〉，《臺灣日日新報》，1924年4月3日，9版；大竹文輔，《臺灣航空發達史》（臺北：臺灣國防義會航空部，1939年），頁291-295。

[40] 〈佐世保への復航けふ遂に中止洋上の天候惡くて 明朝五時半に出發〉，《臺灣日日新報》，1933年6月3日，夕刊2版；〈十一時まで待機天候は遂に惠まず復航飛行また中止〉，《臺灣日日新報》，1933年6月4日，夕刊2版；〈滑走も鮮やかに——昨朝、海軍機基隆出發途中瀨底に立寄り一路佐世保へ〉，《臺灣日日新報》，1933年6月5日，2版；〈四日午前六時四十分海軍機基隆出發途中在瀨底補油〉，《臺灣日日新報》，1933年6月6日，夕刊4版；大竹文輔，《臺灣航空發達史》（臺北：臺灣國防義會航空部，1939年），頁323-324。

[41] 水上飛機降落孤拔濱的記錄甚多，如〈軍艦『若宮』の練習飛行 今日クールへ一 海水浴場に著水〉，《臺灣日日新報》，1926年7月7日，5版；〈クールへ一濱上空を 妙技鮮やかに 飛翔した「若宮」の二機〉，《臺灣日日新報》，1926年7月8日，夕刊2版；〈水上機三機基隆のクールべ一濱に著水 伊藤少佐搭乘の司令機 魚釣島の南方に不時

地不大，又面迎大海，缺乏濱外沙洲等天然防坡堤，並非水上機場設置的理想地點。[42]

（三）水上機場或水陸兩用機場的設置主要為拖曳水上飛機上岸或停放於機庫，以免泊放海面遭風浪侵襲造成損害，而長時間泊放於海水中，也易遭海水鹽分腐蝕。[43]機場設施除停機平臺外，亦需設置滑溜臺。滑溜臺為水泥製斜坡，從機場平臺向下延伸至海面下約5-6公尺處，使水上飛機得以上下平臺。因此，機場所在水域也不宜過深。[44]

綜上所述，水上機靠岸停泊，以沙岸為佳，加上風浪不宜太大，以免影響起降等因素，高雄港的潟湖地形，以旗津作為天然防波堤的優勢，遂成為設置水上機場的理想地點。但高雄港出口一帶，船隻進出頻繁。先前水上機泊放的蓬萊碼頭（岸壁），又有許多貨運與廠房設施，不利機場的興築與起降，這或許就是日方考量將機場設置於高雄港南方一帶的原因。

著水〉，《臺灣日日新報》，1931年4月21日，7版；〈佐世保基隆間水上飛行艇抵水孤拔濱觀眾蝟集〉，《臺灣日日新報》，1932年6月5日，夕刊4版。

[42] 孤拔濱的照片可見《鞝園》文史與集郵論壇：http://www.shipboard.info/blog2/fromYushakoh.jpg （2013/4/7）；或國家圖書館《臺灣記憶網站》：http://tmdb.ncl.edu.tw/DOFiles/00/00/06/24/cca-1-20001-pc-tw-002415815-n.jpg （2013/4//7）；或梁晉誌主編，《滬道日安：日本年特展》（淡水：臺北縣立淡水古蹟博物館，2009），頁82。相關討論參見〈錯誤的珍寶：一張淡水水上機場的照片（基隆孤拔濱）〉，「《鞝園》文史與集郵論壇」：http://219.85.58.76/phpbb3/viewtopic.php?f=5&t=19880 （2013/3/20）。

[43] 片岡直道，《航空五年》（東京：遞信學館，1937），頁38。

[44] 〈訪古趣-淡水水上機場〉，「新北市立淡水古蹟博物館」：http://www.tshs.tpc.gov.tw/child/b/b16_4.asp （2013/4/3）。

圖4-5　1930年的高雄港蓬萊碼頭區
圖中可見蓬萊碼頭設施眾多、船隻密集，並非水上機場設置的良好地點。

圖像來源：JANIS 87-1, Joint Intelligence Study Publishing Board, Joint Army-Navy Intelligence Study of Formosa (Taiwan) - Port Facilities, July 1945, RG319, Box.421 (NARA), p.VI-24.

肆、機場的興建與使用

　　馬公要港部成立於1901年，1941年升格為警備府，是1943年高雄警備府設置以前，臺灣地區日本海軍層級最高的單位。隸屬佐世保海軍鎮守府管轄的日本第三海軍軍區。[45]而海軍除了澎湖等地，考量高雄港出入警備的重要性，亦劃定高雄鼓山哨船頭一帶作為用地。1927年，佐世保海軍鎮守府與臺灣總督府協議換地管理，以哨船頭原為海軍使用的土地與建物，換取位於苓雅寮埋立地的管轄權。公文所附地圖

---

[45] 黃有興編，《日治時期馬公要港部：臺籍從業人員口述歷史專輯》（澎湖：澎湖縣政府文化局，2004），頁12-22。

則顯示，此埋立地即今星光碼頭。[46]至1930年，日人將此地規劃為飛行機著陸場。[47]這種考量，應是埋立地位於海濱，適合闢建成水陸兩用機場，實際上與1927年以降，日本主要機場多建為水陸兩用的趨勢有關。

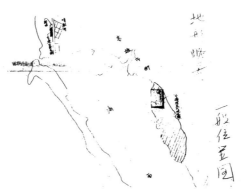

圖4-6　佐世保海軍鎮守府取得之苓雅寮埋立地（1927年）

圖像來源：アジア歴史資料センター，〈高雄漁港用地として海軍用地管理換の件（２）〉（Code: C04015890200）。

[46] アジア歴史資料センター，〈高雄漁港用地として海軍用地管理換の件（２）〉（Code: C04015890200）；アジア歴史資料センター，〈高雄漁港用地として海軍用地管理換の件（１）〉（Code: C04015890100）。

[47] アジア歴史資料センター，〈高雄より旗役に通ずる電線架設の件〉（Code: C05021416500）。

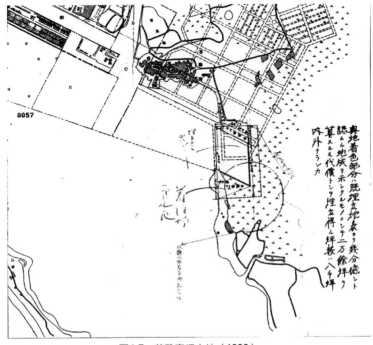

圖4-7　苓雅寮埋立地（1930）

圖像來源：アジア歴史資料センター，〈高雄より旗役に通ずる電線
架設の件〉（Code: C05021416500）。

　　日本《海軍省公文備考》之《昭和8年K土木建築 卷
20》中，有幾份資料約略勾勒出苓雅寮機場的興建過程。根
據1933年6月23日〈軍務二機密第四四九號 8.6.23苓雅寮飛
行機不時着陸場設備工事竣功ノ件〉，苓雅寮機場（飛行機
不時着陸場），是根據同年3月8日〈官房機密第四三八號〉
訓令興建，6月9日竣工。公文中除了向海軍省軍務局長、海
軍航空本部長、海軍省建築部長報告竣工消息外，另附完工
照片與拍攝位置略圖。呈報單位為佐世保海軍建築部長與佐

171

世保鎮守府參謀長[48]。由此可知苓雅寮機場的興建係由佐世保鎮守府主導，雖是1930年機場計劃的實現，但1933年7月9日聯合艦隊第二艦隊訪問高雄之事，或許也是促成機場即時興建的理由。當日下午船艦入港後，就有水上機18架起飛。[49]不但是1924至1933年水上飛機翱翔於高雄的記錄中，規模最大的一次，以機場完工早於艦隊造訪一個月的情況研判，水上飛機上岸停放、整補等需求，相信也是日方於1933年動工修築機場的原因。

[48] アジア歷史資料センター，〈軍務二第四四九號 8.6.23苓雅寮飛行機不時着陸場設備工事竣工ノ件〉（Code: C05023191300）。

[49] 〈第二艦隊艦載機十八機飛ぶ高雄屏東上空を〉，《臺灣日日新報》，1933年7月10日，7版。

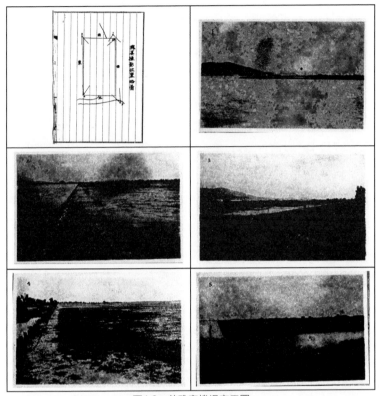

圖4-8　苓雅寮機場完工圖
（1）（右上）、（2）（左中）、（3）（右中）、（4）（左下）、（5）（右下）
資料來源：アジア歴史資料センター，〈軍務二第四四九號 8.6.23
　　　　　苓雅寮飛行機不時着陸場設備工事竣工ノ件〉（Code:
　　　　　C05023191300）。

　　聯合艦隊訪臺之事，隨行有日本皇族久邇宮朝融王、
高松宮宣仁親王、伏見宮博義王。派出戰艦陸奧以下64艘、
海軍2萬餘人，於7月4日至13日間，訪問基隆、高雄與馬公

三港。這次的訪問，不僅動用船艦數量龐大，亦是日本國力象徵。如第一艦隊旗艦陸奧，為長門級戰艦，排水量達3萬多噸。又如第二艦隊的4艘高雄級（鳥海、愛宕、高雄、摩耶）重巡洋艦，則是1932年完工的日本海軍新銳主力艦。[50]

　　5月26日消息披露之後，臺灣各地如澎湖、基隆、臺南等地，遂展開歡迎會的各項籌備工作。[51]高雄的活動包括園遊會、歡迎晚宴、劇場表演等，愛國婦人會亦著手準備接待。[52]7月4日以降，第一艦隊訪問基隆、馬公，吸引了大批民眾前往觀禮；[53]第二艦隊訪問馬公、高雄，觀艦者亦有萬餘。第二艦隊司令為末次信正中將。共有鳥海以下29艘軍

[50]　〈その日その日 陸奧以下〉，《臺灣日日新報》，1933年5月27日，夕刊1版；海老原耕水編，〈附錄：帝國軍艦之種別〉，《三宮殿下奉迎帝國聯合艦隊歡迎紀念帖》（臺北：臺灣產業評論社，1933）；海軍歷史保存會，《日本海軍史（第七卷）》（東京：第一法規出版株式會社，1996），頁276-277。

[51]　〈澎湖獎勵農民栽培節菜接濟艦隊〉，《臺灣日日新報》，1933年6月4日，夕刊4版；〈籌備奉迎兩殿下臺南州市積極進行〉，《臺灣日日新報》，1933年6月9日，夕刊4版；〈臺南 磋商歡迎〉，《臺灣日日新報》，1933年6月29日，夕刊4版；〈基隆市磋商歡迎方法〉，《臺灣日日新報》，1933年6月9日，夕刊4版；〈基隆市計畫歡迎艦隊〉，《臺灣日日新報》，1933年6月16日，夕刊4版；〈第一艦隊入基隆港陸奧外數隻許拜觀〉，《臺灣日日新報》，1933年6月9日，夕刊4版。

[52]　〈高雄舉市大歡迎碇泊中第二艦隊園遊晚餐劇場公開等〉，《臺灣日日新報》，1933年6月14日，夕刊4版；〈愛婦高雄支部總出接待〉，《臺灣日日新報》，1933年7月6日，夕刊4版。

[53]　〈威風四海を壓して我等の無敵艦隊來る島民の萬歲に迎へられて 基隆內外港の壯觀〉，《臺灣日日新報》，1933年7月5日，夕刊1版；〈軍艦拜觀者二萬四千餘鐵道部への申込數〉，《臺灣日日新報》，1933年7月5日，夕刊1版；海老原耕水編，〈聯合艦隊來る〉，《三宮殿下奉迎帝國聯合艦隊歡迎紀念帖》（臺北：臺灣產業評論社，1933），頁1-2。

艦。7月5日航抵馬公，9日赴高雄，13日出港，於高雄港內
停泊5天。[54]

表4-2 第二艦隊各式艦艇一覽表

第四戰隊		鳥海、愛宕、高雄、摩耶	重巡洋艦
第六戰隊		青葉、衣笠、加古	重巡洋艦
第二水雷戰隊	旗艦	神通	輕巡洋艦
	第七驅逐隊	曙、朧、潮	驅逐艦
	第八驅逐隊	天霧、朝霧、夕霧	驅逐艦
	第十一驅逐隊	白雪、初雪、深雪	驅逐艦
	第十二驅逐隊	叢雲、薄雲、白雲	驅逐艦
第二潛水戰隊	旗艦	球磨	輕巡洋艦
	第十八逐水隊	伊53、伊54、伊55	潛艇
	第十九逐水隊	伊56、伊57、伊58	潛艇
附屬部隊		能登呂	特務艦 （水上機母艦）
		鳴戶	特務艦（油輪）

資料來源：海老原耕水編，〈聯合艦隊來る〉，《三宮殿下奉迎帝
國聯合艦隊歡迎紀念帖》（臺北：臺灣產業評論社，
1933），頁6。

　　7月5日第二艦隊入馬公後，7日上午高雄號重巡洋艦所
屬水上機一架飛向高雄，於市區上空盤旋十分鐘後返航。[55]
應是為艦隊訪問之舉，預作航路之探查。8日午後至9日上

54　〈荒浪を蹴立てて第二艦隊馬公に入港飛行艇は上空に舞ひ官民は精
　　一杯の歡迎〉，《臺灣日日新報》，1933年7月6日，夕刊2版；〈第二
　　艦隊精銳舳艫相接入高雄港〉，《臺灣日日新報》，1933年7月11日，
　　夕刊4版；〈第二艦隊の精銳威風堂々高雄に入港 俄かに軍港氣分漲
　　る〉，《臺灣日日新報》，1933年7月10日，7版；〈觀軍艦者達一萬
　　餘人〉，《臺灣日日新報》，1933年7月12日，夕刊4版；〈第二艦隊
　　廿八隻先後出高雄港〉，《臺灣日日新報》，1933年7月15日，夕刊4
　　版；海老原耕水編，〈聯合艦隊來る〉，《三宮殿下奉迎帝國聯合艦
　　隊歡迎紀念帖》（臺北：臺灣產業評論社，1933），頁2-3。
55　〈第二艦隊飛機飛到高雄〉，《臺灣日日新報》，1933年7月7日，夕
　　刊4版。

午，鳴戶與能登呂兩艦首先入港，接著是中午入港的驅逐艦隊，下午的6艘重巡洋艦與青葉、神通輕巡洋艦，以及球磨號領軍的第二潛水戰隊。下午4點，眾艦投錨港內後，水上機18架起飛，於高雄、鳳山、屏東等地飛行。[56]10日，水上機亦於高雄市上空巡曳。[57]來訪的船艦中，高雄級重巡洋艦鳥海、愛宕、高雄、摩耶4艦，各可搭載水偵機3架。其他的巡洋艦如青葉、衣笠、加古、神通、球磨等，各搭載水偵機1架。能登呂水上母艦則可搭載至8架（常用4架、備用4架）。故其總數或在20架左右。根據艦隊來訪時的寫真紀念冊，當時所使用的水上飛機應有一五式水上偵察機。[58]較為輕型的一五式水偵機（300馬力），為巡洋艦搭載機。而能登呂號因於本年度換裝機種，應為一四式水偵機（400馬力）或90式2號水偵機（450馬力）。[59]

[56] 〈第二艦隊入高雄港軍艦載飛行機十餘編隊訪高鳳屏上空〉，《臺灣日日新報》，1933年7月9日，夕刊4版；〈第二艦隊艦載機十八機飛ぶ高雄屏東上空を〉，《臺灣日日新報》，1933年7月10日，7版。

[57] 〈高市上空海軍機飛舞水兵及觀眾混雜 開素人演藝公開活寫館〉，《臺灣日日新報》，1933年7月12日，夕刊4版。

[58] 海老原耕水編，〈艦隊の活動〉，《三宮殿下奉迎帝國聯合艦隊歡迎紀念帖》（臺北：臺灣產業評論社，1933），頁數未註明。

[59] 〈能登呂の概要〉，「日本海軍史」：http://dougakan675.blog49.fc2.com/blog-category-73.html（2013/2/10）。

圖4-9　聯合艦隊訪臺所使用的水偵機（應為一五式）

圖像來源：海老原耕水編，〈艦隊の活動〉，《三宮殿下奉迎帝國聯
　　　　合艦隊歡迎紀念帖》（臺北：臺灣產業評論社，1933），
　　　　頁數未註明。

　　可惜的是，機場啟用未久，即因豪雨導致機場地基淤積。第二艦隊返航後，7月15日馬公要港部參謀長發出〈機密第二四五番電〉給軍務局長以及佐世保鎮守府的參謀長與建築部長：「當地（苓雅寮）飛行場於艦隊入港前，因數次降雨造成大範圍地基淤積，艦隊訓練之際部份修復，飛機使用時雖無重大異狀，但機場破損嚴重，以致今後難以使用的情況，有必要進行修補，經評估後需要經費二千（日）圓」。軍務局收文後，該局課員松永則於公文上加註：「下回使用之際才修理」。松永應是詢問過軍務局長官意見後備註。不過，這也代表了臺灣雖有設置水上機場的需求，但水上機往返臺、日之事，以過去之記錄，約為一年一次。倘若修復後再度淤積，待水上機來日抵達時無法使用，豈非徒勞？且工程以經費而言亦非龐大，或許軍方也有把握在下次使用前，迅速清理恢復。

　　於是7月28日上午9時35分，軍務局第二課課長發出回

覆電文〈軍務機密第三〇七番電〉給馬要參謀長：「根據貴〈機密第二五四番電〉通知，飛行場有破損。希望下次使用之際才修理。但現況則是損壞之處有日益增大傾向」。

收到軍務局回文後，馬公要港部於下午4時發出〈機密第二六一番電〉，提出解決他們的看法：「一、應急措施可以在普通天候防止淤積擴大，但無法避免豪雨時破損（令人困擾目前正是颱風季節）。二、有害之雜草成長繁茂，現在若除草的話，恐造成草籽借工人之手播撒的疑慮。三、徵詢艦隊飛行員之意見，該處地基降雨後，泥沙只會重複積壓堆疊。鑑於上述幾點，此番若得到允許，於預算中容許的最低限度（即使五〇〇〇），為將來之緣故考慮進行部分措施」。[60]

上述三封電文顯示，苓雅寮機場在第二艦隊進入高雄港之際，因豪雨造成埋立地淤積。雖仍有水上飛機試用，但飛行員亦感到此問題難以解決。軍務局欲將其暫且擱置，而馬要部則考慮進行部分措施以應日後所需。

第二艦隊返航後，1933年12月23日臺灣各製糖會社獻納兩架90式2號水偵機（第4製糖號、第5製糖號）的儀式，就在高雄舉行。但地點並非苓雅寮，而是高雄港第九號碼頭。典禮結束後，起重機將兩架獻納機吊放至海面，隨即滑行升空。[61]這或許也證明了苓雅寮在1933年底尚未修復，否則就

---

[60] 三封電文俱見：アジア歴史資料センター，〈軍務二第四四九號 8.6.23 苓雅寮飛行機不時着陸場設備工事竣工ノ件〉（Code: C05023191300）。

[61] 〈二千餘名參列の下に獻納機の命名式兩機は式後に錐揉みその他高等飛行を舉行〉，《臺灣日日新報》，1933年12月16日，3版；〈高雄に於る 獻納機晴の命名式きのふ華々しく行はる 全島がら參列の總

難以解釋為何興築著陸場，水上機的成軍與起降卻不在場內進行？

　　1934年後，此地應有近一年的時間（1934/4/17-1935/3/31），為臺灣國防義會航空部使用，目的為運送旅客及貨物，但起降仍以海軍戰機優先。[62]後來航空部於1934年12月實施旅客機包機業務（日文：貸切），利用臺灣各地之著陸場起降，而臺北—高雄航線中，高雄應是指苓雅寮。至於明確的記錄，1935年2月16日上午9點25分，航空部兩架義勇號旅客機「專賣」、「學校」自屏東飛向高雄，降落於「苓雅寮臨海廣場」。高雄州知事西澤義徵率眾迎接，觀者三千餘人。[63]透過第二艦隊水上機與國防義會旅客機的著陸記錄，也證實了苓雅寮確為水陸兩用著陸場。

　　只是，到了1936年4月，佐世保海軍航空隊所屬12架飛行艇與水偵機訪問臺灣，基隆的著水場仍是孤拔濱，但高雄的起降、繫留則在第十號碼頭。[64]同年8月，島內線民航開

督、軍官民等五百餘名、稀有の盛儀〉，《臺灣日日新報》，1933年12月24日，3版；大竹文輔，《臺灣航空發達史》（臺北：臺灣國防義會航空部，1939），頁324-326。

[62] アジア歷史資料センター，〈第1627号 10・4・17 飛行機離着に高雄海軍用地使用の件〉（Code: C05034523500）。

[63] 〈學校專賣義勇號搭乘官民二十餘名 在高雄遊覽飛行〉，《臺灣日日新報》，1935年2月18日；大竹文輔記10點25分，觀者五千餘人，參見氏著《臺灣航空發達史》（臺北：臺灣國防義會航空部，1939），頁458、460-461。

[64] 〈佐世保高雄間飛行途遇低氣壓難航 三機抵基隆補油後赴高雄〉，《臺灣日日新報》，1936年4月26日，夕刊4版；〈海軍飛行機高雄發官民歡呼の聲に送●●一路佐世保●●〉，《臺灣日日新報》，1936年4月28日，夕刊2版；〈佐世保海軍機全部廿七日朝飛回原隊 官民多數于岸壁送行〉，《臺灣日日新報》，1936年4月28日，12版；大竹文

通時，高雄州的場站也未考慮苓雅寮，而是向陸軍借用屏東機場。[65]國防義會的南部起降場則於1937年後移至臺南機場。[66]1937年4月日本航空隊30餘架（包括水上機6架）赴屏東演習。中途轉場的地點，水上機著水地為淡水，陸上機則是臺北飛行場。[67]

　　這些記錄都證實了1935年初後，苓雅寮著陸場已失去作用。為何如此？根據張維斌之研究，原來同年5月即有報導披露，日本鋁株式會社將於6月成立，並以900萬圓取得苓雅寮著陸場之地。[68]由此，不但透露了苓雅寮埋立地淤積問題似乎不易解決，以致軍方出售土地，另覓適合場地。而1936年海軍省購置岡山用地的舉措，相信也和此事有關。[69]

輔，《台灣航空發達史》（台北：台灣國防義會航空部，1939），頁327-329。

[65] 杜正宇，〈日治時期的「高雄」飛行場研究〉，《高雄文獻》，1卷2期（2011年9月），頁98-103。

[66] 杜正宇，〈日治下的臺南機場〉，《臺南文獻》，第1期（2012年7月），頁34-35。

[67] 〈佐世保、屏東間で 海軍の飛行演習 艦上機や、水上機多數參加し 五月十三日から開始〉，《臺灣日日新報》，1937年4月30日，11版；〈佐世保航空隊所屬機 十四日大舉して飛來 陸上機、水上機、飛行艇が編隊〉，《臺灣日日新報》，1937年5月13日，夕刊2版。

[68] 張維斌，〈罕為人知的苓雅寮飛行場part 3〉：http://taiwanairpower.org/blog/?p=6502（2012/11/23）。

[69] 杜正宇，〈太平洋戰爭下的高雄岡山機場〉，《臺灣近代戰爭史（1941~1949）第二屆國際學術研討會論文集》（臺北：高雄歷史博物館等，2012年10月20日），頁10。

伍、外、內苓雅寮機場

　　張維斌博士曾於部落格發表《新飛行場埋立計劃圖》，認為當時「這項計劃是要在前鎮地區的海岸建築一座飛行場，以取代1933年完成的苓雅寮著陸場，但是在新飛行場完成之前，先在兩者之間的區域興建一座代用飛行場。」[70] 此圖之出處應是取自1934年的〈第号9‧7‧30 海岸海面に土木工事施行に關する件〉，[71]此公文亦是苓雅寮機場位於今高雄星光碼頭的佐證之一。但代用飛行場（戲獅甲），則顯然並未興建，後來成為高雄港「要塞地帶內運河」（1937）。[72]

　　公文亦說明，新飛行場預計建於小港庄草衙，前鎮地區東南沿岸地，位於苓雅寮機場沿岸南端突角處。觀其計劃圖，其預定地就是美軍發現的「內苓雅寮」機場一帶。埋立面積超過100萬平方公尺（1,118,450），不但遠大於「外苓雅寮」機場、代用機場，甚至也比後來島內航空的民航機場如臺南機場等大過數倍。[73]此計劃係由高雄州知事西澤義

[70]　張維斌，〈罕為人知的苓雅寮飛行場part 2〉：http://taiwanairpower.org/blog/?p=6442（2012/11/16）。

[71]　アジア歷史資料センター，〈第号9‧7‧30 海岸海面に土木工事施行に關する件〉（Code: C05023776800）。此外，另有兩份文件亦與此事相關，參見アジア歷史資料センター，〈第208号9‧5‧15 高雄市過仔戲子甲所在用地に關する件〉（Code: C05023829300）、アジア歷史資料センター，〈馬要第26号9‧11‧14 高雄港内海海面埋立に關する件〉（Code: C05023776700）。

[72]　アジア歷史資料センター，〈要塞地帶内運河新設に關する件〉（Code: C01002251300）。

[73]　臺南機場1937年開場時的面積為154,124平方公尺。參見杜正宇，〈日

徵提出，並由總督中川健藏轉告馬公要港部。可見性質上屬
於高雄州規劃興建的民用機場，應是因應島內航空的開設
（1936年）而預作準備。

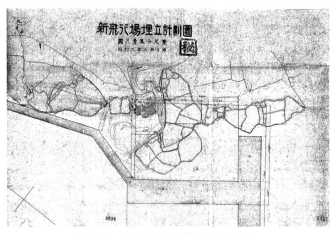

圖4-10　新飛行場埋立計劃圖（1934）

圖像來源：アジア歷史資料センター，〈第号9‧7‧30海岸海面に土
　　　　　木工事施行に関する件〉（Code: C05023776800）。

　　雖然此大飛行場計劃並未成真，[74]但草衙、前鎮一帶填
海埋立與機場計劃也非全然虛幻。草衙一帶後來確實出現了
埋立地，1944年成為日本石油高雄製油所（今中油前鎮石化
儲運站），而前鎮內苓雅寮一帶海灣，則成為美軍發現的苓
雅寮水上機場。

　　治下的臺南機場〉，《臺南文獻》，第1期（2012年7月），頁33。
[74] 根據筆者先前的研究，日後高雄的民航機場既非草衙，亦非前鎮，而
　　是岡山。杜正宇，〈日治時期的高雄飛行場研究〉，《高雄文獻》，1
　　卷2期（2011年9月），頁104-106。

　　兩座苓雅寮機場頗有異同之處，舊機場位於外苓雅寮，
新機場位於內苓雅寮，或許就是美軍仍以苓雅寮名之的原
因。舊機場為埋立地，利於水陸兩用，但埋立地土質鬆軟，
容易積水淤積；新機場位於尖尾北側海灣內，應是為避開高
雄港內自紅毛港一帶迴轉北上的海流，但海灣內容易淤砂，
也僅能起降水上飛機。兩者互有利弊。此外，舊機場從竣工
照片中，看不出任何設施，屬於起降場；新機場則有機庫等
設施，已是水上機場（Seaplane Station）。

　　美方記載這座「內苓雅寮」水上機場的絕對位置為北
緯22°34'、東經120°19'。位於高雄（Takao）南南東方4.75
英里；苓雅寮南南東方3.75英里。經比對1904年的《臺灣堡
圖》（1:20,000）、1930年由日本陸地測量部與參謀本部發
行的〈高雄9号〉（1:50,000）、1944年美國陸軍AMS地圖
（1:25,000）、1944年美國太平洋艦隊與戰區司令部繪製的
地圖（Takao Area, Map No.4）、前高雄港務局局長李連墀之
〈擴建前之高雄港〉、〈擴建後之高雄港〉等圖後；[75]筆者
發現，各圖之聚落位置等繪製皆略有偏差；苓雅寮海灣與尖
尾一帶的輪廓在不同時期亦有進退，竊以為空照圖古今比較
最為準確，無論終戰前之漂沙或戰後之填土，海灣如何進退

[75] United States Pacific Fleet and Pacific Ocean Areas, Information Bulllletin: Formosa, Takao and Koshun Peninsula, CINCPAC – CINCPOA Bulletin No.119-44, 1 August 1944, RG38, 330/24/21/3-5 (NARA); Map Library (Clark Library), University of Michigan, Army Map Service (TV), 2114 SW, AMS L892 (1944); 日本陸地測量部與參謀本部發行，〈高雄9号〉（1:50,000，1930）；楊玉姿，《前鎮開發史》（高雄市：前鎮區公所，2007），頁67；李連墀，《高港回顧》（自行出版，1997），頁18。

改變，均無法影響苓雅寮水上機場的原始位置。故以1945年
7月的空照圖，[76]與今日的google衛星圖比對，結果顯示苓雅
寮水上機場的實際位置在今前鎮漁港東南一帶。張維斌等人
則認為位於前鎮加工區內。[77]

圖4-11　高雄水上機場（苓雅寮）

圖像來源：JANIS 87-1, Joint Intelligence Study Publishing Board, Air
　　　　　Facilities Supplement to Janis 87, Formosa (Taiwan), July 1945,
　　　　　RG319, Box.421 (NARA).

[76] JANIS 87-1, Joint Intelligence Study Publishing Board, Air Facilities Supplement
to Janis 87, Formosa (Taiwan), July 1945, RG319, Box.421 (NARA).

[77] 張維斌，〈高雄水上飛機場〉：http://taiwanairpower.org/blog/?p=6280
（2012/11/5）；J. Yao，〈REIGARYO SEAPLANE STATION〉：
http://www.flickr.com/photos/jonyao/6465745029/（時間未詳）。

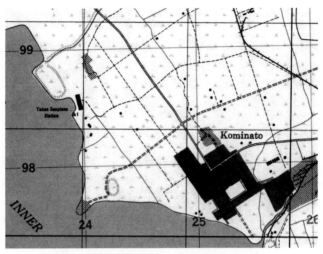

圖4-12　苓雅寮水上機場（美國AMS軍用地圖）

資料來源：Map Library (Clark Library), University of Michigan, Army
Map Service (TV), 2114 I SW, AMS L892 (1944).

　　機場設施，主要有停機平臺（apron）、兩座滑溜臺
（ramps），以及一座機庫（hangar）。美國在1944年8月，
判讀出苓雅寮水上機場另有三座建物。1945年5月時，則未
言及三座建物，但出現了維修庫（repairs）的名稱，應是情
報單位研判此三棟建物為維修庫。1949年8月澳洲的調查，
已無維修庫或三座建物的記載。僅有機庫、停機坪與兩座滑
溜臺。按1944年10月12日臺灣沖航空戰前，美國軍機尚未大
量於高雄港上空轟炸、偵照；此前的情報或許有掌握與解讀
問題；但臺灣沖航空戰後，美軍已理解較為真切的情況。至
於終戰後的調查，也無法排除轟炸過後，此三座建物已損
毀、消失的結果，且1949年澳洲的調查係整理自各式英美檔
案，並非實際空照而來。

表4-3　美軍調查的苓雅寮水上機場設施

調查單位	調查時間	機場設施
太平洋艦隊與太平洋戰區司令部（United States Pacific Fleet and Pacific Ocean Areas）	1944年8月1日	一座機庫（420呎x120呎）、兩座滑溜臺（長120呎，寬25呎）、三座建物平均約100呎x40呎。
聯合情報研究部（Joint Intelligence Study）	1945年5月25日	一座機庫，水泥造停機平臺、維修場，以及兩座滑溜臺。
澳洲聯合情報局（Joint Intelligence Bureau）	1949年8月	一座機庫、水泥造停機平臺、兩座滑溜臺。

資料來源：United States Pacific Fleet and Pacific Ocean Areas, Information Bulllletin: Formosa, Takao and Koshun Peninsula, CINCPAC – CINCPOA Bulletin No.119-44, 1 August 1944, RG38, 330/24/21/3-5 (NARA); JANIS 87-1, Joint Intelligence Study Publishing Board, Air Facilities Supplement to Janis 87, Formosa (Taiwan), July 1945, RG319, Box.421(NARA); JANIS 87, Joint Army-Navy Intelligence Study of Formosa (Taiwan), Naval and Air Facilities, June 1944, RG319, Box.421 (NARA); Joint Intelligence Bureau (Melbourne), Department of Defence, Australia, Spot Report No J.I.B.(M) 4/12/49, Airfield Summary Formosa, August 1949, RG319, Box.451 (NARA).

圖4-13　苓雅寮水上機場設施空照圖（1944/10/12, 01：00）

圖像來源：Map Library, University of California, Berkeley, WASP 259 NO.1-30, WASP 259-12OCT44 -0100 GCT 12"-7500'10000' FORMOSA REST JICPOA 7717-220.

　　美軍於1944年1月12日偵照苓雅寮水上機場時，則發現此機場很明顯的已無作用（inactive status）。本文以為，從圖4-13觀之，海灣淤砂情形相當明顯。可見高雄潟湖的淤砂問題，或許也是苓雅寮水上機場失去作用的原因之一。太平洋艦隊司令部則研判，苓雅寮水上機場太過接近東港水上基地，以致功能被東港取代。[78]東港大潭（大鵬灣）一帶，原為林邊溪與力力溪入海處，卻因海流、季風關係，形成砂嘴沈積的內海。不但隱密，腹地甚廣，更重要的是，鄰近的自然河川無論東港溪或林邊溪，均不在大潭入海，淤砂問題不若高雄嚴重，加上距離高雄港不遠，水上飛機若有起降、整補、修復等需求，均可在此進行。這些或許就是日本海軍選擇於東港另建水上機場的原因。

　　即使美軍已知苓雅寮水上機場並無使用的情況，卻仍將其列為轟炸目標。1944年10月12日下午1點40分，美國航艦大黃蜂號（Hornet）上的第11飛行聯隊與胡蜂號（WASP）上的第14飛行聯隊合計68架戰機，執行了轟炸苓雅寮水上機場與小港機場的任務。僅第11轟炸中隊就於苓雅寮水上機場投下了1,000磅炸藥4枚、250磅炸藥8枚。[79]

---

[78] United States Pacific Fleet and Pacific Ocean Areas, Information Bulletin: Formosa, Takao and Koshun Peninsula, CINCPAC – CINCPOA Bulletin No.119-44, 1 August 1944, RG38, 330/24/21/3-5 (NARA).

[79] USS Hornet, Serial 0031, Action Report – Ryukyu Inlands, Formosa, and Philippine Operations, 2 to 27 October 1944 （Cover Activity in Task Group 38.1）, Vol.1-2, 28 October 1944, RG38, Box.1041 (NARA).

表4-4　轟炸苓雅寮水上機場一帶的美軍戰機

航艦	中隊	戰機型號	數量
大黃蜂號航艦 （Hornet）	第11轟炸中隊（VB-11）	地獄者式俯衝轟炸機（SB2C-3）	8
	第11戰鬥中隊（VF-11）	地獄貓式戰鬥機（F6F-5）	16
	第11魚雷中隊（VT-11）	復仇者式魚雷轟炸機（TBM-1C）	8
胡蜂號航艦 （WASP）	第14轟炸中隊（VB-14）	地獄者式俯衝轟炸機（SB2C-3）	12
	第14戰鬥中隊（VF-14）	地獄貓式戰鬥機（F6F-5）	16
	第14魚雷中隊（VT-14）	復仇者式魚雷轟炸機（TBM-1C）	8
1944年10月12日：68架			

資料來源：USS Hornet, Serial 0031, Action Report – Ryukyu Inlands, Formosa, and Philippine Operations, 2 to 27 October 1944 (Cover Activity in Task Group 38.1), Vol.1-2, 28 October 1944, RG38, Box.1041 (NARA); USS WASP, Serial 0040, Action Report of Wasp and Carrier Air Group Fourteen in Operations against Okinawa Jima, Miyako Jima, Northern Luzon, Formosa, Manila Bay Area, Leyte, Support of Battle of Leyte Gulf, and Enemy Naval Units Western Visayas during the Periods 2 October 1944 through 27 October 1944, East Longitude Dates, 28 October, 1944, RG38, Box.1503 (NARA).

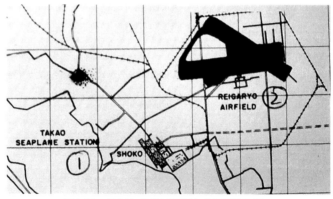

圖4-14　1944年10月12日下午美軍轟炸目標：
苓雅寮水上機場（1）與小港機場（2）

圖像來源：USS Hornet, Serial 0031, Action Report – Ryukyu Inlands, Formosa, and Philippine Operations, 2 to 27 October 1944 (Cover Activity in Task Group 38.1), Vol.1-2, 28 October 1944, RG38, Box.1041 (NARA).

　　戰後，聯勤司令部根據1953年至1955年間海軍海道測量局、臺灣省公路局等出版之海圖、實測圖與聯勤的實地調查等，於1957出版之L892地圖中，內苓雅寮一帶淤砂已浮覆，遭人圍成魚塭，而機場故地竟成田園。可見此機場消失於1953年以前。

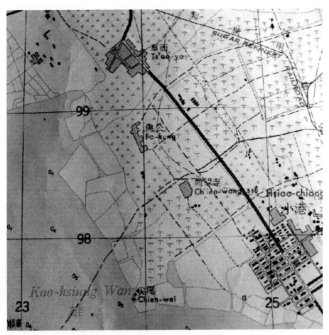

圖4-15　1950年代的苓雅寮水上機場一帶（1952-1957）

圖像來源：聯勤總司令部測量署，〈小港：Sheet 2114 I SW, Serial
　　　　　L892〉（臺北：聯勤總司令部測量署，1957）

　　高雄港務局於1958年提出了高雄港擴建計畫草案，預計以12年的時間執行相關工程。其中，為因應高雄港內遠洋

漁業的發展，1964至1967年間於苓雅寮水上機場舊地一帶疏濬，將挖掘之沙土於岸邊填土造陸，興建前鎮漁港。[80]漁港的興築運用美援資金，由農復會補助700萬元、漁管會負擔800萬元；高雄市政府與高雄市漁會亦籌款800萬元，配合興建。[81]於是在時空變換下，苓雅寮從機場變成了漁港。曾遭受美軍的轟炸，卻也藉著美援，搖身一變成為南臺灣最重要的遠洋漁港。

陸、結論

飛行機發明以後，世界各國無不致力發展航空，以滿足軍事、交通等需求。日本為東亞的帝國強權，勢力範圍多由島嶼構成，航空遂成為聯繫國內各地與控制殖民地的必要條件之一。

水上飛機問世後，不但可提升船艦的作戰能力，亦可編成獨立航空隊。其海空兩用的特性以及可為軍艦搭載、隨行的條件，便成為海軍勘察日本與臺灣間航線的主要機種。然受制於臺灣港灣的著水條件、氣候環境、以及飛機補給、維修能力、機庫與維修庫設施的缺乏等，航線探索之路充滿艱辛。經常因缺乏油料、引擎故障、遭風浪侵襲等原因，迫降海面。除須動員船艦搜救外，遭難的水上機往往只能解體運

---

[80] 高雄港務局，《高雄港擴建工程施工報告》（高雄：高雄港務局，1971），頁43-46；張守真，《高雄港紀事》（高雄：高雄市立中正文化中心，1996），頁69。

[81] 行政院國際經濟合作發展委員會，《臺灣漁業運用美援成果檢討》（臺北，行政院國際經濟合作發展委員會，1966），頁22。

回或任其沉沒。於是，在臺興建水上機可用之機場遂成為必須進行的要務。

　　水上飛機來臺停泊的港灣為基隆、馬公與高雄三大港口。由於水上機場的興建須考量地形、氣候等自然環境，如淺海沙灘、風平浪靜、軍事隱蔽等特性等，高雄潟湖遂成為設置機場的良好選擇。且高雄位處西南，降雨日少且集中，不似基隆號稱雨港，豪雨與風浪影響起降與飛安。但日人選址時卻忽略了埋立地淤積問題，待1933年「外苓雅寮」機場竣工後，隨即因豪雨出現了機場淤積、破損的情形，導致實用性降低，以致將土地售予日本鋁株式會社。

　　有鑑於此，高雄州遂擬定計劃於草衙、前鎮一帶新建機場。但美軍發現的「內苓雅寮」機場，則已失去作用。除了港灣泥沙淤積外，東港水上機場的興築，也是這座機場被取代的原因之一。二戰期間，美軍雖作出「內苓雅寮」機場已無功能的判斷，卻仍將其列為轟炸目標，於臺灣沖戰役時轟炸此地。

　　戰後，根據1953調查資料等繪製的軍用地圖，苓雅寮水上機已消失不見，成為田園。1958年，政府提出了高雄港12年擴建計畫，預計於第二期工程中建造遠洋漁港。1964年間，在美援的資助下，工程單位於苓雅寮水上機場舊地一帶疏濬，將挖掘之沙土於岸邊填土造陸，興建前鎮漁港。於是物換星移，機場轉眼成漁港。

　　目前，雖然外、內苓雅寮機場均已消失，但高雄港內曾經擁有水上機場的往事，不但突顯了高雄在臺灣航空史上的地位，也期盼各界能加以重視，進行深入調查，透過對「紀

念性意義」（monumentality）的闡揚，以地方與人民的歷史
價值、記憶與美學形式等原則，[82]彰顯與紀念這段歷史。

────────────

[82] 林蕙玟、傅朝卿，〈戰爭紀念性意義之差異性研究——以金門與美
國蓋茲堡之役紀念物之設置意涵為探討〉《建築學報》，第62 期
（2007），頁25-29、38。

第五章：太平洋戰爭下的高雄岡山機場[*]

杜正宇

壹、前言

　　高雄岡山機場（今空軍官校），是日治時期海軍航空
隊使用的機場，也是當時臺灣的第一級機場中，跑道數量排
名第二者，僅次於新竹機場。在美軍的分類中，屬於中型轟
炸機機場（Medium Bomber Airfield, MAD），意指擁有完善
跑道或起降設施，且跑道長度達4,500呎（約1,370公尺）以
上。根據盟軍的記載，岡山機場擁有4條跑道，不但是大高
雄的機場中，規模最大者；[1]也是終戰後，空軍裁撤各地機
場時，臺灣極少數保留的兩座機場之一。[2]

---

[*] 本文原刊載於《臺灣近代戰爭史（1941~1949）第二屆國際學術研討會
論文集》（高雄：高雄市關懷臺籍老兵文化協會，2012年10月），經
修改、增補而成。

[1] 日治時期臺灣74座機場中，共有20座可列入第一級機場（中型轟炸機機
場，MAD）。以海軍機場的規模較大，陸軍機場的數量略多。這些機
場中，岡山與臺南機場均有4條跑道，僅次於新竹機場（5條）。引自
美、澳軍方的調查報告：JANIS 87-1, Joint Intelligence Study Publishing
Board, Air Facilities Supplement to Janis 87, Formosa（Taiwan），July
1945, RG319, Box.421(NARA); Joint Intelligence Bureau（Melbourne），
Department of Defence, Australia, Spot Report No J.I.B.（M）4/12/49,
Airfield Summary Formosa, August 1949, RG319, Box.451(NARA). 機場清
單與跑道數量亦可見杜正宇、謝濟全，〈盟軍記載的二戰臺灣機場〉，
《臺灣文獻》，63卷3期（2012年9月），頁359-360、383-385。

[2] 1946年空軍規劃使用的52座機場中，臺灣僅有岡山與松山列入。參見

　　緊鄰機場的第61海軍航空廠（今空軍航院）則是當時臺灣最大的飛機裝配、維修與保養之地。[3]「臺灣空戰」時，岡山機場與航空廠遭美國陸軍B-29轟炸機投擲859.75噸的炸彈。必須說明的是，此役中，美國海軍17艘航艦的艦載機，總計在13-14日於臺灣各地投擲了650噸炸彈；陸軍B-29轟炸機232架次的總投彈量則是1,290噸。[4]可見岡山的投彈量，不但佔陸軍總數約6成8，更超越海軍艦隊於13-14日的總合。岡山機場與航空廠，就是全臺第一攻擊目標。但如此重要之地，過去卻難以單獨成文，進行主題明確的研究。

空軍總司令部編，〈空軍現有站場一覽表〉，《空軍年鑑：民國35年》（臺北：空軍總司令部，1947），頁133–137；杜正宇、吳建昇，〈日治下臺南永康機場的時空記憶〉，《臺灣文獻》，63卷1期（2012年3月），頁232。

[3]　61航空廠的歷史，參見林玉萍，《臺灣航空工業史——戰爭羽翼下的1935年~1979年》（臺北：新銳文創，2011），頁35-41；謝濟全、金智，〈戰爭動員下日本海軍在高雄地區航空設施興建的戰備分析〉（岡山：航空技術學院主辦，軍事通識教育暨航空史學術研討會，2012年10月5日）。

[4]　20th Air Force, Headquarters XX Bomber Command Intelligence Section APO 493, Tactical Mission Report No.10, Target: Okayama Aircraft Assembly Plant, Okayama, Formosa, 28 October 1944, RG18, Box.5434 (NARA), pp.5-6、10; 20th Air Force, Headquarters XX Bomber Command Intelligence Section APO 493, Annex B, Execution of the Mission, Formosa, 28 October 1944, RG18 (NARA), p.B-IV-1; 20th Air Force, Headquarters XX Bomber Command Intelligence Section APO 493, Tactical Mission Report No.11-12, 23 October 1944, RG18, Box.5434 (NARA), pp.5-6、10; 20th Air Force, Headquarters XX Bomber Command Intelligence Section APO 493, Japanese Fighter Tactics – Mission Report No.11, 23 October 1944, RG18 (NARA), pp. D-I-1~7; Samuel Eliot Morison, "Formosa Air Battle", History of United States Naval Operations in World War II. Vol. 12: Leyte, June 1944-January 1945 (Boston: Little, Brown and Company, 1958), p.105.

　　相關研究中，劉鳳翰（1997）、何鳳嬌（2009）等，主要運用臺灣的檔案，但對岡山機場的描述不多，曾令毅（2012）亦然。[5]之所以如此，相信是由於臺、日留存的檔案太過簡略，而臺灣的檔案，內容亦爭議頗多。[6]此外，洪致文（2008、2010）曾於部落格、《全球防衛雜誌》撰文介紹岡山機場，內容以作者的田野考察為主，並輔以接收資料。[7]張維斌（2012）則透過美國戰爭檔案網站（Fold 3）取得檔案，陸續發表美國陸軍航空隊於「臺灣空戰」時轟炸岡山機場的簡介與照片。[8]

　　筆者曾針對高雄飛行場五座同名機場進行考證，試圖釐清同名機場的成立時間與座落，而其中一座即為岡山機場。但岡山機場的日、臺史料確實不多，連開場時間都是透過考

[5]　劉鳳翰，《日軍在臺灣：1895年至1945年的軍事措施與主要活動》（臺北：國史館，1997）；何鳳嬌，〈戰後初期臺灣軍事用地的處理〉，《國史館學術集刊》，第19期（2009）；曾令毅，〈二次大戰前日軍在臺航空兵力發展之初探（1927-45）〉，《臺灣國際研究季刊》，8卷2期（2012），頁85-86。

[6]　杜正宇、吳建昇，〈日治下臺南永康機場的時空記憶〉，《臺灣文獻》，63卷1期（2012年3月），頁232-244；洪致文，〈二戰時期日本海陸軍在臺灣之機場〉，《臺灣學研究》，第12期（2011），頁49-53。

[7]　洪致文，〈高雄飛行場〉，《全球防衛雜誌》309期（2010年5月），頁110；洪致文，〈岡山飛行場的大型掩体壕〉：http://www.wretch.cc/blog/hungchihwen/10504852（2008/8/24）。

[8]　張維斌，〈B-29首次轟炸臺灣（Part 1）〉：http://taiwanairpower.org/blog/?p=4022（2012/3/17）；〈B-29首次轟炸臺灣（Part 2）〉：http://taiwanairpower.org/blog/?p=4052（2012/3/24）；〈B-29首次轟炸臺灣（Conclusion）〉：http://taiwanairpower.org/blog/?p=4109（2012/3/28）；〈前三次B-29對臺轟炸任務的規劃歷程〉：http://taiwanairpower.org/blog/?p=4242（2012/4/21）。

證而來。[9]按岡山機場的原始檔案，東京防衛省留存的主要
有兩份。編號「航空基地87」的檔案中只有一張跑道簡圖。
「陸空本土防空48」中雖有兩頁篇幅，文字記載卻僅有跑道
長度，其它資料一片空白。[10]至於進駐岡山的航空隊，「高
雄空」雖有〈戰鬥行動調書〉，但該隊於太平洋戰爭後，
戰場與活動均不在臺灣。[11]而「高雄空（二代）」與「第二
高雄空」，其〈戰鬥行動調書〉亦僅有數月，難以展現全
貌。[12]在此情況下，為探索岡山機場的歷史，筆者赴美時便

---

9   杜正宇，〈日治時期的「高雄」飛行場研究〉，《高雄文獻》，1卷2
    期（2011年9月），頁104-6、117-8。

10 防衛省防衛研究所史料閱覽室，〈航空基地圖（朝鮮、臺灣、支那
    方面）〉，請求番號：（5）航空基地87；防衛省防衛研究所史料閱
    覽室，〈飛機場紀錄內地（千島・樺太・北海道・朝鮮・臺灣を含
    む）〉（請求番號：陸空本土防空48）。

11 アジア歷史資料センター，〈高雄空 飛行機隊戰鬥行動調
    書〉（昭和15年5月～昭和15年6月）（Code: C08051590100、
    C0805159020、C08051590300）；〈高雄空 飛行機隊戰鬥行動
    調書〉（昭和15年12月～昭和16年3月）（Code:C08051590400、
    C08051590500、C08051590600）；〈高雄空 飛行機隊戰鬥行動
    調書〉（昭和16年2月）（Code: C08051590700、C08051590800、
    C08051590900）；〈高雄空 飛行機隊戰鬥行動調書〉（昭和16
    年7月）（Code:C08051591000）；〈高雄空 飛行機隊戰鬥行動調
    書〉（昭和16年11月）（Code: C08051591300、C08051591400、
    C08051591500）；〈高雄空 飛行機隊戰鬥行動調書〉（昭和16年
    12月～昭和17年2月）（Code: C08051591600、C08051591700、
    C08051591800、C08051591900、C08051592000）；〈高雄空 飛
    行機隊戰鬥行動調書〉（昭和17年3月～昭和17年4月）（Code:
    C08051592100、C08051592200、C08051592300、C08051592400、
    C08051592500）；〈高雄空 飛行機隊戰鬥行動調書〉（昭和17
    年5月～昭和17年9月）（Code: C08051592600、C08051592700、
    C08051592800、C08051592900、C08051593000）。

12 高雄空（二代）的行動調書有5個月，第二高雄空僅有2個月。參見
    アジア歷史資料センター，〈昭和19年6月～昭和19年10月 高雄空

四處收集資料。運用於本文的文獻，包括美國各檔案館與圖
書館的檔案、空照圖、專書等。[13]

貳、岡山機場的興建與設施

　　岡山機場用地，係日本海軍於1936年編定預算、購置土
地。[14]是年5月至7月，高雄州政府與日本航空輸送株式會社
曾有意借用機場用地作為民航機場。[15]至於民航啟用時間，
依先前之考證，應是1939年12月1日，開場後短暫作為民航

飛行機隊戰鬥行動調書〉（Code: C08051593100、C08051593200、
C08051593300）；〈昭和19年9月～昭和19年10月　第2高雄空　飛
行機隊戰鬥行動調書〉（Code:C08051593400、C08051593500、
C08051593600）。

[13] 筆者收集資料之處包括Earth Sciences & Map Library, University of
California, Berkeley; Hatcher Graduate Library, Bentley Historical Library,
Shapiro Library, Buhr Remote Shelving Facility, Map Library, Asia Library,
University of Michigan; National Archives and Records Administration,
College Park, MD; Naval History & Heritage Command, Naval Yard,
Washington DC. 其中，美國國家檔案館(NARA)的資料，在國立臺灣歷
史博物館的保存國史的理念與推動下，已完成編目工作。參見，杜正
宇，《美國國家檔案館所藏二戰時期臺灣戰爭相關紙本類檔案簡目》
（臺南：國立臺灣歷史博物館，2012）。

[14] アジア歷史資料センター，〈第2665號 12・5・20 高雄飛行場用地買
收外3廉工事要領變更の件〉（Code: C05111104400）。

[15] 〈國際飛行場設置を兩州共同で計畫〉，《まこと》（臺灣三成協會，
1936年5月20日）；〈高雄飛行場急速に具體化か　内海知事が下檢
分〉，《臺灣日日新報》（1936年5月26日，日刊）；〈臺南、高雄協力
して　岡山空港を實現したい〉，《臺灣日日新報》（1936年7月14日，
日刊）；增田正吾，《赤蜒賦》（大阪：關西書院，1982），頁143。

使用。[16]1940年2月下旬，展開擴張工程。[17]夏季結束後，由日本海軍航空隊作為換裝零式戰機之地。[18]1941年9月2日，高雄航空隊自漢口移防岡山，以進行南進整備，並於12月8日往南西方面作戰。[19]開戰後，陸續駐防的單位則有高雄航空隊（二代）與第二高雄空，均為訓練部隊。[20]

　　根據美方於1944年1月至9月的調查，岡山機場為臺灣第一級的軍用機場，主要作為訓練基地使用。隔鄰的第61海軍航空廠，擁有維修廠、裝配廠及倉庫等建物。美軍認為該廠除組裝飛機外，亦可能擁有改裝能力。航空廠東方4英哩處有地下倉庫，鄰近地區則有3座大型營房與數棟小型營舍。1944年1月10日時，另探知機場擁有早期預警設施與高射陣地。

---

[16]　臺灣總督府臨時情報部，〈高雄飛行場の初飛行祝賀會〉，《部報》（1939年12月21日）；〈輝く高雄空港　第一機を迎へて祝賀會〉，《まこと》（臺灣三成協會，1939年12月10日）；〈高雄飛行場に初車輪　州民の努力見事に實を結ぶ〉，《臺灣日日新報》（1939年12月4日，日刊）；杜正宇，〈日治時期的「高雄」飛行場研究〉，《高雄文獻》，1卷2期（2011年9月），頁104、106。

[17]　〈高雄飛行場擴張に關する意見書〉，《臺灣日日新報》（1940年2月24日，日刊）；〈高雄飛行場擴張は一期作の收穫後に　それ迄は屏東飛行場を使用〉，《臺灣日日新報》（1940年2月26日，日刊）。

[18]　坂井三郎著，黃文範譯，《荒鷲武士》（臺北：九歌，1999），頁70-71、74。

[19]　アジア歷史資料センター，〈高雄空　飛行機隊戰鬥行動調書〉（昭和16年11月）（Code: C08051591300、C08051591400、C08051591500）；〈高雄空　飛行機隊戰鬥行動調書〉（昭和16年12月～昭和17年2月）（Code: C08051591600、C08051591700、C08051591800、C08051591900、C08051592000）；永石正孝，《海軍航空隊年誌》（東京：出版共同社，1961），頁109。

[20]　永石正孝，《海軍航空隊年誌》（東京：出版共同社，1961），頁116、124；杜正宇，〈日治時期的「高雄」飛行場研究〉，《高雄文獻》，1卷2期（2011年9月），頁112-113。

岡山機場共有四條跑道：（1）西北－東南向：3,700×260呎、（2）東西向：3,400×260呎、（3）南北向：3,300×260呎、（4）東北－西南向：3,200×260呎。跑道鋪設完善，周邊有排水設施。另有滑行道（Taxi Strips）連接跑道、疏散區（Dispersal Area）、機堡（Revetment）與停機坪（Apron）。但美軍亦指出，岡山機場擴張不易，因北方有小溪，東、西、南方又有建物，但不致影響戰機起降。機場四周有50座機堡，每座可容納兩架戰機，另有儲油設施。

機場東南方有3座機庫（180×180英呎）、一座大型水泥製停機坪及許多小型建物。東方另有3座機庫（兩座180×180英呎、一座260×180英呎）、一座小型機庫（105×95英呎）、一座L型的停機坪（長約530英呎）以及9棟建物。行政區位於機場東鄰航空廠處，有小型發電站、通訊所等24棟建物（建物面積由105×35英呎至250×60英呎）。[21]

臺灣空戰後，鑑於美軍密集轟炸各地機場的教訓，加上機場多已被發現，於是11月日軍便展開一系列機場的強化與分散措施。在主要機場增建耐炸的掩體、增設跑道，並分散機場設施。[22]在此情勢下，岡山機場確有增建掩體、延長

---

[21] JANIS 87, Joint Army-Navy Intelligence Study of Formosa (Taiwan), Naval and Air Facilities, June 1944, RG319, Box.421(NARA), p. XⅢ-9; United States Pacific Fleet and Pacific Ocean Areas, Information Bulllletin: Formosa, Takao and Koshun Peninsula, CINCPAC – CINCPOA Bulletin No.119-44, 1 August 1944, RG38, 330/24/21/3-5 (NARA), p.54.

[22] アジア歴史資料センター，第一復員局，〈第4章 捷1號作戰（自昭和

跑道等工事。根據美軍於1945年5月製作的情報資料,岡山機場西北－東南向與南北向兩條跑道均已延長至4,900×260呎,餘不變。飛機掩體數量則擴增至有蓋機堡58座(10座興建中)、無蓋61座。機庫增為16座(4座興建中)。另有33座彈藥掩體庫。東北東方之山丘(應為小崗山)有地下化坑道與4座機庫。[23]

機堡數量眾多,並非為了停滿戰機,而是分散、保存戰力。有蓋機堡則可偽裝、掩蔽,使飛臨機場上空的美國飛行員找不到攻擊目標。終戰以後,空軍曾對岡山機場進行調查,1946年記錄機場共有四條跑道,最長的兩條為1200公尺(3,937英呎)×80公尺(260英呎)、1100×80公尺,可見在戰爭的破壞下,跑道堪用長度已有縮短。[24]

19年10月下旬至昭和19年12月)／其3 主要なる作戰及作戰準備〉,《臺灣方面軍作戰記錄 昭21年8月》,(Code: C11110355300),頁96-97;杜正宇、謝濟全,〈盟軍記載的二戰臺灣機場〉,《臺灣文獻》,63卷3期(2012年9月)。

[23] Joint Intelligence Study Publishing Board, Okayama Airfield, Compilation: 25 May 1945, JANIS 87-1, Air Facilities Supplement to Janis 87, Formosa (Taiwan), July 1945, RG319, Box.421 (NARA), p.31.

[24] 空軍總司令部,《空軍年鑑:民國三十五年》(臺北:空軍總司令部,1946),頁478(續2)。

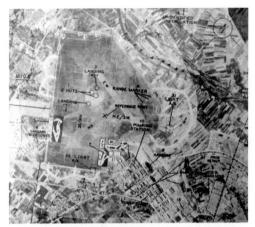

圖5-1　岡山機場1944年1月設施分布圖

圖像來源：JANIS 87, Joint Army-Navy Intelligence Study of Formosa
（Taiwan）, FigureＸⅢ-10, Okayama, 12January 1944, Naval
and Air Facilities, June 1944, RG319, Box.421 (NARA).

圖5-2　岡山機場1944年8月設施分布圖

圖像來源：United States Pacific Fleet and Pacific Ocean Areas,
Information Bulletin: Formosa, Takao and Koshun Peninsula,
CINCPAC – CINCPOA Bulletin, No.119-44, 1 August 1944,
RG38, 330/24/21/3-5 (NARA), p.50.

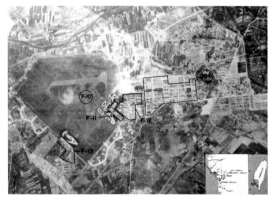

圖5-3　岡山機場1944年9月設施分布圖

圖像來源：United States Pacific Fleet and Pacific Ocean Areas, Target Analysis Air Target Maps, Principal Sections of Takao Area, Formosa, CINCPAC – CINCPOA, A.T.F. No.139-44, 10 September, 1944, RG38, 330/24/21/3-5 (NARA), p.9.

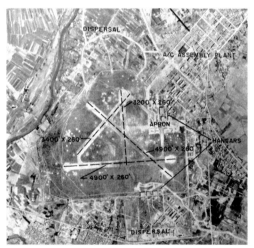

圖5-4　岡山機場1945年5月設施分布圖（底圖為1944年12月10日拍攝）

圖像來源：Joint Intelligence Study Publishing Board, "Okayama Airfield, Photo: 10 December 1944, Compilation: 25 May 1945", JANIS 87-1, Air Facilities Supplement to Janis 87, Formosa （Taiwan）, July 1945, RG319, Box.421(NARA), p.31.

參、臺灣空戰時美軍對岡山機場的襲擊

美軍於1944年10月12日至17日發動臺灣空戰，主要是為了掩護17日中午發動的雷伊泰灣（Leyte Gulf）登陸戰，先行轟炸臺灣的機場與港口，以免日軍利用臺灣增援菲島。[25]這場戰役，美國海軍第38特遣艦隊的四支分遣艦隊，共動用17艘航艦，攻勢集中於12日、13日與14日上午，攻擊目標約為25-30座機場、港口與軍事設施。之後，則由陸軍B-29轟炸機自四川等地起飛，於14日、16日、17日轟炸臺灣各地。[26]這場戰役中，由於南臺灣為日本南進基地，機場數量眾多，[27]加上高雄港、左營軍港、旗後軍港（Kigo）等重要設施，以及六燃廠[28]、61航空廠（岡山）、屏東陸軍航空廠等，於是美軍動

---

[25] Samuel Eliot Morison, "Formosa Air Battle", History of United States Naval Operations in World War II. Vol. 12: Leyte, June 1944-January 1945 (Boston: Little, Brown and Company, 1958), p.92, 日本防衛省戰史室，吳玉貴譯，《「捷」號作戰指導》（臺北：國防部史政編譯局，1989），頁478、568-569；日本防衛省戰史室，曾清貴譯，《聯合艦隊之最後決戰》（臺北：國防部史政編譯局，1990），頁759；杜正宇、吳建昇，〈日治下臺南永康機場的時空記憶〉，《臺灣文獻》，63卷1期（2012年3月），頁265-266。

[26] Samuel Eliot Morison, "Formosa Air Battle", History of United States Naval Operations in World War II. Vol. 12: Leyte, June 1944-January 1945 (Boston: Little, Brown and Company, 1958), p.105; Charles A. Lockwood, Hans Christian Adamson, Battles of the Philippine Sea (New York: Thomas Y. Crowell Company, 1967），p.146, 杜正宇，〈日治下的臺南機場〉，《臺南文獻》，第1期（2012年7月），頁40-41。

[27] 南臺灣今南、高、屏一帶，約有機場20餘座。杜正宇、謝濟全，〈盟軍記載的二戰臺灣機場〉，《臺灣文獻》，63卷3期（2012年9月），頁384。

[28] 六燃廠的歷史，參見謝濟全，〈日治後期高雄第六海軍燃料廠之興建與戰備分析〉，《史地研究》，第3期（2011）。

用近一半的兵力，以第一分遣艦隊（38.1）、第四分遣艦隊
（38.4）所屬之航艦，攻擊南臺灣。

第一分遣艦隊下轄大黃蜂號重航艦（CV-8 Hornet）、
胡蜂號重航艦（CV-18 Wasp）、考佩斯號輕航艦（CVL-25
Cowpens）、蒙特利號輕航艦（CVL-26 Monterey）。[29]12日
凌晨，艦隊抵達臺東東方約70-110海浬處，於5:44分展開攻
擊。[30]由於岡山為臺灣的第一級機場，遂成為艦隊主力大黃
蜂號與胡蜂號的主要目標，連續三天遭到美國戰機的攻擊。
卡伯特號與蒙特利號除擔任戰鬥掃蕩與艦隊警戒，攻擊目標
以屏東、東港（水上）機場、小港機場為主。[31]

大黃蜂號12日發動一波戰鬥掃蕩與四波攻勢（Able,
Baker, Charlie, Dog），第四波攻擊目標包括岡山機場。13日

---

[29] USS Wasp, Task Group Organization, Serial 0040, Action Report of Wasp and Carrier Air Group Fourteen in Operations against Okinawa Jima, Miyako Jima, Northern Luzon, Formosa, Manila Bay Area, Leyte, Support of Battle of Leyte Gulf, and Enemy Naval Units Western Visayas during the Periods 2 October 1944 through 27 October 1944, East Longitude Dates, 28 October 1944, RG38, Box.1503 (NARA).

[30] USS Hornet, Serial 0031, Action Report – Ryukyu Inlands, Formosa, and Philippine Operations, 2 to 27 October 1944 (Cover Activity in Task Group 38.1), Vol.1, 28 October 1944, RG38, Box.1041 (NARA).

[31] USS Cabot, Serial 069, Action Report – Okinawa Jima, Formosa, the Visayas Action Against the Jap Fleet, Luzon, 6 October to 14 October and 20 October to 31 October 1944 (Covers Air Support for Leyte Landings and also 2nd Battle of Philippines while in Task Group 38.2), 31 October 1944, RG38, Box.886 (NARA); USS Monterey, Serial 0029, Action Report – Operations Against Nansei Shoto, Sakishima Shoto, Formosa, Luzon, Visayas and Support of the Leyte Landings, 2 October to 28 (EL)October 1944 (Covers Activity in 2 Operations while Operating in Task Group 38.1, Air Strikes in Support Leyte Landings and Second Battle of Philippines）, 27 October 1944, RG38, Box.1250 (NARA).

發動一波戰鬥掃蕩與三波攻勢，戰鬥掃蕩亦及於岡山。14日上午則攻擊岡山、小港、屏東、恆春等機場。[32]胡蜂號於12日發動四波攻勢。13日則有戰鬥掃蕩與隨後的三波攻勢，戰鬥掃蕩與第三波攻勢均包括岡山機場。14日上午則發起特別攻擊，以岡山機場為主要目標。[33]

12日下午，大黃蜂號出動第11戰鬥中隊（VF-11）地獄貓戰鬥機20架（F6F-5, Hellcat）、第11轟炸中隊（VB-11）地獄俯衝者轟炸機12架（SB2C-3C, Helldiver）、第11魚雷中隊（VT-11）復仇者魚雷機8架（TBM-1C, Avenger），合計40架戰機，進攻高雄、屏東一帶機場。VF-11中隊其中三架，於14:30飛抵岡山上空，發現機場尚未遭受攻擊，停放著四架雙引擎的三菱百式運輸機（Mitsubishi Ki.57 Type 100, Topsy），遂在日軍猛烈的防空槍砲掃射中[34]，施以攻擊，並摧毀其中三架。但美軍亦有一架戰機遭擊中墜毀。當中隊準

---

[32] USS Hornet, Serial 0031, Action Report – Ryukyu Inlands, Formosa, and Philippine Operations, 2 to 27 October 1944 （Cover Activity in Task Group 38.1），Vol.1-2, 28 October 1944, RG38, Box.1041 (NARA); 杜正宇，〈太平洋戰爭下臺灣的航空攻防（1941-1945）〉（岡山：航空技術學院主辦，軍事通識教育暨航空史學術研討會，2012年10月）。

[33] USS Wasp, "Chronological Account of Action, 12 Oct to 14 Oct", Serial 0040, Action Report of Wasp and Carrier Air Group Fourteen in Operations against Okinawa Jima, Miyako Jima, Northern Luzon, Formosa, Manila Bay Area, Leyte, Support of Battle of Leyte Gulf, and Enemy Naval Units Western Visayas during the Periods 2 October 1944 through 27 October 1944, East Longitude Dates, 28 October 1944, RG38, Box.1503 (NARA）.

[34] 美軍將日軍之地面反擊，記為「AA」。「AA」之義為防空槍砲(Antiaircraft)，如「The Pacific War Online Encyclopedia」、「Military Acronyms and Abbreviations」所記。參見「The Pacific War Online Encyclopedia」：AA site:http://pwencycl.kgbudge.com;「Military Acronyms and Abbreviations」：http://www.militaryacronyms.net/.

備離去時，第四分遣艦隊的戰機正逼近岡山機場。[35]

　　13日上午（06:15-10:00），大黃蜂號VF-11中隊以8架戰機執行戰鬥掃蕩，於高雄上空遭遇1架日軍中島2式戰鬥機（Nakajima Ki-44 Shoki, Tojo），[36]隨後由薩維基中尉（J. E. Savage）擊落。中隊飛抵岡山機場後，則擊中6架地面日機。[37]下午，胡蜂號派出VF-14中隊8架戰機、1架偵察機、VB-14中隊6架、VT-14中隊8架，於14:30-15:15間，進襲岡山機場。當時，機場約停放20-30架戰機，每4至5架聚成一塊，是胡蜂號攻擊區域中戰機最多的機場。VF-14中隊炸中一座機堡，摧毀1架雙座教練機，另炸毀1架運輸機（Nakajima （Douglas） DC-2, Tess）與1架三菱一式陸攻轟炸機（Mitsubishi G4M Type 1, Betty），擊中5架戰機與一座大型機庫。VT-14中隊則轟炸機堡區與跑道，但由於日軍施放濃煙掩蔽機場，無法觀測戰果。日軍高射機砲亦不準確，周遭則有12座高射陣地尚未安裝槍砲，美軍無人傷亡。此

---

[35] USS Hornet, "VF-11#13", Serial 0031, Action Report – Ryukyu Inlands, Formosa, and Philippine Operations, 2 to 27 October 1944 (Cover Activity in Task Group 38.1), Vol.1-2, 28 October 1944, RG38, Box.1041 (NARA).

[36] 美軍於戰報中記日軍戰機均為代號。如Tojo, Betty等。戰機代號與型號，可見「Japanese Aircraft of World War II」：http://www.daveswarbirds.com/Nippon/Japanese.htm；「The Pacific War Online Encyclopedia」：http://pwencycl.kgbudge.com/Table_Of_Contents.htm；「militaryfactory」：http://www.militaryfactory.com/aircraft/detail.asp?aircraft_id=616;「Military Acronyms and Abbreviations」：http://www.militaryacronyms.net/.

[37] USS Hornet, "VF-11#16", Serial 0031, Action Report – Ryukyu Inlands, Formosa, and Philippine Operations, 2 to 27 October 1944 (Cover Activity in Task Group 38.1), Vol.1-2, 28 October 1944, RG38, Box.1041 (NARA).

外，VB-14中隊於岡山機場投下炸彈18枚後，亦因濃煙不知戰果，但相信擊中了機場南方的一棟建物。[38]

14日上午，大黃蜂號VF-11中隊24架、VB-11中隊13架，於7:30在高雄上空遭遇日軍中島2式戰機12架，空中激戰後，美軍飛行員梅爾（A. R. Meyer）擊落一架日機，摩里斯（C. L. Morris）亦擊中一架。日軍則擊落佩塔奇克（Ensign H. Ptacek）的戰機，雙方互有傷亡。隨後，VF-11中隊4架戰機於岡山機場地面摧毀日機1架。[39]此外，上午7:40-08:20，胡蜂號所屬VF-14中隊8架戰機，掩護VB-14中隊13架轟炸機，亦向岡山機場出擊。途中遭遇4架零戰，遂展開戰鬥。日機接戰後迅速逃離，美軍則加以追擊，擊落1架，擊中2架。但史密斯（C. E. Smith）的戰機亦受損，遂返航迫降於愛賽克斯號航艦（CV9 Essex）。待機群抵達岡山後，VF-14擊中一座停放3架中島2式戰機的機堡，摧毀1

---

[38] Commander Fighting Squadron 14, "Report No.135", Serial 057, ACA-1 Report of 14 for Period 10-26 October 1944 – Forwarding of. Forwards without Comment ACA-1 Reports of VF-14(NOS.121 thru 148). Covering Air Strikes on Okinawa, Luzon, Formosa and Leyte as well as Battle of Leyte Gulf – Baced on Wasp, RG38, Box.442 (NARA); Commander Torpedo Squadron 14, "Report No.110", No Serial, Aircraft Action Reports – Forwarding of. Reports Covers Strikes on Airfields of Okinawa, Nansen Shoto, Formosa and Luzon P.I. Report Covers 10-20 October 1944, 23 October 1944, RG38, Box.455 (NARA); Commander Bombing Squadron 14, "Report 13 October 1944", Serial 0202, Aircraft Action Reports – Forwarding of Reports Covers Strikes on Okinawa Formosa Luzon and Pre H Hour Strike on Leyte Report Covers 10-20 October 1944, 24 October 1944, RG38, Box.391 (NARA).

[39] USS Hornet, "VF-11#22", Serial 0031, Action Report – Ryukyu Inlands, Formosa, and Philippine Operations, 2 to 27 October 1944 (Cover Activity in Task Group 38.1), Vol.1-2, 28 October 1944, RG38, Box.1041 (NARA).

架，2架受損，另有3架單引擎戰機與1架中島九七式魚雷攻擊機（Nakajima B5N, Kate）被美軍擊中。VB-14中隊則攻擊61航空廠，炸中多處建物及兩座機庫。但航空廠所有的煙囪都排放黑煙，日軍又於道路與空地施放濃煙，降低能見度，導致戰果不明。VB-14中隊則有1架轟炸機遭防空機砲擊中，迫降於海面。美軍中隊雖將飛行員的救生艇位置通報救援潛艇，並於上空守候，惜油料不足，返航前仍未見潛艇出現。[40]

圖5-5　日軍於岡山各地施放濃煙（1944年10月13日下午）

圖像來源：Commander Fighting Squadron 14, "Report No.135", Serial 057, ACA-1 Report of 14 for Period 10-26 October 1944 – Forwarding of. Forwards without Comment ACA-1 Reports of VF-14(NOS.121 thru 148). Covering Air Strikes on Okinawa, Luzon, Formosa and Leyte as well as Battle of Leyte Gulf – Baced on Wasp, RG38, Box.442 (NARA).

---

[40] Commander Fighting Squadron 14, "Report No.136", Serial 057, ACA-1 Report of 14 for Period 10-26 October 1944 – Forwarding of. Forwards without Comment ACA-1 Reports of VF-14 (NOS.121 thru 148). Covering Air Strikes on Okinawa, Luzon, Formosa and Leyte as well as Battle of Leyte Gulf – Baced on Wasp, RG38, Box.442 (NARA); Commander Bombing Squadron 14, "Report 14 October 1944", Serial 0202, Aircraft Action Reports – Forwarding of Reports Covers Strikes on Okinawa Formosa Luzon and Pre H Hour Strike on Leyte Report Covers 10-20 October 1944, 24 October 1944, RG38, Box.391 (NARA).

　　第四分遣艦隊（38.4）轄有企業號重航艦（CV-6 Enterprise）、富蘭克林號重航艦（CV-13 Franklin）、貝洛林號輕航艦（CVL-24 Belleau Wood）、聖哈辛托號輕航艦（CVL-30 San Jacinto）。艦隊主力為企業號與富蘭克林號，貝洛林號輔攻。聖哈辛托號於此役的角色，則以艦隊上空的警戒、巡弋等任務為主。[41]

　　三艘航艦聯合發起對岡山機場的攻擊。[42]貝洛林號12日下午派出VF-21中隊6架、VT-21中隊4架，協同企業號第20飛行聯隊（VF-20, VB-20, VT-20）與富蘭克林號第13飛行聯隊（VF-13, VB-13, VT-13），於15:45抵達岡山上空，試圖攻擊機堡與機庫，但因視線不佳，難以觀察戰果。[43]13日則

---

[41] USS Franklin, Serial 0039, Action Report - Operations Against the Enemy at Nansei Shoto, Formosa and the Philippine Islands, from 7 October 1944 to 21 October 1944 (Covers Activity Preceding Leyte Landings while Operating in Task Group 38.4), 31 October 1944, RG38 (NARA); USS San Jacinto, Serial 0043, Action Report, Operations Against Okinawa Jima, Formosa, Luzon, Philippine Islands and Visayas, P.I. Ouring Period 7 through 21 October 1944 (Covers Activity in Task Group 38.4 Strikes and Patrols during Attacks on Naha Harbor, Okinawa, Nansei Shoto and Subject Places), 31 October 1944, RG38, Box.1400 (NARA); VF51 Serial 0057, VF51 7-31-44 to VF60 ACA RPTS Vol, October 23 1944, RG38, Box.455 (NARA).

[42] 企業號與富蘭克林號航艦缺乏飛行隊戰報，而艦隊報告與航鑑報告則有許多細節未呈現，12日（1波）、13日（2波）之聯合攻勢，係依據貝洛林號飛行隊戰報的記載。"Fighting Sqd.21, Report No.22", "Fighting Sqd.21, Report No.27", "Torpedo Sqdrn.21, Report No.20", "Torpedo Sqdrn.21, Report No.33", USS Belleau Wood, Serial 0198, Air Group 21 ACA-1 Reports, VF-21 Nos. 22 to 43, Inclusive, and VT-21 Nos. 15 to 26, Inclusive (Covers Air Action of VF-21 and VT-21 for Strikes on Formosa, Luzon, Visayas, Leyte and Jap Carrier Task Group), 11 November 1944, RG38, Box.837 (NARA).

[43] "Fighting Sqd.21, Report No.27", "Torpedo Sqdrn.21, Report No.19", USS

有三波攻勢。上午10點左右，貝洛林號派出VT4架、VF2架聯合企、富航艦機群，攻擊岡山機場。VT-21評估戰果，應命中61航空廠後程裝配區（Final Assembly）的兩棟建物及行政區一棟建物。VF-21則對機場東方的營舍（Barracks）發射12枚火箭。[44]企業號亦出動7架戰鬥機、1架偵察機、10架轟炸機與8架魚雷機，投下15.5噸炸彈，發射24枚火箭，摧毀6棟大型建物。[45]下午13:10，貝洛林號VF-21中隊4架戰機，再度對岡山機場的軍營發起攻擊，共發射24枚火箭。[46]下午15:00左右，三艘航號再度對岡山機場聯合出擊。企業號派出各式戰機25架，投下炸彈13.8噸，發射火箭44枚，摧毀停放於地面的日機3架及2棟建物。[47]VF-21對機場東方的軍

Belleau Wood, Serial 0198, Air Group 21 ACA-1 Reports, VF-21 Nos. 22 to 43, Inclusive, and VT-21 Nos. 15 to 26, Inclusive (Covers Air Action of VF-21 and VT-21 for Strikes on Formosa, Luzon, Visayas, Leyte and Jap Carrier Task Group), 11 November 1944, RG38, Box.837 (NARA).

[44] "Torpedo Sqdrn.21, Report No.20", "Fighting Sqd.21, Report No.30", USS Belleau Wood, Serial 0198, Air Group 21 ACA-1 Reports, VF-21 Nos. 22 to 43, Inclusive, and VT-21 Nos. 15 to 26, Inclusive (Covers Air Action of VF-21 and VT-21 for Strikes on Formosa, Luzon, Visayas, Leyte and Jap Carrier Task Group), 11 November 1944, RG38, Box.837 (NARA)

[45] USS Enterprise Serial 0053, Operations Against the Enemy: Nansei Shoto, Formosa, Philippine Islands, from 7 October 1944 to 21 October 1944 (Covers Activity Preceding Leyte Landings in Task Group 38.4), 31 October 1944, RG38, Box.970 (NARA).

[46] "Fighting Sqd.21, Report No.32", USS Belleau Wood, Serial 0198, Air Group 21 ACA-1 Reports, VF-21 Nos. 22 to 43, Inclusive, and VT-21 Nos. 15 to 26, Inclusive (Covers Air Action of VF-21 and VT-21 for Strikes on Formosa, Luzon, Visayas, Leyte and Jap Carrier Task Group), 11 November 1944, RG38, Box.837 (NARA).

[47] USS Enterprise Serial 0053, Operations Against the Enemy: Nansei Shoto, Formosa, Philippine Islands, from 7 October 1944 to 21 October 1944

營發射6枚火箭，VT-21則轟炸軍營與後程裝配區，摧毀建物6棟、損害16棟。[48]

圖5-6　岡山機場10月13日美軍偵察照片（企業號偵察機拍攝）

圖像來源：Task Group 38.4, Serial 00263, Action Report, Operations Against Okinawa Jima, Formosa, Luzon, Philippine Inlands, Visayas, Philippine Inlands. In Support of the Occupation of Leyte, Philippine Inlands, During Period 7 through 21 October 1944, Vol.1-2, 16 November 1944, RG38, Box.162 (NARA).

(Covers Activity Preceding Leyte Landings in Task Group 38.4), 31 October 1944, RG38, Box.970 (NARA).

[48] "Torpedo Sqdrn.21, Report No.22", "Fighting Sqd.21, Report No.33", USS Belleau Wood, Serial 0198, Air Group 21 ACA-1 Reports, VF-21 Nos. 22 to 43, Inclusive, and VT-21 Nos. 15 to 26, Inclusive (Covers Air Action of VF-21 and VT-21 for Strikes on Formosa, Luzon, Visayas, Leyte and Jap Carrier Task Group), 11 November 1944, RG38, Box.837 (NARA).

　　綜上所述，岡山機場於10月12日下午至14日上午，總計遭受美軍5艘航艦、14個飛行中隊之攻擊。至於駐臺日本航空隊的反擊，則多在12日上午就已結束，[49]故美軍在進攻岡山的過程中，除了零星的空中交戰外，幾乎毫無阻礙。而應駐防於岡山的訓練部隊似亦未在本地。高雄空（二代）戰役時位於臺南，與臺南空飛行員聯合作戰。12日上午6:22-7:12，出動37架戰機攔截美軍，但陣亡者眾。13-14日的警戒、邀擊均在臺南上空。[50]第二高雄空則10月的任務多在鵝鑾鼻與花蓮港，12日僅派出一架戰機於新竹上空索敵。[51]岡山機場的防禦雖依賴濃煙與高射陣地，但亦發揮了效果。美軍飛行員不僅難以辨識目標，亦不易評估戰果。此外，日軍真正的主力T部隊，是於南九州一帶夜間出擊美國艦隊。12日出擊二波，第一波54架、第二波45架，無功而返，損失慘重，共有54架未返航。[52]但13日夜間則有第一分遣艦隊的重

---

[49] 美軍首日第二波襲擊時，日軍可動戰機僅存約60架，第三波襲擊後幾無日機升空。參見Samuel Eliot Morison, "Formosa Air Battle", History of United States Naval Operations in World War II. Vol. 12: Leyte, June 1944-January 1945 （Boston: Little, Brown and Company, 1958），p.93，杜正宇，〈太平洋戰爭下臺灣的航空攻防（1941-1945）〉（岡山：航空技術學院主辦，軍事通識教育暨航史學術研討會，2012年10月）。

[50] アジア歴史資料センター，〈昭和19年6月～昭和19年10月 高雄空 飛行機隊戰門行動調書〉（Code: C08051593300）。

[51] アジア歴史資料センター，〈昭和19年9月～昭和19年10月 第2高雄空 飛行機隊戰門行動調書〉（Code: C08051593600）。

[52] 神野正美，《臺灣沖航空戰》（東京：光人社，2004）；日本防衛省防衛研究所，《戰史叢書：沖繩、臺灣、硫黃島方面作戰：陸軍航空作戰》（東京：朝雲新聞社，1970），頁218-221；日本防衛省戰史室，曾清貴譯，《聯合艦隊之最後決戰》（臺北：國防部史政編譯局，1990），頁449-452、456、637、678-679；日本防衛省戰史室，吳玉貴譯，《「捷」號作戰指導》（臺北：國防部史政編譯局，

巡洋艦坎培拉號（Canberra）遭魚雷擊中、第四分遣艦隊航艦福蘭克林號遭一架被美軍擊傷的日機自殺式撞擊而甲板損傷，兩艦均未沉沒。為了掩護坎培拉號撤離戰場，於是第一、第二、第三分遣艦隊又在14日上午對臺灣發動一波計畫外的攻擊，而第四分遣艦隊並未與役。[53]

　　但海軍艦載機的炸彈與武器掛載實有侷限，轟炸岡山的戰果並不理想。故14日上午海軍撤出戰場後，美國陸軍第20航空軍即於下午發動對岡山的攻擊。根據陸軍的作戰報告，早在1944年5月3日，參謀長聯席會議（Joint Chiefs of Staff）已策畫派遣陸軍轟炸機自中國大陸的基地起飛，攻擊臺灣與大陸沿海。至1944年9月，原定由陸軍於10月12日、14日對臺灣發起兩波攻勢，但在海、陸兩軍的協調之下，海軍攻擊日訂為12日、13日，陸軍訂為11日與14日。至10日，華盛頓當局考量11日天候不佳，遂改為14日發起第一波攻勢（代號：Connecticut）、16日發起第二波（代號：Carolina）。[54]17日則另有一波攻勢。但三波攻勢已是當時第

1989），頁472-473。

[53] Task Group 38.4, Serial 00263, Action Report, Operations Against Okinawa Jima, Formosa, Luzon, Philippine Inlands, Visayas, Philippine Inlands. In Support of the Occupation of Leyte, Philippine Inlands, During Period 7 through 21 October 1944, Vol.1-2, 16 November 1944, RG38, Box.162 (NARA); USS Franklin, Serial 0039, Action Report - Operations Against the Enemy at Nansei Shoto, Formosa and the Philippine Islands, from 7 October 1944 to 21 October 1944 (Covers Activity Preceding Leyte Landings While Operating in Task Group 38.4), 31 October 1944, RG38 (NARA); Samuel Eliot Morison, "Formosa Air Battle", History of United States Naval Operations in World War II. Vol. 12: Leyte, June 1944-January 1945 (Boston: Little, Brown and Company, 1958), p.94.

[54] 20th Air Force, Headquarters XX Bomber Command Intelligence Section

20航空軍的極限。B-29轟炸機最大的問題是石油消耗量，它的油缸和一節火車的油罐車廂容量相同。而這些石油在當時的條件下，竟要用水桶（Bucket）搬運，因而限制了B-29可出動的架次。但美軍仍設法以232架次，發動了三天的攻勢。[55]

14日與16日的兩波攻勢中，岡山的61海軍航空廠就是首要目標，岡山機場反而淪為次要目標，原因即在於航空廠的組裝與維修能力。美軍研判航空廠的主要功能可能為製造中島教練機（Nakajima Trainers），以及組裝和維修其他各類戰機，若能一舉炸毀廠房與設施，日軍至少需要4至6個月以上時間修復，此舉可延緩其戰力的恢復。[56]此外，一旦航空廠全毀，則臺灣地區的日機亦喪失了修復與保養的機會，對航空兵力的打擊甚大。因此，美軍僅14日在岡山航空廠與機場，就投下約650噸炸彈，和美國海軍於13-14日臺灣空戰一役中投彈的總噸數相同。第20航空軍三天的投彈量總計為1,290噸，而轟炸岡山數小時的彈量即佔一半。[57]可見岡山航空廠與機場就是當時全臺灣最重要的軍事目標。

APO 493, Tactical Mission Report No.10, Target: Okayama Aircraft Assembly Plant, Okayama, Formosa, 28 Oct 44, RG18 (NARA), p.3.

[55] Samuel Eliot Morison, "Formosa Air Battle", History of United States Naval Operations in World War II. Vol. 12: Leyte, June 1944-January 1945 (Boston: Little, Brown and Company, 1958), p.105.

[56] 20th Air Force, Headquarters XX Bomber Command Intelligence Section APO 493, Tactical Mission Report No.10, Target: Okayama Aircraft Assembly Plant, Okayama, Formosa, 28 Oct 44, RG18, Box.5434 (NARA), p.1.

[57] 20th Air Force, Headquarters XX Bomber Command Intelligence Section APO 493, Tactical Mission Report No.10, Target: Okayama Aircraft Assembly Plant, Okayama, Formosa, 28 October 1944, RG18, Box.5434 (NARA),

第20航空軍第10號任務（Mission.10），於14日派出第40（34架）、444（33架）、462（29架）、468（34架）等4個大隊，共出動B-29轟炸機130架，自四川成都新津機場（Esinching）起飛，目標岡山。其中，有104架抵達上空，但其中一架過早投彈，餘103架在航空廠與岡山機場投下651噸炸彈。航程中未遇敵機，防空火砲輕微至中度，但日軍的準確度甚低，轟炸機群全身而返，僅有3架遭輕微損害。[58]

16日，陸軍第二度轟炸岡山。第20航空軍第11號任務（Mission.11），共派出444（26架）、462（23架）、468（23架）等3個大隊。前兩隊轟炸岡山、後者轟炸屏東機場。但亦有部分飛行員將屏東誤認為岡山而錯過目標。岡山航空廠與機場遭到33架B-29攻擊，共投下炸彈208.75噸。此役遭到日機51架次的反擊，雖無B-29遭擊落，但美軍亦損傷

pp.5-6、10; 20th Air Force, Headquarters XX Bomber Command Intelligence Section APO 493, Annex B, Execution of the Mission, Formosa, 28 October 1944, RG18, (NARA)p.B-Ⅳ-1; 20th Air Force, Headquarters XX Bomber Command Intelligence Section APO 493, Tactical Mission Report No.11-12, 23 October 1944, RG18 (NARA), pp.5-6、10; 20th Air Force, Headquarters XX Bomber Command Intelligence Section APO 493, Japanese Fighter Tactics – Mission Report No.11, 23 October 1944, RG18, Box.5434 (NARA), pp.D-Ⅰ-1~7; Samuel Eliot Morison, "Formosa Air Battle", History of United States Naval Operations in World War II. Vol. 12: Leyte, June 1944-January 1945 (Boston: Little, Brown and Company, 1958), p.105.

[58] 20th Air Force, Headquarters XX Bomber Command Intelligence Section APO 493, Tactical Mission Report No.10, Target: Okayama Aircraft Assembly Plant, Okayama, Formosa, 28 Oct 44, RG18, Box.5434 (NARA), pp.5-6、10; 20th Air Force, Headquarters XX Bomber Command Intelligence Section APO 493, Annex B, Execution of the Mission, Formosa, 28 Oct 44, RG18 (NARA), p.B-Ⅳ-1.

兩架。[59]

　　根據謝濟全與金智的研究，美軍轟炸前的航空廠原有18
個區域，規模相當龐大：1.倉庫區、2.回收與改裝區、3.梭
口區、4.鉗工區、5.行政區、6.零件區、7.切割區、8.薄板成
形區、9.改裝區、10.硬化與電鍍區、11.輔助電力、12.沖模
區、13.副組裝區、14.機器房、15.製管房、16.疑似製管房、
17.引擎測試區、18.後程組裝區等。[60]

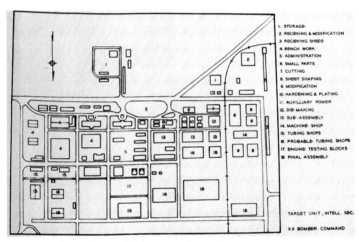

圖5-7　岡山海軍第六一航空廠配置圖（**1944年10月14日**，美國陸軍繪製）

---

[59]　20th Air Force, Headquarters XX Bomber Command Intelligence Section
　　APO 493, Tactical Mission Report No.11-12, 23 Oct 44, RG18, (NARA),
　　pp.5-6、10; 20th Air Force, Headquarters XX Bomber Command
　　Intelligence Section APO 493, Japanese Fighter Tactics - Mission Report
　　No.11, 23 Oct 44, RG18 (NARA), pp.D-I-1~7.

[60]　謝濟全、金智，〈戰爭動員下日本海軍在高雄地區航空設施興建的戰
　　備分析〉（岡山：航空技術學院主辦，軍事通識教育暨航空史學術研
　　討會，2012年10月）。

圖像來源：20th Air Force, Headquarters XX Bomber Command APO 493, "RCM Report – Combat Mission No.11, Okayama, Formosa, 16 October 44 – Daylight, 23 October 1944", 20th AF XX Bomber Command Mission No.11-12, 2 of 2 folders, October 16-17 1944. RG18, Box.5434 (NARA).

　　但轟炸過後，航空廠幾成廢墟。根據美軍依空照圖的研究，先前海軍的轟炸僅摧毀航空廠3棟建物與輔助發電站，造成7棟建物嚴重損壞、2棟損壞，另摧毀一批飛機。但14日的轟炸，B-29機群竟在80棟建物中，夷平43棟，損壞12棟。16日轟炸過後，航空廠僅有6棟小型建物與引擎測試區（Engine Testing Block）逃過一劫，其餘建物全毀。陸、海軍合計摧毀航空廠地面69架日機。[61]

　　戰火之下，航空廠的工作人員多躲藏至地下化的通道中，每隔約三十公尺就有設出入口。工廠全毀後，工員只能每天至指定地點集合，由組長帶隊疏散至郊外如甘蔗園等躲藏。11月以後，各自返鄉待命。如結一隊就步行數小時到臺南車站，再返回北部。[62]而臺灣第一位戰爭史實畫家陳月里，於61廠遭轟炸當天，則奉命和司機，帶著卷宗到基地外的防空設施避難。待天黑回到營區，發現航空廠幾遭夷平，儲放炸藥的地下防空室亦遭重擊，躲藏的弟兄和工作人員全都殉難，包括陳月里的弟弟、同辦公室的長官和同事。[63]

---

[61] 20th Air Force, Headquarters XX Bomber Command APO 493, Annex M, Damage Assessment Report No.11, Target: Okayama Aircraft Assembly Plant, Okayama, Formosa, 23 October 1944, RG18 (NARA), p.1.

[62] 根據戰時任職於航空廠的彰化溪湖老先生的回憶：〈岡山六一航空廠被炸目擊記!!〉：http://5rams.blogspot.tw/2008/07/blog-post_685.html。

[63] 劉秀美，〈杜正宇先生首次發表〔太平洋戰爭下的高雄岡山機場〕

　　在幾近全毀的情況下，航空廠轉進菲律賓，其餘人員遷至臺北，裝配、維修能力大減，設備與人力又分散至新竹、新社、員林、臺南等地。岡山一地僅留派遣隊看守。[64]可見61航空廠在美軍密集轟炸之下，已近於主動放棄。

　　岡山機場方面，先前海軍的攻擊，摧毀了4座大型機庫及行政區數棟小型建物，另有一座小型機庫與通訊站受損，跑道與停機坪則出現坑洞。但在B-29的轟炸下，行政/控管區32棟建物中，16棟全毀、4棟嚴重受損、5棟毀壞。2座輔助機庫全毀，另炸中10座營舍、7座機堡、數座機槍陣地。合計摧毀機場地面47架日機。跑道與14座停機坪則出現30處彈坑。[65]

　　一部論文〉，「國民美術」：http://siubei6.blogspot.tw/2012/12/blog-post_15.html（2013/2/22）；〈杜正宇著作～太平洋戰爭下的高雄岡山機場（二次世界大戰紀實）〉，「國民美術」：http://siubei6.blogspot.tw/2013_02_01_archive.html（2012/12/15）；〈廚房裡的太平洋戰爭〉，「國民美術」：http://siubei6.blogspot.tw/2012_09_01_archive.html（2012/9/14）。

[64] 陳維焱，〈陳木河先生口述訪談〉（未刊稿）；防衛省防衛研究所史料閱覽室，海軍技術少佐田中春男，〈第61海軍航空廠（台湾・岡山）に於ける93式陸上中間練習機の生産について〉（請求番號：（1）中央-日誌回想-261）；海軍技術少佐田中春男，〈第61海軍航空廠に於ける93中練生産の思出〉（請求番號：（1）中央-日誌回想-262）；劉鳳翰，《日軍在臺灣》（臺北：國史館，1997），頁232-233、647。

[65] 20th Air Force, Headquarters XX Bomber Command APO 493, Annex M, Damage Assessment Report No.11, Target: Okayama Aircraft Assembly Plant, Okayama, Formosa, 23 October 1944, RG18 (NARA), pp.1-2.

圖5-8　地面佈滿彈坑，幾成廢墟的第六一海軍航空廠

圖像來源：20th Air Force, Headquarters XX Bomber Command APO 493, Annex M, Damage Assessment Report No.11, Target: Okayama Aircraft Assembly Plant, Okayama, Formosa, 23 October 1944, RG18 (NARA).

圖5-9　彈坑遍佈的岡山機場

圖像來源：20th Air Force, Headquarters XX Bomber Command APO 493, Annex M, Damage Assessment Report No.11, Target: Okayama Aircraft Assembly Plant, Okayama, Formosa, 23 October 1944, RG18 (NARA).

肆、臺灣空戰後的岡山機場

臺灣空戰結束後，美軍發動雷伊泰灣的登陸與攻勢，直至12月底才大致控制了雷伊泰島。[66]1945年1月，美國海軍再度發動對臺灣的空襲，軍事目標仍以機場與港口為主。1月的攻擊任務除了臺灣，亦包括中南半島沿海與廣東沿海、香港一帶，目的是為了阻絕日軍自北面、西面增援菲律賓。攻擊南臺灣的主力為第二分遣艦隊（38.2）之列星頓號重航艦（CV-16 Lexington）、大黃蜂號重航艦與漢考克號重航艦（CV-19 Hancock）。分別於3、4、9、15、21日發動攻勢，目標為高雄、屏東一帶的機場與港口。[67]21日更為驚人，美國海軍動員三支分遣艦隊，以38.1、38.2、38.4的九艘航艦：愛塞克斯號重航艦、提康德羅加重航艦（USS Ticonderoga CV-14）、蘭利號輕航艦（CVL-27 Langley）、

---

[66] Adrian Stewart, The Battle of Leyte Gulf (New York: Scribner, 1980), pp.28-29; Stan Smith, The Battle of Leyte Gulf (New York: Belmont Books, 1961), p.29; Samuel Eliot Morison, The Liberation of Philippines Luzon, Mindanao, Visayas 1944-1945 (Boston: Little, Brown and Company, 1959), p.4.

[67] Task Group 38.2, Serial 0047, Action Report – Support of Lingayen Landing 30 December 1944 to 26 January 1945 (Main Report on Task Force 38's Support of Lingayen Landing by 7th Fleet, Report Covers 3-22 January 1945), 26 January 1945, RG38, Box.149 (NARA); USS Lexington, Serial 065, Action Report, December 30 1944 through January 22 1945, Strikes Against Formosa, Luzon, Indo-China, Hong Kong, Okinawa, January 1945, RG38, Box.1148 (NARA); USS Hancock, Serial 032, Action Report of USS Hancock for Period 30 December 1944 to 25 January 1945, Inclusive, Covering Operations Against Enemy Aircraft, Ground Installation, Surface Forces, and Shipping in Formosa, Luzon, French-Indo-China, the China Coast, and the Nansei Shoto.(Covers Air Support for Lingayen Landing, In Task Group 38.2), 25 January 1945, RG38, Box.1017 (NARA).

聖哈辛托號輕航艦、列星頓號重航艦、大黃蜂號重航艦、漢
考克號重航艦（CV-19 Hancock）、企業號重航艦、獨立號
輕航艦（CVL-22 Independence），轟炸高雄港一帶。這是美
國海軍對臺灣單一區域目標的最大攻勢。[68]

---

[68] Task Group 38.1, Serial 043, Action Report – A Main Report for Support
of Lingayen Landings, Volume.1-5, 27 January 1945, RG38, Box.145-
146 (NARA); USS San Jacinto, Serial 005, Action Report; (1)Formosa
– Luzon Strikes. 3 through 9 January, (2)Saigon – Camranh Bay Strikes,
10 through 12 January, (3)South China Coast – Hong Kong Strikes, 13
through 16 January, (4)Third Formosa Strike, 21 January, and Second
Nansei Shoto Strike, 22 January 1945, 23 January 1945, RG38, Box.1400
(NARA); Commander Fighting Squadron Forty-Five, Serial 001, Aircraft
Action Reports; 3 and 4 January 1945. (Reports Cover Strikes on Airfields
Central Formosa Part of First of 5 Phases in Support of Lingayen Landings),
5 January 1945, RG38, Box.453 (NARA); Commander Fighting Squadron
Forty-Five, Serial 003, Aircraft Action Reports; 6 through 9 January 1945.
(Reports Cover Attacks on Airfields of Luzon and Batan Islands P.I. and
Formosa in Support of Lingayen Landings. In Task Group 38.3), 15 January
1945, RG38, Box.453 (NARA); Commander Fighting Squadron Forty-Five,
Serial 004, Aircraft Action Reports; 12 January through 16 January 1945.
(Reports Cover Attacks on Shipping & Oil Tanks Saigon Area FR. Indo-
China, Shipping at Toshien Naval Base & Airfields at Formosa.), 19 January
1945, RG38, Box.453 (NARA); Commander Fighting Squadron Forty-Five,
Serial 007, Aircraft Action Reports; 21 and 22 January 1945. (Reports Cover
TCAP, Attack on Airfields & Shipping Strike on Takao Harbor, Formosa and
Sweep of Ie Airfield, Ie Shima, Okinawa. In Task Group 38.3.), 25 January
1945, RG38, Box.453 (NARA); Commander Torpedo Squadron 45, Serial
061, Aircraft Action Reports – Strike on Kobi, Rokko, and Rokko Southeast
Airfields, Formosa, 3 and 4 January 1945, 5 January 1945, RG38, Box.524
(NARA); Commander Torpedo Squadron 45, Serial 064, Aircraft Action
Reports – Strike from 6 January through 16 January, Inclusive, 1945. (Covers
Strike on Airfields on Luzon, Batan & Formosa. Shipping at Cape ST.
Jacques & Saigon, Indo-China.), 21 January 1945, RG38, Box.524 (NARA);
Commander Torpedo Squadron 45, Serial 065, Aircraft Action Reports –
Strike on Formosa and Ie Shima, 21 January and 22 January, 23 January

　　1月的戰役中，歷經浩劫的岡山機場，仍是美國海軍擬定的攻擊目標。如列星頓號重航艦，就將臺東、岡山與高雄港列為目標。但1月3日天候不佳，雲層遮蔽了攻擊區。日軍的反擊亦甚微弱，僅於空中遭遇三架日機，隨即被美軍擊落。1月4日，增列屏東為攻擊目標。列星頓號航空隊於7:00升空後，沿途僅有一架日軍97式艦載機（Kate），旋遭擊落。但當日上午9:00，天氣突然變壞，雲層籠罩。美軍飛抵岡山機場時，由於飛行高度限制（low ceiling），低飛時觀察不到日機，僅攻擊跑道旁一棟工廠類型的建物。[69]

1945, RG38, Box.524 (NARA); Task Group 38.2, Serial 0047, Action Report – Support of Lingayen Landing 30 December 1944 to 26 January 1945 (Main Report on Task Force 38's Support of Lingayen Landing by 7th Fleet, Report Covers 3-22 January 1945), 26 January 1945, RG38, Box.524 (NARA); USS Hancock, Serial 032, Action Report of USS Hancock for Period 30 December 1944 to 25 January 1945, Inclusive, Covering Operations Against Enemy Aircraft, Ground Installation, Surface Forces, and Shipping in Formosa, Luzon, French-Indo-China, the China Coast, and the Nansei Shoto. (Covers Air Support for Lingayen Landing, In Task Group 38.2), 25 January 1945, RG38, Box.1017 (NARA); USS Independence, Serail 001, Action Report, Operation in Support of Lingayen Landings on Luzon, Philippine Inlands Including Strikes on Luzon, Formosa, and the Nansei Shoto Operations in the South China Sea and Strikes on Indo-China, Hainan, and the China Coast, January 1945, 1945 Febuary 3, RG38, Box.1057 (NARA); USS Enterprise, Serial 022, Action Report – Operations in Support of the Landings on Luzon, P.I. from 5 to 23 January 1945. (Covers Activity as Night Carrier in Task Group 38.5 during Support for Lingayen Landing), 25 January 1945, RG38, Box.971 (NARA).

[69] USS Lexington, Serial 065, Action Report, December 30, 1944 through January 22 1945, Strikes Against Formosa, Luzon, Indo-China, Hong Kong, Okinawa, January 1945, RG38, Box.1148 (NARA); 杜正宇，〈太平洋戰爭下臺灣的航空攻防（1941-1945）〉（岡山：航空技術學院主辦，軍事通識教育暨航空史學術研討會，2012年10月）。

此後，第二分遣艦隊的任務報告中，攻擊目標即未見
岡山。21日的三支艦隊與各航艦的報告中亦無岡山。造成此
現象的原因或許有二：（一）1945年留存的海軍任務報告，
以艦隊、航艦為主，與1944年相較，較缺乏飛行中隊報告，
以致更細節的攻擊記錄，無法呈現。而1945年留存的百餘份
中隊報告中，又無岡山的記載。（二）列星頓號艦載機出擊
時，航空廠應未修復，機場又未見敵機，導致美國海軍不再
視岡山為攻擊目標。且當時美軍已知日軍於臺灣各地另建機
場，故1月的任務就是偵察並攻擊新建機場。如聖哈辛托號
航艦戰機就襲擊鹽水、白河、北港、虎尾、北斗、鹿港、彰
化、二林、新社、草屯等過去並未被視為目標的機場。[70]因
此，岡山機場的重要性已下降。

雖然美國海軍不再視岡山為主要攻擊目標，但陸軍對岡
山機場的轟炸仍未間斷，只是出動的機種、規模都不如「臺

---

[70] Commander Fighting Squadron Forty-Five, Serial 001, Aircraft Action
Reports; 3 and 4 January 1945.（Reports Cover Strikes on Airfields Central
Formosa Part of First of 5 Phases in Support of Lingayen Landings），5
January 1945, RG38, Box.453 (NARA); Commander Fighting Squadron
Forty-Five, Serial 003, Aircraft Action Reports; 6 through 9 January 1945.
（Reports Cover Attacks on Airfields of Luzon and Batan Islands P.I. and
Formosa in Support of Lingayen Landings. In Task Group 38.3），15 January
1945, RG38, Box.453 (NARA); Commander Fighting Squadron Forty-Five,
Serial 004, Aircraft Action Reports; 12 January through 16 January 1945.
（Reports Cover Attacks on Shipping & Oil Tanks Saigon Area FR. Indo-
China, Shipping at Toshien Naval Base & Airfields at Formosa.），19 January
1945, RG38, Box.453 (NARA); Commander Fighting Squadron Forty-Five,
Serial 007, Aircraft Action Reports; 21 and 22 January 1945.（Reports Cover
TCAP, Attack on Airfields & Shipping Strike on Takao Harbor, Formosa and
Sweep of Ie Airfield, Ie Shima, Okinawa. In Task Group 38.3.），25 January
1945, RG38, Box.453 (NARA).

灣空戰」般的猛烈。根據筆者的統計,美國陸軍1945年對岡山機場的轟炸約有1/29、1/31、2/1、2/18、3/16、3/22、3/24、4/11、4/12、4/13、4/17、4/30等日。出擊時間在海軍1月21日撤出戰場後,至日軍發動於4月「天號作戰」之間。但4月30日以後,無論在美軍或總督府的記載中,岡山機場已非轟炸目標。[71]

　為了支援琉球的戰事,聯合艦隊於4月4日發布航空總攻擊命令。[72]「天號作戰」期間,日本在臺航空隊多轉為特攻作戰。自4月上旬開始出擊,特攻作戰集中於5月。飛行員接到命令時,由「秘匿機場」(多位於中南部),飛往「發進機場」(東北部居多)待命,然後飛赴北方琉球一帶海面衝撞美艦。根據筆者研究,「秘匿機場」中並無岡山,而4月11日以後,美國陸軍轟炸的大多為東北部一帶的機場,[73]相信這是因應日軍特攻戰而產生的戰略方位變化,以致美、日交戰重心轉移至臺灣東北部。岡山遂由南進基地,在戰局的

[71] 陳達銘,〈美軍空襲臺灣資訊搜錄(1943-1945)〉,《臺灣近代戰爭史(1941~1949)第二屆國際學術研討會論文集》(臺北:高雄市關懷臺籍老兵文化協會,2012年10月),頁82-97;臺灣總督府警務局防空課,《臺灣空襲狀況集計》(1945年1月至4月)(國立公文書館檢索號:C11110408300至C11110408800)。

[72] 防衛省防衛研究所,《沖繩‧臺灣‧硫黃島方面陸軍航空作戰》(東京:朝雲新聞社,1970),頁452。

[73] 防衛省防衛研究所,《沖繩、臺灣、硫黃島方面作戰:陸軍航空作戰》(東京:朝雲新聞社,1970),頁352-617;杜正宇、吳建昇,〈日治下臺南永康機場的時空記憶〉,《臺灣文獻》,63卷1期(2012年3月),頁272-273;杜正宇、謝濟全,〈盟軍記載的二戰臺灣機場〉,《臺灣文獻》,63卷3期(2012年9月);杜正宇,〈太平洋戰爭下臺灣的航空攻防(1941-1945)〉(岡山:航空技術學院主辦,軍事通識教育暨航空史學術研討會,2012年10月)。

發展下，軍事地位逐漸下降。終戰前的駐防單位則為地勤單位—南臺航空隊之一部。[74]

表5-1　1945年天號作戰期間，臺灣的秘匿與發進機場

主要作戰機場		花蓮港、八塊、宜蘭、臺中（陸軍）
秘匿機場	陸軍	臺北、樹林口、桃園、龍潭、草屯、北斗、北港、嘉義、屏東、潮州、臺東
	海軍	臺南、永康、歸仁等
發進機場	陸軍	臺北、樹林口、龍潭、桃園、臺東
	海軍	新竹、宜蘭
說明：主要機場指兼具秘匿與發進攻能，出擊次數超過5次以上者。		

主要參考文獻：日本防衛省防衛研究所，《沖繩、臺灣、硫黃島方面作戰：陸軍航空作戰》（東京：朝雲新聞社，1970），頁352-617；杜正宇、謝濟全，〈盟軍記載的二戰臺灣機場〉，《臺灣文獻》，63卷3期（2012年9月），頁355-358；杜正宇、吳建昇，〈日治下臺南永康機場的時空記憶〉，《臺灣文獻》，63卷1期（2012年3月），頁271-273。

伍、結論

　　透過臺、美、日三方檔案的研究與比對，本文的研究成果如下：岡山機場與航空廠的作戰能量，使岡山成為太平洋戰爭下全臺灣最重要的航空基地。在1944年「臺灣空戰」中，遭受兩支美國艦隊、五艘航艦、14個飛行中隊、4個陸軍轟炸大隊、166架次B-29的猛烈轟炸，落彈量全臺第一。

---

[74] 有關「空地分離」（航空隊與地勤隊的分離）及南臺空等乙航空隊，參見永石正孝（1961），《海軍航空隊年誌》（東京：出版共同社，1961），頁164-166；日本防衛省戰史室，曾清貴譯，《聯合艦隊之最後決戰》（臺北國防部：史政編譯局，1990），頁445-449；杜正宇，〈日治時期的「高雄」飛行場研究〉，《高雄文獻》，1卷2期（2011年9月），頁109-111。

此役後，無論航空廠或航空隊都採取了分散、保存戰力的措施。航空廠向中、北部疏散，航空隊則進駐大崗山等機場。日軍在喪失制空權的劣勢以及美軍登陸琉球的威脅下，遂於1945年展開「天號作戰」，特攻隊以臺灣東北部機場為「發進基地」，但中南部的「秘匿機場」卻無岡山，此舉導致岡山機場不再是美軍的轟炸目標。但或許也因此，岡山得到了休整的機會，遂成為戰後初期國軍在臺僅僅保留的兩座機場之一。

但在美、日兩大強權於岡山上空激戰，地面猛烈轟炸的戰役中，臺灣人卻消失了。人們的思想、情緒、驚恐與哀慟，似乎都不是這齣歷史劇裡展現的情節。個人化身為數字，生命變得卑微。美、日戰報中充斥著邀擊、反擊、轟炸、掃射的暴力，戰後的檔案卻只重視接收物資的細節。身逢亂世，何其無奈。但這種無奈、恐懼、冤屈、傷痛，卻是轟炸陰影下所有臺籍海兵團、航空廠工員、岡山居民的共同記憶。而可悲可嘆的是，人們的記憶何在？

每當步入航院校園（61航空廠），「異質時間」（Heterochronies）之情，便油然而生。如果人們能夠透過歷史認知，在同一空間中穿梭於不同時間，這場想像的時空之旅所帶來的「神入」（Empathy）情節，就會強化個人與歷史的聯結，讓歷史為人所知，為人所用。[75]因此，「歷史

75 Michel Foucault, "Of Other Spaces," trans. Jay Miskowiec, Diacritics, Vol.16, No.1（1986），pp.22-27; 杜正宇，〈美國聖地的形塑與歷史保存的困境：蓋茨堡案例〉，《文資學報》，第6期（2011年12月），頁80；杜正宇，〈真相與想像之間：論美國貝茜羅斯故居的歷史保存〉，《成大歷史學報》，第42期（2012年6月），頁37。

保存」（Historic Preservation）的重要性，不言可喻。透過時間與空間的保存，不但能讓世代記憶得以存續，更能使國族的戰爭、歷史、文化等，成為未來世代的資產，從中得到經驗、得到警惕。[76]

當代美國的「戰場保存」（Battlefield Preservation），為了使參訪者身歷其境，戰場環境的恢復，已細膩到連每一株草木的高度與位置，都設法還原至戰役發生的狀態。[77]其研究基礎，除了檔案、老照片與文獻等，[78]更重要的是口述訪談的進行，以作為檢視個人經驗與正史記載之間的差距，以及更清楚呈現歷史事件之下，無論社會精英與普羅大眾的感受與反應。[79]如此，在講求真實性與完整性的原則下，方能呈現歷史的記憶與脈絡。[80]

對照當代美國的做法以及研究岡山機場的經驗，筆者認為，美、日檔案的蒐集與撰寫只是初步成果，為了呈現臺灣人在此重大歷史事件中的身影，更須透過歷史保存，使歷史

---

[76] 杜正宇，〈台、美歷史保存的發展與比較〉，《文化資產保存學刊》，第14期（2010年12月），頁18；杜正宇，〈美國弗農山莊婦女協會的保存行動（1853-1860）〉，《文化資產保存學刊》，第15期（2011年3月），頁20。

[77] 杜正宇，〈美國聖地的形塑與歷史保存的困境：蓋茨堡案例〉，《文資學報》，第6期（2011年12月），頁87-89。

[78] 杜正宇，〈從州議會到世界遺產：美國獨立廳的發展歷程〉，《文化資產保存學刊》，第18期（2011年12月），頁49。

[79] 杜正宇，〈真相與想像之間：論美國貝茜羅斯故居的歷史保存〉，《成大歷史學報》，第42期（2012年6月），頁23、34。

[80] 杜正宇，〈從州議會到世界遺產：美國獨立廳的發展歷程〉，《文化資產保存學刊》，第18期（2011年12月），頁49-51；杜正宇，〈真相與想像之間：論美國貝茜羅斯故居的歷史保存〉，《成大歷史學報》，第42期（2012年6月），頁3、41-42。

真相、實物與遺跡等能為世人所知。期待未來國內主管機關能夠更加重視太平洋戰爭時期的戰爭遺跡調查與重建工作，使這段歷史能夠長久留存。

第六章：日本海軍第六十一航空廠之興建與戰備分析[*]

金智、謝濟全

壹、興建背景

日本帝國海軍省決策在臺灣高雄建設港灣、機場、煉油廠和當時列強軍備競賽的世界史發展息息相關。昭和9（1934）年9月日本閣議決定廢除〈華盛頓海軍限制條約〉，稍後於同年宣布片面退出華盛頓條約，並於兩年後的昭和11（1936）年12月31日正式生效，此後帝國海軍可以開始進行無限制的軍備擴張。[1]不僅如此，陸軍的西進滿州（東北）經營策略，和海軍的南進（南支、南洋）政策成為日本生存發展兩大支柱。昭和11年由首相廣田弘毅、外相有田八郎、陸相寺內壽一、海相永野修身、藏相馬場鍈一等召開的「五相會議」，決議以日本、滿州和中國緊密合作的東亞政策為中心，開始對南洋採取積極政策；定調海軍的南進政策為基本國策，準備與歐美老牌殖民帝國開戰。[2]

---

[*] 本文原刊載於《2012年軍事通識教育暨航空史學術研討會論文集》（岡山：空軍航空技術學院，2012年10月），經修改、增補而成。

[1] 新見幸彥，〈ワシントン条約廃棄—海軍の論理と心理〉，《政治経済史学199号》（東京：政治経済史学会編集，1982），頁24。

[2] 外務省編，《日本外交年表並主要文書 下卷》（東京：原書房，1984），頁344。

　　大高雄地區自昭和11（1936）年起，依序進行重要設施工程有「高雄（岡山）海軍航空隊飛行場」（以下簡稱高雄飛行場），為最早進行的工程為高雄飛行場和附屬維修廠即第六一海軍航空廠（以下簡稱六一航空廠）。海軍省於昭和12（1937）年5月1日起案，同月20日發布官房第二六六五號〈高雄飛行場用地買收外三廉工事要領変更ノ件〉訓令，從該令內容顯示，海軍省已經早在1936年發布〈佐空第三二號ノ二ノ通〉，開始著手進行岡山地區的機場用地徵收。[3]「海軍桃子園（左營）軍港」（以下簡稱桃子園港，據二戰期間美軍拍攝的空照圖名稱顯示，桃子園的日語羅馬拼音即「Toshiein」才是當時正式的稱呼。[4]1937年9月起開始桃子園港用地徵收並著手遷移週遭聚落、漁村作業，火速進行軍港建設進度。[5]1939年完成港口設施，翌年發布總督府告示126號，又將楠梓庄、左營庄從岡山郡分離劃入高雄市範

---

[3]　国立公文書館アジア歴史資料センター，レファレンスコード：C05111104400，簿冊キー：海軍省-公文備考-S12-111-5276，名稱〈高雄飛行場用地買收外三廉工事要領変更ノ件〉。

[4]　左營軍港位於柴山（亦名蛇山）下原名萬丹港，週遭原有的聚落有桃子園、竹仔腳、廍後、右昌、援中港、下蚵仔寮等，「左營海軍軍港」名稱是戰後的稱呼；見李文環，〈漁塭變軍港—萬丹港之歷史地理研究〉，《白沙歷史地理學報》第2期（彰化：國立彰化師範大學歷史學研究所，2006），頁115。

[5]　財團法人海軍歷史保存会編，《日本海軍史》第六卷（東京：第一法規出版株式会社，1995），頁249。

圍。[6]六燃廠則是在1941年的下半年度決定興建。[7]雖然目前
尚未掌握六燃廠與桃子園港的用地買收詳細史料，但這些系
列的軍事、工業設施工程，該是南進政策以及因應戰爭局勢
下，連續性既定政策之執行過程。[8]

　　大高雄地區的軍事工程建設大致完成之際，日本政府於
1943年發布敕令236號〈高雄州高雄ヲ要港ト為シ其ノ境域
ヲ定ムルノ件〉，明確宣示軍事設施的圈地範圍，規劃從彌
陀庄的漯底山至桃子園為軍事用地，其中也將岡山郡、半屏
山、左營舊城及範圍內的龜山納入軍事禁地，另外又圈地半
屏山下之糖廠蔗田、部分後勁地區的民地一併納入海軍第六
燃料建設廠址，形成從北到南帶狀的大高雄海軍施設要塞區
域帶。[9]圖6-1為美國密西根大學地圖圖書館典藏美軍偵察機
空拍岡山郡（Okayama）街道、高雄海軍航空隊機場（岡山
機場），以及第六十一海軍航空廠所整理、分析的地圖。[10]
岡山機場位於左下方，緊鄰的右側則是修護的六一航空廠。

---

[6] 岡山郡原轄岡山庄、楠梓庄、燕巢庄、阿蓮庄、路竹庄、湖內庄、彌
陀庄、左營庄等。昭和7（1932）年11月10日府令第52號，將左營庄內
桃子園、前峰尾二大字編入高雄市，1940年又劃分左營、楠梓納入高
雄市。見篠原哲次郎，《臺灣市街庄便覽》（臺北市：臺灣日日新報
社，1932），頁334；高雄市役所，《高雄市勢要覽》（高雄市：市役
所，1929），頁4。

[7] 高橋武弘，《第六海軍燃料廠史》（東京都：第六海軍燃料廠史編集
委員会，1986），頁6。

[8] 李文環，〈漁塭變軍港─萬丹港之歷史地理研究〉，頁140。

[9] 国立公文書館，〈高雄州高雄ヲ要港ト為シ其ノ境域ヲ定ムルノ件〉
（A03022813000）。

[10] 岡山地區空照圖，出處：http://gissrv4.sinica.edu.tw/gis/fpmtw.aspx

戰爭後期經過美軍的密集轟炸，機場週遭因地勢平坦少有屏障，岡山鄰近地區同樣遭受到猛烈攻擊而災情嚴重。

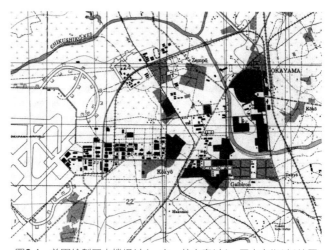

圖6-1　美軍繪製岡山機場(左)、六一航空廠(中)、岡山市街(右)地圖

圖像來源：2115 II NW, TAIWAN FORMOSA, 1-25,000 AMS L892
（1944）

貳、六一航空廠的開展和營運

（一）編制與生產

　　昭和16（1941）年10月25日，六一航空廠舉行祝賀式正式開廠營運，該廠之基礎技術幹部大半來自長崎大村市的第二十一海軍航空廠，六一航空廠的主要人事編制如下：[11]

───────────────

[11]　防衛省防衛研究所史料閱覽室，田中春男，〈第61海軍航空廠に於ける93中練生產の思出〉，（（1）中央—日誌回想—262），頁6。

廠長：片戶 少將

飛機部長：北條源吾 大佐

作業主任：田中春男 技術少佐

零件工場主任：田村健太郎 技術大尉

零件副部員：吉田 技術中尉（1944年10月14日陣亡）

組裝工場長：阿部 技師

組裝副部員：上田 技術中尉

會計部部員：丸山幸浩主中佐

部外囑託：臺北帝國大學助教授 平野保/東洋製罐高雄
工場村上氏

　　六一航空廠的一般基層工員則招募臺灣當地者，推估
六一航空廠的員工總數目前沒有一個確切的數字，僅一個飛
機部的工員約5,500名，基本幹部約有100人。[12]

　　該廠成立宗旨為協助南進作戰並定調為臺灣第一線海軍
航空隊的基地、練習機航空隊配置、駕駛員快速育成、對潛
哨戒飛行之後勤支援，具備飛機製造、修護、保養的功能。
六一航空廠功能作用有兩大部分；首先為開設九三式中間
練習機的生產線，預計生產100架，然而生產計畫因原物料
供應問題而無法順利開展。1942年11月底位於佐世保的二一

---

[12] 防衛省防衛研究所史料閱覽室，田中春男，〈第61海軍航空廠（臺灣・岡山）に於ける93式陸上中間練習機の生產について〉，（（1）中央―日誌回想―261），頁36。

航空廠，還有約50架份量的九三式中間練習機的零件在庫，由於海上運輸的安全問題緣故一直無法將這批物資運送到臺灣，於是便進行改裝九六式艦爆機為運輸機，將這些零件陸續空運來臺。然而當時物資、零件缺乏為普遍的現象，加上六一航空廠新設不久，直至1943年底，臺籍工員中最資深者也僅兩年的經驗而已，技術水準也還無法到位，必須讓零件供應在地自給自足，所以其中飛機骨架、機翼則選用用臺灣檜木，同時訓練臺籍工員使用日式木工具，木材的接著劑則委託臺北帝國大學農學部白馬教授及助教授平野保研發，另徵調花王石鹼沙鹿工場，臺灣合板株式會社（苗栗街），[13]機體製作委託東洋製罐高雄工廠。[14]

六一航空廠在投入原料生產後，陸續於1944年5月開始生產九三式中間練習機3架，6月產量5架，7月產量12架，8月產量15架，9月生產20架，10月生產5架，合計60架。後經同年10月中旬美軍三個梯次的轟炸，日軍作戰局勢日益惡化，這些九三式中間練習機因為可以載運兩枚60公斤的炸彈，後期則改裝載運250公斤炸彈一枚，推估有大半的飛機最後充作特攻隊使用，活躍於石垣島的機場。[15]

---

[13] 防衛省防衛研究所史料閱覽室，田中春男，〈第61海軍航空廠（臺灣・岡山）に於ける93式陸上中間練習機の生產について〉，（（1）中央—日誌回想—261），頁3—4、8、10—11、16。

[14] 防衛省防衛研究所史料閱覽室，田中春男，〈第61海軍航空廠に於ける93中練生產の思出〉，（（1）中央—日誌回想—262），頁6。

[15] 防衛省防衛研究所史料閱覽室，田中春男，〈第61海軍航空廠に於ける93中練生產の思出〉，（（1）中央—日誌回想—262），頁1—2。

（二）後勤維修

其次，六一航空廠則必須進行各種型號飛機的維修保養，除岡山以外還在東港、臺南、新竹等基地設置分廠，因各基地的功能差異，主要後勤支援重點也有所區隔：[16]

岡山：六一航空廠本部，生產九三式中間練習機，修理各式飛機，支援中攻隊（哨戒）。

臺南：六一航空廠本部，支援實用練習隊、整備練習隊。

新竹：成立六一航空廠新竹分工場，支援中攻隊（哨戒）。

東港：設置六一航空廠東港分工場，進行水上飛機的維修保養廠。[17]

六一航空的維修保養勤務毫無疑問地相當龐雜困難，除大部分工員的技術維修能力沒有到位外，尤其高雄（岡山）機場作為練習航空隊的訓練機場，訓練過程中操縱不當致使

---

[16] 防衛省防衛研究所史料閱覽室，田中春男，〈第61海軍航空廠（臺灣‧岡山）に於ける93式陸上中間練習機の生產について〉，（（1）中央—日誌回想—261），頁2。

[17] アジア歷史資料センター，〈飛行機　表1〉（Code：C08010567900）。根據1943年11月修理月報表，有九七式飛行艇（1架）、零式水上偵察機（4架）、九四式水上偵察機（1架）、九五式水上偵察機（1架）的修理紀錄；見防衛省防衛研究所史料閱覽室，〈第六十一空廠機密第20號–663〉（（5）航空關係—全般—96）。

起落架（主腳）的折損，或者主機翼的破損情形頻繁。[18]另從該廠的〈修理兵器月報調書 昭和17年8月22日－昭和19年8月16日〉得知六一航空廠維修的項目：[19]

飛機型號：初級滑空機、輕飛行機、零式艦上戰鬥機、零式練習戰鬥機、零式陸上輸送機、零式水上偵察機、零式觀測機、一式陸上練習機、一式陸上攻擊機、二式練習戰鬥機、二式中間練習機、二式初步練習機、二式飛行艇、十七式練習戰鬥、九〇式陸上中間練習機、九〇式陸上練習戰鬥機、九〇式艦上練習戰鬥機、九三式陸上中間練習機、九三式陸上中間練習戰鬥機、九四式水上偵察機、九五式水上偵察機、九六式陸上攻擊機、九六式陸上輸送機、九六式艦上爆擊機、九六式艦上戰鬥機、九六式艦上練習爆擊機、九六式艦上練習戰鬥機、九七式飛行艇、九七式艦上攻擊機、九七式艦上練習攻擊機、九八式陸上偵察機、九九式艦上爆擊機、D式2號輸送機、天山、月光、雷電、彗星等37種。（含機體與螺旋槳）

發動機型：金星（四一、四二、四三、四四、四五、四六、五一、五二、五三）、火星（一一、一二、一五、二五）、瑞星（一一、一三）、榮（一一、一二、二一）、天風（一一）、天鳳（一一）、光（一、三）、壽（二型改

---

[18] 防衛省防衛研究所史料閱覽室，田中春男，〈第61海軍航空廠に於ける93中練生產の思出〉，（（1）中央—日誌回想—262》，頁3。

[19] 防衛省防衛研究所史料閱覽室，〈修理兵器月報調書 昭和17年8月22日—昭和19年8月16日〉（（5）航空關係—全般—96）。

一、二型改二、四一、四二）等8大發動機系列。

兵器：航空技器、航法計器、動力計器、自動操縱裝置、通信兵器、搭載雜兵器、爆擊兵器、射擊兵器、光學兵器、照明兵器、寫真兵器、雜兵器、氧氣瓶、無線兵器、電氣兵器、訓練兵器。

補給關係：氣化器、磁石發電機、電動啟動器。

由上述的維修飛機機種、重要零件項目和生產組裝任務，六一航空廠需要人力、資材的數量極為龐大，但由於戰爭時期局勢緊張物資供應短缺，維修妥善率實際上無法太高。岡山地區因六一航空廠而成為南部地區的重要航空業重鎮，結果也因此變成盟軍轟炸軍試設施的首重目標。

（三）廠區設施分析

參照圖6-2為美軍於1944年10月空拍轟炸前六一航空廠房的照片。圖6-3為經過分析繪製出來的各廠房功能的設施名稱，開始從編號1為倉庫、2.回收與改裝、3.梭口區、4.鉗工區、5.行政區、6.零件區、7.切割區、8.薄板成形區、9.改裝、10.硬化與電鍍區、11.輔助電力、12.沖模區、13.副組裝區、14.機器房、15.製管房、16.疑似製管房、17.引擎測試區、18.後程組裝區等。[20]現有資料仍無從明瞭六一航空廠的

---

[20] 圖6-3廠房設施名稱原文為：1.Storage, 2.Receiving & Modification, 3.Receiving Sheds, 4.Bench Work, 5.Administration, 6.Small Parts, 7.Cutting, 8.Sheet Shaping, 9.Modification, 10.Hardening & Plating, 11.Auxiliary Power, 12.Die Making, 13.Sub-Assembly, 14.Machine Shop, 15.Tubing Shop, 16.Probable Tubing Shops, 17.Engine Testing Blocks, 18.Final Assembly. 資

內部作業詳細情形，但經美軍的情報蒐集分析後，該廠的軍機生產功能大致不差，也使得廠區與機場以及附近的岡山市區成為美軍戰機轟炸重點。

圖6-2 （左）美軍空拍六一航空廠之照片。

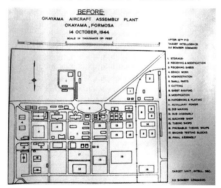

圖6-3 （右）美軍繪製六一航空廠完工後的廠房配置圖

圖像來源：20 th Air Force, Headquarters XX Bomber Command APO 493, RCM Report –Combat Mission No.11, Okayama, Formosa, 16 October 44 – Daylight, 23 October 1944, RG18, Box.5434 (NARA).

料來源：20 th Air Force, Headquarters XX Bomber Command APO 493, RCM Report –Combat Mission No.11, Okayama, Formosa, 16 October 44 – Daylight, 23 October 1944, RG18, Box.5434 (NARA).

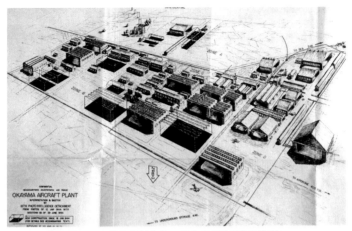

圖6-4　美軍繪製的六一航空廠(OSS解密檔案)

圖像來源：18th Photo Intelligence Detachment, Okayama Aircraft Plant, RG226, Box.87(NARA)

參、盟軍的轟炸

　　1944年10月後，美軍為配合登陸菲律賓雷伊泰作戰，必須打擊從臺灣機場起飛支援的日軍戰機，故出動海軍38艦隊中4個分遣艦隊，計百餘艘艦艇、17艘航空母艦、17個飛行聯隊，艦隊航行臺灣東海岸，輪番對臺灣各機場及重要設施進行轟炸。六一航空廠的轟炸行動，第一波的10月12-13日期間，先由海軍的艦載飛機群進行攻擊。圖6-5為10月14日第一波攻擊後，美海軍拍攝的六一廠空照相片，圖6-6則是戰果分析圖。[21]顯現經美海軍攻擊後，六一航空廠區仍有大半廠房沒有遭受太大的破壞。

[21]　杜正宇‧謝濟全，〈盟軍記載的二戰臺灣機場〉，《臺灣文獻》，63卷3期（南投：臺灣文獻館，2012年9月）。

圖6-5　（左）第一波美海軍轟炸後的照片。

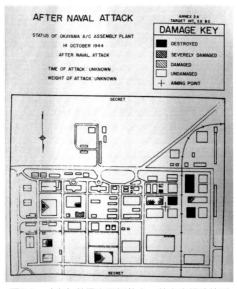

圖6-6　（右）美國海軍評估六一航空廠損壞情形

圖像來源：20 th Air Force, Headquarters XX Bomber Command APO 493, RCM Report –Combat Mission No.11, Okayama, Formosa, 16 October 44 – Daylight, 23 October 1944, RG18, Box.5434 (NARA).

第二波，從四川成都新津等機場起飛的陸軍第ＸＸ（二十）航空軍以B–29進行轟炸（這是陸軍航空機群的第一次轟炸），圖6-7為美陸軍對六一航空廠的轟炸空照相片，圖6-8則是戰果分析評估圖，黑色部分為全毀區域，顯現過半的廠房為全黑（摧毀）的情形。[22]

圖6-7　（左）第二波（陸軍第一次轟炸）後空拍照。

22　20th Air Force, Headquarters XX Bomber Command APO 493, RCM Report – Combat MissionNo.11, Okayama, Formosa, 16 October 44 – Daylight, 23 October 1944, RG18, Box.5434 (NARA); 20th Air Force, Headquarters XX Bomber Command Intelligence Section APO 493, Damage Assessment Report No.11, Target: Okayama Aircraft Assembly Plant, Okayama, Formosa, 25 Oct 44, RG18, Box.5434 (NARA).

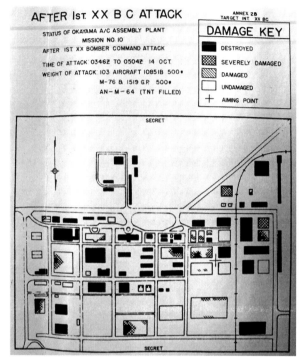

AFTER 1st. XX B C ATTACK

ANNEX 2B
TARGET INT. XX BC

STATUS OF OKAYAMA A/C ASSEMBLY PLANT
MISSION NO. 10
AFTER 1ST XX BOMBER COMMAND ATTACK

TIME OF ATTACK 0346Z TO 0504Z 14 OCT.
WEIGHT OF ATTACK : 103 AIRCRAFT 1085 lB 500 ■
M-76 & 1519 G.P. 500 ■
AN-M-64 (TNT FILLED)

DAMAGE KEY

■ DESTROYED
▨ SEVERELY DAMAGED
▧ DAMAGED
□ UNDAMAGED
✛ AIMING POINT

SECRET

SECRET

圖6-8　（右）美國陸軍分析六一廠損壞情形

圖像來源：20 th Air Force, Headquarters XX Bomber Command APO
493, RCM Report –Combat Mission No.11, Okayama,
Formosa, 16 October 44 – Daylight, 23 October 1944, RG18,
Box.5434 (NARA).

　　10月16日，第三波攻擊相同由陸軍第二十航空軍的轟炸
機進行攻擊。[23]圖6-9（左）為評估六一廠房的受損狀況，對

---

[23]　20th Air Force, Headquarters XX Bomber Command APO 493, RCM Report
– Combat MissionNo.11, Okayama, Formosa, 16 October 44 – Daylight,
23 October 1944, RG18, Box.5434 (NARA); 20th Air Force, Headquarters
XX Bomber Command Intelligence Section APO 493, Damage Assessment
Report No.11, Target: Okayama Aircraft Assembly Plant, Okayama,
Formosa, 25 Oct 44, RG18, Box.5434 (NARA).

照圖6-10的六一航空廠空照相片，有超過九成的區域遭到嚴重受損。圖6-11則是空照岡山機場與六一廠附近地區地面，特別標示損壞情形，顯示岡山地區尤其是軍事相關設施到處是彈坑的痕跡。依據當時日軍的戰略物資生產供應能力和戰爭局勢發展，根本無法在原址進行重建工作，勢必再做其他的因應對策避險。

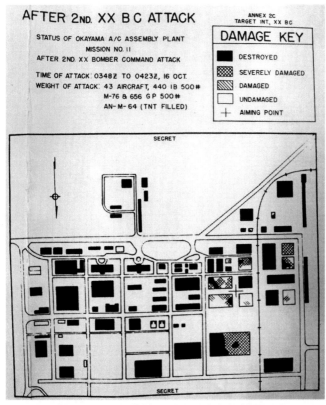

圖6-9　（左）美軍對六一航空廠的破壞評估圖。

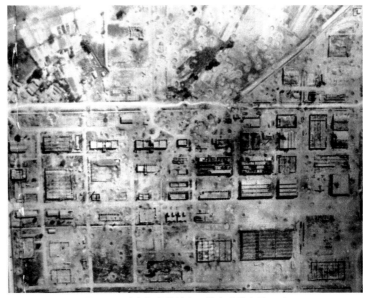

圖6-10　（左）轟炸後六一航空廠的空拍照片

圖像來源：20 th Air Force, Headquarters XX Bomber Command APO
　　　　　493, RCM Report –Combat Mission No.11, Okayama,
　　　　　Formosa, 16 October 44 – Daylight, 23 October 1944, RG18,
　　　　　Box.5434 (NARA).

圖6-11　轟炸高雄（岡山）機場與六一廠的彈著空照圖

圖像來源：20 th Air Force, Headquarters XX Bomber Command APO
　　　　　493, RCM Report –Combat Mission No.11, Okayama,
　　　　　Formosa, 16 October 44 – Daylight, 23 October 1944, RG18,
　　　　　Box.5434 (NARA).

肆、日軍的對策

　　六一航空廠在經過三個梯次的大規模轟炸後，已經失
去組裝廠和保修廠的功能，於是該廠本部主幹奉令前往菲
律賓的馬尼拉，支援雷伊泰戰役，六一航空廠也改編成海軍
第一〇三航空廠，成為第一線的野戰維修廠，但隨著日軍在
菲律賓的潰敗而全員陣亡（日方稱之「玉碎」）。[24]至於該
廠剩餘的物資與其他重要設施，也是在這個階段陸續移轉疏

---

[24] 防衛省防衛研究所史料閱覽室，田中春男，〈第61海軍航空廠（臺
　　灣‧岡山）に於ける93式陸上中間練習機の生產について〉，（（1）
　　中央—日誌回想—261），頁6。

散至臺灣各地以分散空襲風險，如臺北、新竹、臺中（新社）、員林、臺南。[25]1946年2月5日，中華民國航空委員會第三飛機製造廠之主官（雲鐸）、負責人（湯蘭第）與六一航空廠臺北地區主官（京原陸美）、負責人（橫瀨國幸、江崎節繁、大城戶勳、平岩元德、中井隆、栗田武雄、加藤木□(泐)次郎），進行物資清點交接後簽署〈第六十一航空廠臺北地區接收清冊〉。[26]六一航空廠在臺灣各地設置分工廠，其接收清冊有待後續的發掘與整理。[27]

　　菲律賓戰役後大本營研判美軍可能會在1945年3、4月期間登陸臺灣，因應硫磺島、沖繩方面的壓力，駐臺航空隊和工程設營隊，進行部隊整編與要塞區防禦工事加強。[28]六一航空廠所屬第三三四設營隊（技術工程隊），在岡山外圍臨海之彌陀漯底山、竹子港、舊港口一帶構築碉堡、特火塔（機槍堡）、交通壕、戰車壕、哨信所、坑道等工事。1945年4月29日，高雄警備府司令官福田良三發布〈高雄警備府命令第一○六號〉，要求該設營隊於漯底山主要工程完

---

[25]　劉鳳翰，《日軍在臺灣》（臺北：國史館，1997），頁232—233、647。國立公文書館，〈第5章 天號作戰準備（自昭和20年1月至昭和20年3月中旬）／其5 作戰準備〉，《臺灣方面軍作戰記錄 昭21年8月》（C11110355800）。

[26]　交接清冊細目有：1.工廠廠屋情況表、2.工廠設備及所有機器、3.修理飛機工具、4.飛機零件發動機零件航空器材、5.飛機所用機關槍、6.普通器材、7.油料、8.普通槍械、9.普通子彈、10.普通用具糧秣及其他、11.通訊器材、12.交通工具等清冊；見アジア歷史資料センター，〈第61海軍航空廠臺北地区接收目録（1）〉（C08010566200）。

[27]　アジア歷史資料センター，〈国有財産引渡目録　新竹分工場〉（C08010567000）。

[28]　日本防衛省研究所，《「決」號作戰與投降》，頁191、227。

成後的5月5日，將大部分主力轉移到臺北關渡（淡水港南南東方六千米處），協助第十方軍築城隊建築防禦工事，並與六十六師團密切聯繫。[29]

伍、小結

日治後期的岡山地區，因日本海軍在此開設軍民兩用機場，後來因日軍擴大戰爭的規模，機場轉變為全軍事用途。又臺灣南部在地理位置緣故順理成為南進基地的前哨，軍事調動頻繁，後勤維修保養和油料補給問題變成為日軍首要任務，海軍第六十一航空廠與第六燃料廠（中油高雄煉油廠之前身）的興建，成為當時臺灣南部規模最龐大的兩個軍需工業設施，動用經費、物資、器材與人力達到日本殖民臺灣來史以來的最高紀錄。

六一航空廠僅一個飛機部門不含其他單位就有工具5,500人，維修保養日軍飛機達37種，又有組裝九三式中間練習機的任務。1943年底當時日軍海上運輸的安全性和能力已經大有問題情況下，克服種種困難進行故障飛機的維修保養與在1944年10月臺灣航空戰役之前也完成九三式練習機60架左右的業績。然而六一航空廠臺籍工員最資深者不過二年

---

[29] 第三三四設營隊編制：隊長技術大尉峯尾恭人為本部駐彌陀；機關兵曹長山崎庄作一中隊長駐頂鹽埕；技術大尉若柳和男為二中隊長駐大舍甲（梓官）、竹子港；技術少尉木村莊憲為三中隊長駐彌陀及漯底山；運輸隊1944年12月17日於吳港搭乘雲龍艦前往菲律賓行蹤不明；軍醫中尉浦山晴一為醫務隊長駐彌陀；主計少尉告澤寬治為主計隊長駐漯底山、大舍甲、竹子港；見アジア歷史資料センター，〈昭和20年3月1日～昭和20年4月30日第三三四設營隊戰時日誌（2）〉（C08030306900）。

多一些而已，技術工夫仍有很大的進步空間，期間遇上三梯次美軍的重點轟炸，六一航空廠幾成一片廢墟，人員死傷慘重，工廠形同解散一般，工廠本部又奉命調派菲律賓馬尼拉另成立海軍第一〇三航空廠，最後從廠長以下所有人員全部陣亡。很惋惜六一航空廠的航空工業技術沒有傳承下來，戰後國府接收也僅能少許的設備和滿目瘡痍的機場而已。六燃廠雖然也同樣遭受嚴重的損傷，但因有半屏山的屏障和技術工員的育成，日後在復原建廠之際，技術和人員都沒有斷層的現象。

第七章：日本海軍第六燃料廠 之興建與戰備分析[*]

謝濟全、金智

壹、興建背景

　　1939年第二次歐洲大戰爆發，因應南進政策與美國的擴張軍備，1940年為確保快速膨脹的燃料質、量需求，海軍省軍需局完成〈第五軍備計畫〉案，有必要在臺灣、鹿兒島、樺太、屋久島，其中又以臺灣最具備急迫性。[1]據昭和16（1941）年4月發布〈海軍燃料廠令改正〉，日本海軍燃料廠在帝國內的布建地點為：第一燃料廠（神奈川縣橫濱市大船）、第二燃料廠（三重縣四日市）、第三燃料廠（山口縣德山市）、第四燃料廠（福岡縣糟屋郡新原）、第五燃料廠（朝鮮平安南道平壤府）、第六燃料廠（臺灣高雄州高雄郡）。[2]上述各廠除第四、五燃廠為採煤、煉炭工廠外，其餘的燃料廠都有處理煉製原油的設備與功能。[3]

　　昭和16（1941）年底緊急決策在臺灣設立燃料廠，其理由為臺灣位處南洋油田產區和日本本土的中間位置，無論從

---

[*]　本文原刊載於《史地研究》，第3期（2011年），經修改、增補而成。

[1]　高橋武弘，《第六海軍燃料廠史》，頁4、6。

[2]　財團法人海軍歷史保存會編，《日本海軍史部門小史》第五卷（東京：第一法規出版株式會社，1995年），頁349。

[3]　高橋武弘，《第六海軍燃料廠史》，頁6。

前置處理原油或支援前線部隊燃料的因素考量,臺灣都是一個最佳的設置地點。六燃廠其實在臺灣的三個處所同時規劃建廠;依序為高雄州高雄市後勁的「高雄燃料廠」(以下簡稱高雄廠)為最優先,計畫生產艦艇用重油、航空汽油、87(辛烷植)航空汽油、液化石油氣提煉異辛烷,還有航空用潤滑油。其次是設在新竹州新竹市赤土崎的「新竹燃料廠」(亦稱新竹支廠),以鄰近地區出產天然氣瓦斯合成丁醇製造異辛烷;另又以蔗糖發酵製造異辛烷。最後則是臺中州大甲郡清水的「新高燃料廠」(亦稱新高支廠),準備建造港灣容納南洋進口無煙炭與石灰石,製成碳化物再化合乙炔製造製造異辛烷,所需大量的電力來自開發大甲溪水力;稍後又擴大產能以南洋產油脂(椰子油)製成航空潤滑油。[4]由於三廠所需建設經費甚鉅,徵用土地約500萬坪,建設過程極其複雜,況且到終戰為止也僅有高雄廠有初步的生產規模,為節省篇幅本文論述以高雄廠為主,新竹支廠、新高支廠為輔。[5]

貳、建廠過程

　　日本中央貫徹南進政策之際,臺灣的地位開始得以大幅提升,由於殖民臺灣的成功經驗,加上臺灣人與華南、南洋在族群、經貿方面關係密切,這些情形讓政府投入大量資本進行產業工業化及軍事設施要塞化,讓臺灣扮演南方前進

---

[4]　高橋武弘,《第六海軍燃料廠史》,頁6〜8。

[5]　據《第六海軍燃料廠史》內容敘述1943年日本總預算約83億円,其中六燃廠的建設預算就有5億円,實際數目還須再求證;頁14。

基地與南洋軍需物質運送中繼站的雙重角色。所以在發動中日戰爭之前的大高雄地區，已經陸續規劃建設了各類型重工業區與軍事設施。昭和16（1941）年日本海軍設立橫須賀、吳、佐世保、舞賀等四大鎮守府，另設大阪、大湊、鎮海、馬公、海南等五大警備府，因此當時臺灣區域的馬公港為海軍艦艇主要駐紮基地。1943年4月1日「馬公警備府」廢止，改設立「高雄警備府」，為帝國海軍在臺灣的最高軍事機構。[6]

六燃廠的建廠範圍除了半屏山西側，又徵收高雄後勁地區的大部分農地外，更是集中為數眾多的財物力，在太平洋戰爭期間突發性地改變左營、楠梓、岡山地區的舊有面貌。[7]1942年開始建廠，翌年為六燃廠大興土木建設的時期，期間動用的人力、物力資源相當龐大，由於這是個很龐雜的體系，有關建廠組織配置大致分類以下幾項區塊：

（一）建設委員會人事安排

昭和17（1942）年4月成立「臺灣海軍燃料廠建設委員會」，委員長由四日市第二燃料廠長別府良三海軍少將兼任，建設委員同樣由參與二燃廠建設的福島洋中佐、木山正義少佐、南濤遂技術大尉、篠田治男技術大尉兼任。因此六燃廠的技術支援，人員編製，設備製造大都依據二燃廠的建設模式建廠。同年10月左營桃子園的「馬公海軍建築部」內

6　財團法人海軍歷史保存会編，《日本海軍史》第六卷，頁233；同書第七卷，頁26。

7　李銀朒，〈產業變遷與地方發展——以後進為例（1661–1973）〉，頁46。

別館設立「臺灣海軍燃料廠建設事務所」，正始開始六燃廠建設委員會建廠的運作。[8]

（二）海軍施設部支援燃料廠工程關係（1943年4月）：[9]

由於六燃廠在當時的臺灣算是複雜龐大工程，籌建當初必須仰賴海軍其他部門的人員技術支援，鄰近的就以軍港的施設部成員為首選，人事編排如下：

(1) 高雄海軍施設部：部長（長野長三郎中佐）、會計課（事務、經理、人事）、第1課（土木）、第2課（建築）、第3課（水道）、第4課（港灣）、第5課（電氣）。

(2) 高雄廠工事事務所：所長（長沼重少佐；建築）、技師（土木）、技手（水道）2人。

(3) 新竹廠工事事務所：所長兼技師（富中三郎；建築）、技手（土木）、技手（建築）。

(4) 新高廠工事事務所：新竹廠所長兼任、技師（土木）。

---

[8]　高橋武弘，《第六海軍燃料廠史》，頁13、16；別府良三的資料可在亞洲歷史資料中心搜尋得到12筆；福島洋1筆；木山正義1件，木山在戰後擔任「財團法人水交会」會長，是個很活躍的人物；南濤遼與篠田治男無資料。（資料來源http://www.jacar.go.jp/DAS/meta/MetaOutServlet）。

[9]　高橋武弘，《第六海軍燃料廠史》，頁19。

（三）分區煉製裝置之製造監造者（1943年9月）：[10]

　　臺灣當時的設備製造技術水準與日本還是有落差，除廠址的土木建設人員外，還有一批化學煉製專業人員在日本負責設備裝置的監造，另有在高雄統籌三廠設備之技術者，因此特別設立「在四日市建設委員會」、「在東京建設委員會」，「在高雄建設委員會」，因某些特殊設備的建造就那幾個技術者擔任，因此有多人兼任多處的建設委員；以下是三廠人員概況：

  （1）高雄廠：四日市建設委員11人；東京建設委員12人；高雄建設委員9人。

  （2）新竹支廠：四日市建設委員13人（4人兼任高雄廠）；東京建設委員7人（5人兼任高雄廠）；高雄建設委員9人（6人兼任高雄廠）。

  （3）新高支廠：四日市建設委員18人（兼高雄廠3人，兼新竹6人，兼高雄、新竹5人）；東京建設委員9人（兼高雄廠3人，兼新竹1人，兼高雄、新竹4人）；高雄建設委員8人（兼新竹3人，兼高雄、新竹5人）。

　　圖7-1為2010年底拍攝的照片，背景建物是今日高雄煉油廠之總辦公大樓，大門穿堂目前仍保持當年的樣貌。1944年4月1日六燃廠正式成立營運，命別府良三為首任廠長，轄制總務部（井上盈）、會計部（深谷小平主計）、

---

[10] 高橋武弘，《第六海軍燃料廠史》，頁25～29。

醫務部（水流義雄軍醫）、精製部（福島洋）、合成部
（藤尾誓）、化成部（渡邊伊三郎）、東京辦事處（三枝
七五三）。[11]

圖7-1　今高雄煉油廠總辦公大樓

圖像來源：本文作者拍攝（拍攝時間：2010.12.30）。

（四）工程責任畫分及各裝置設備製造商指定會社：

工地工程責任區分；（1）主體設備共計26項裝置設備
及承包商，設備附屬管線配焊油廠方負責。這些主體設備僅
一項（輕質油槽輸送配管）由臺資「臺灣機械工業會社」
（臺南）承包，該會社之工地負責人為辛文蘭。（2）基礎
工程委託海軍施設部聯繫與發包。（3）安裝工程由承包商

---

[11]　高橋武弘，《第六海軍燃料廠史》，頁45。

負責。（4）電氣工程由廠方統籌。（5）保溫工程由淺野物產負責。（6）塗裝工程大部分為日本塗工，少數為臺灣在地業者。[12]

（五）鐵工相關工程指定廠商：

由於六燃廠的建設需要大量人力、物力，又處於戰爭動員時期，海運船隻及路線安全等問題，勢必動員臺灣在地的人員、技術、物資。當時「臺灣鐵工業統制會」內所有的鐵工業者共42家，六燃廠指定其中的31家廠商，屬於臺資企業者有5家如表7-1，其中大同和唐榮兩家至今仍是知名企業，這表示臺灣在地企業的技術已具備相當程度。此外又徵調工業學校的實習車床作初步加工，總督府交通局鐵道部工場作特殊加工，製糖會社修理工場作精密加工。鑄鐵、鑄鋼的製造技術提升由臺北帝國大學教授群指導。金屬焊接技術指導則委託早稻田大學教授指導，焊工來源則對全臺的志願者進行技術檢定雇用，同時商請海軍工作部（桃子園）與海軍第六一航空廠隨時支援應變，改廠的建設工程確實帶頭提升臺

---

[12] 25項重要設備承包商為：原油蒸餾、加熱裂解（藤永田造船所），觸媒裂解（藤永田造船所），潤滑油合成（三井造船），潤滑油精製（新潟鐵工所），縮合暨亞硫酸抽出（三菱化工機），丁醇發酵（橫山工業），丁醇蒸餾（日本化學機械），丁醇合成暨異辛烷加氫（日立製作所），潤滑油製造榨油（日本油脂），潤滑油製造乾餾（三井造船），潤滑油精製（新潟鐵工所），原動罐緊急發電（安宅產業），硬水軟化（高砂熱學），計量器（橫河電機），電氣設備（三菱電機），電氣工程（姬野組），保溫工程（淺野物產），塗裝工程（日本塗工），試驗器具（島津製作所），搬運工程（山九運輸），重質油槽（熊谷組工業），瓦斯槽（臺北東洋鐵工），一般配管作業（高雄大庭鐵工所）；見高橋武弘，《第六海軍燃料廠史》，頁32～33。

灣本地的金屬工業技術水準。[13]

表7-1　六燃廠建設工程指定的臺資鐵工業者

公司名稱	董事長	所在地	六燃廠設備訂單項目
大同鐵工所		臺北	鑄鐵、鋼鐵、伸鐵
臺灣機械工業（株）	辛西淮	臺南	鑄鐵、製罐（輕質油槽、焊接管、各項鐵製品）
共榮鐵工所	陳選波	臺南	鑄鐵
共榮鐵工所	葉書田	臺南	鑄鐵
唐榮鐵工所	唐榮[14]	高雄	伸鐵、鉚釘（螺栓、螺帽）

資料來源：高橋武弘，《第六海軍燃料廠史》，頁38。

（六）技術官僚群：

　　六燃廠的建設期間正處太平洋戰爭的非常時期，建廠過程中工程人員或生產技術者，都必須仰賴民間各行各業的專業人士，這些人都以海軍囑託名義徵調，其身分待遇則分敕任和奏任。被任命敕任者有荒木拙三（臺灣鐵工業統治會理事長）、[15]安藤一雄（臺北帝大工學部教授）等2人，他們

---

[13] 其餘25家日資鐵工業者：臺灣船渠（株）、前田砂鐵鋼業（株）、前田鐵工所、東洋鐵工（株）、大山製作所、臺灣錨釘工業、臺北鐵工所、臺灣造機（株）、臺灣精機工業、高砂鐵工所、拓南鑄工所、中田製作所、興亞製鋼（株）、櫻井電氣鑄鋼（株）、北川製鋼（株）、黑板工務所、吉田鐵工所、臺灣合同鑄造（株）、中林鐵工所、越智鐵工所、園田鐵工所、明石鐵工所、大庭鐵工所、武治鐵工所、臺灣鐵工所；見高橋武弘，《第六海軍燃料廠史》，頁38～39。

[14] 唐榮鐵工所由唐榮於1940年5月1日創設，但主要經營人可能是唐傳宗或唐傳德，本人則以掛名者為社長；見許雪姬，〈唐榮鐵工廠之研究（一九四〇～一九四五）〉，《高雄歷史與文化論集》二輯（高雄市：財團法人陳中和翁慈善基金會，1995），頁162～163；《高雄市二二八相關人物訪問紀錄》上冊（臺北市：中央研究院近代史研究所，1995），頁55。

[15] 荒木拙三（あらき せつぞう）海軍少將，愛知縣人，明治21（1888）

屬於名義上最高指導顧問。其餘的奏任待遇技術者，則來自各相關承包公司的技術人物，還有糖業試驗所技師、臺灣天然瓦斯研究所技師、臺灣拓殖會社化學部人員、臺北帝國大學教授、臺灣總督府專賣局技師、交通局鐵道部臺北鐵道工場長等，合計69人。[16]

年11月8日生，1950年8月6日歿，享年61歲。首任廠長別府良三任職兩個月，同年6月10日由福地英男繼任廠長，福地1945年4月21日調職軍令部，海軍部又命小林淳於同日任職廠長，1946年3月31日調職預備役。荒木1944年6月1日以臺灣礦工業統制會理事長身分敕任囑託，處理六燃廠建設業務，荒木直到1946年4月15日才解除囑託；見燃料懇話會編，《日本海軍燃料史》（東京：原書房發行，1972）。

[16] 69位奏任官囑託為：鈴木信一（糖業試驗所技師），山田清一（日本化學機械製造），渡邊喜太郎、富士山雅壽、井上太郎、岡屋隆史（昭和曹達），渡邊槙四郎（京大工學部講師），中澤萬吉（旭ベンベルグ絹系），中村駒雄、岩田文治郎、及川久幸、西江明（三菱化工機），堀內金城（臺灣窒素工業），松下一男（日本バルカー），佐藤俊雄、山本正三、田中祐一（安宅產業），鈴木庄兵衛、山田長六（橫山工業），平原光治（三井造船），泉量一（臺灣鐵工），西川甚泰（橫河電機），下八川進、池田進（高砂熱化學），田村周助（新潟鐵工），石川繁一、山本邦雄（東芝電氣），阿野養德、谷本利一、大坪龍一、長澤孝基（藤永田造船），池田郁造、長鄉幸治、野崎金太郎、安藤勇三（日本油脂），原孝和、西政太郎、北川勝藏（三菱倉庫），脇山常之助、安村義俊（山九運輸），居川榮世（日通），姫野勘治郎（姫野組），市川盛舍、平尾星一（日立製作所），戎市三郎、松岡政五郎、小池順三郎、宮城守正、池田三郎、江坂菊藏（熊谷組工業），菊地清（淺野物產），小倉豐二郎（臺灣天然瓦斯研究所技師），高尾修一、田中勝利、千葉常進、佐佐木亮高、牟田邦基、利倉文之助（臺拓化學），小森洋（日本蒸餾工業），山岸久二（乙醇輸送），中村安太郎（日本石油），野副鐵男、瀨邊惠鎧（臺北帝大教授），星野不二男、物井彌八郎、內藤力、江口操、手島龍雄（專賣局技師），糠塚英二郎（交通局鐵道部臺北鐵道工場長）；見高橋武弘，《第六海軍燃料廠史》，頁36～37。

（七）臺籍操作工員的募集與訓練

六燃廠除日籍領導幹部外，也有部分少數日籍的重要技術領班，但原則上大部分的操作工員以募集臺灣人為主。從昭和17（1942）年起的夏季，及其之後的每年4月，廠方委託總督府國民動員課暨臺北、新竹、臺中、臺南等各州的國民動員課，共同募集國民學校或以上學歷畢業者，經體檢、學科測驗、口試後，當日宣布錄取與否。另高雄州則委託職業介紹所、民間職業指導機關募集國民學校畢業的臺灣人或日本人，每週在廠區進行測驗。還有中等學校畢業者，委託該校進行招收。[17]

入廠後凡國民學校高等科畢業者，即是儲備幹部員工須進入工員養成所培訓，並接受見習科課程。由於訓練所未建設完成，因此見習科第一期生（46人），第二期生（96人）委託海軍第二燃廠的工員養成所代訓，另一般裝置的操作員（普通科）委由二燃廠代訓第一期生（44人）、第二期生（18）、第三期生（90）人，以及海軍第三燃料廠代訓30名工員。1944年4月1日六燃廠工員養成訓練所完成，同時讓第三期生入所訓練，第四期生則於1945年初入所，訓練途中因日本戰敗投降而停止（參照表7-2）。[18]

---

[17]　高橋武弘，《第六海軍燃料廠史》，頁20。
[18]　高橋武弘，《第六海軍燃料廠史》，頁20、46。

表7-2　臺籍技術工員各期別實習狀況

	1.見習科			2.普通科				3.中等學校畢業	特別幹部技術員
員數	46	96	1	10	44	18	90	4	14
入廠	1942/8/5	1943/4/1	1943/10/1		1942/7/25		1943/11/25	1943/1/7	1944/3/25
地點	新竹保甲修練所	新竹保甲修練所					高雄	總督府集合	新竹
結訓日		1943/9/20 新竹結訓							
實習期別	二燃一期	二燃二期	六燃一期	二燃	二燃一期	二燃二期	二燃三期	二燃實習	
二燃代訓	1943/4/4	1944/1上旬			1942/9/1	1943/4/20	1943/12/14		
二燃結訓	1944年3月	1944年10月下旬			1943/9/3	1944/4	1944/2分散至各工廠		
返臺日	1944年9月下旬	1945年1月21日到基隆			1943/9/6到基隆	1944/4到高雄	1944/10/5到高雄		
備註	二燃結訓後往各地見習	同左			一年實習	同左	1943年7月採用	一年實習	

資料來源：資料來源：高橋武弘，《第六海軍燃料廠史》，頁21。

　　這群由日方訓練的基層煉油技術工員，成為日後重建中油高雄煉油總廠的最早骨幹，配合從中國來的技術官僚如金開英、李達海、胡新南、賓果等人，[19]加上戰後招募的新進員工，支撐起提供臺灣地區用油的重建工作。許多老油人以

---

[19]　高雄煉油廠編，《廠史》（高雄市：高雄煉油總廠，1981），頁4；許雪姬，《高雄市二二八相關人物訪問紀錄》（臺北市：中央研究院近代史研究所，1995），頁28。

純熟的技術服務公司，渡過戰後物質缺乏的年代，現在這些前輩們逐漸凋零老去，他們都是六燃廠、高雄煉油廠的歷史見證者。

（八）環境整備

　　早先規劃建廠之際工地風塵僕僕，雖然沒有現今的環保問題，不過建設委員會對於綠化工作仍然重視，尤其可以吸附化學有害物的樹種。於是委託鳳山熱帶園藝試驗支所長鹽入英次協助種植工廠區、宿舍區附近所有的植栽。數十年後的今日，此處已經成為全高雄市擁有最多高大綠樹的公家宿舍社區。特別要說明的，廠區內外大量種植的樟樹與白千層樹，[20]每六株白千層樹間隔種植一棵樟樹，這樣的種植方式也有其學理根據，由於白千層樹可以吸附二氧化硫的有毒物質，樟樹散發的氣味則可以驅蟲防病，由於廠區種植大量的樹木，同時具有良好的隔音效果。目前這些老樹群由高雄市政府列冊登記管理為珍貴老木，不過說明木牌註解種植時間約在1933年，但根據《第六海軍燃料廠史》記述，應該在1944年前已經移植完成。

---

[20] 白千層樹學名Melaleuca leucadendra，桃金孃科，英文名稱Cajeput tree、Punk tree，白千層為常綠喬木，高約20公尺，玉樹油就是從白千層的花葉中提煉出的一種芳香精油，具有抗菌、消毒、止癢、防腐等作用，是洗滌劑、美容保健品等日用化工品和醫療用品的主要原料之一；見香港園藝學會著，《樹影花蹤－九龍公園樹木研習徑》（香港：天地圖書，2005年4月），頁116-117。

圖7-2　中油高雄煉油廠西門圍牆外白千層樹與樟樹植栽，筆者拍攝
　　　　（拍攝時間：2010.12.30）。

（九）初步完成

　　六燃廠之高雄廠煉油設施建設完成後，因屬戰爭時期
的敏感軍事機密，當時搭乘火車經過六燃廠的東門，規定
要將窗簾拉下，否則隨車日本憲兵將嚴厲取締，因此今日留
存的資料與照片不算多，圖7-3應該是在1944年初所拍攝的
第一蒸餾工場照片，較深色的部分為半屏山，山下有四座油
槽，後方山頭為龜山與壽山，右下方有人騎乘腳踏車，目前
公司仍然規定廠區不可騎機車，原因乃為維護工廠與油槽的
安全，避免產生火花引發爆炸。[21]圖7-4中油公司高雄煉製事
業部廠區的實景，原第一蒸餾工場因轟炸嚴重損毀後，原址

---

[21]　因為石油化學工廠和油槽區域內，散發一些可燃性氣體與有毒氣體，
　　　為了不使機動車輛排放的廢氣熱能點燃引爆，所有車輛必須加裝減焰
　　　器，人員出入以腳踏車為交通工具，以免產生火花造成災害，至於電
　　　動機車與汽油機車則絕對嚴禁接近化工廠區內。

重建的潤滑油工場，原為中油與美國海灣（Gulf）石油公司合資場設施，後又由荷蘭殼牌（Shell）石油公司併購海灣公司，現在已經改稱「中殼潤滑油工場」。圖7-3和圖7-4拍攝的方位幾乎相同。

圖7-3　高雄第6海軍燃料廠

圖像來源：高雄市立歷史博物館「高雄老照片數位博物館」館藏（總登錄編號：cca100062-hp-cp2003_009_027ss-0001）。

圖7-4　目前現址為「高雄煉油廠」之「中殼潤滑油脂工場」

參、美軍轟炸與六燃料廠的對策

（一）空襲轟炸

　　1944年7月日軍失去塞班島，這個階段美軍逐漸收復菲律賓，為避免來自臺灣和沖繩的日軍飛機攻擊，10月後美方先行對臺灣開始轟炸。[22]此時南洋油田產原油運送臺灣、日本的海運幾乎中斷，當局檢討之後決策各島嶼所需燃料能源自給自足政策。[23]10月中旬又爆發臺灣沖航空戰役，這個時候本島各地行政機構、港口、鐵路、軍事設施、工廠、機場都遭受盟軍密集轟炸，高雄鄰近的海軍設施甚至到屏東東港大鵬灣，同樣都遭受極大的損失與人員傷亡。此舉讓日方誤判盟軍登陸臺灣可能性較大，因而在臺灣部署五個師團又六個旅團的重兵，準備和登陸的美軍進行殊死戰。[24]圖7-5為經

[22] 杜正宇，〈日治時期的「高雄」飛行場研究〉，《高雄文獻》，1卷2期（2011），頁110；原勝洋，《真相‧カミカゼ特攻》（東京：KKベストセラーズ，2004年），頁124。

[23] 高橋武弘，《第六海軍燃料廠史》，頁55。

[24] 臺灣軍部隊番號：第十方面軍，大將安藤利吉（臺北）；第九師團，中將田坂八十八（新竹）；第十二師團，中將人見秀三（關廟）；第五十師團，中將石本貞直（潮州）；第六十六師團，中將中島吉三郎（臺北西方）；第七十一師團，中將遠山登（斗六）；獨立混成第七十五旅團，少將奧信夫（新竹南方）；（同）第七十六旅團，少將小川泰三郎（基隆）；（同）第百旅團，少將村田定雄（高雄）；（同）第百二旅團，少將小林忠雄（花蓮港南方）；（同）第百三旅團，少將田島正雄（淡水）；（同）第百十二旅團，少將青木政尚（宜蘭）；第八飛行師團，中將山本健兒（臺中）；見臺湾引き揚げ者会‧事務局編集，〈終戰秘話臺湾の8月15日」〉，《ブックレット》No2（那霸：月刊沖繩社，1989年6月15日），頁2～4。

過整理、分析，精密繪製的桃子園港和六燃廠高雄廠的設施
地圖（現由美國密西根大學地圖圖書館典藏），軍港與燃料
廠位置及設施已可清楚顯示，但美軍尚未將半屏山各處六燃
場開挖的山洞工場位置標示出來。

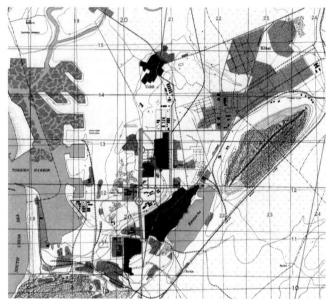

圖7-5　美軍繪製空拍後分析整理的六燃廠與桃子園軍港設施圖
圖像來源：2115 II SW, TAIWAN FORMOSA, 1-25,000 AMS L892 (1944)

　　圖7-6為美軍轟炸六燃廠後離去時拍攝的照片，半屏山
北側即原油煉製場和油槽區域冒出濃煙。[25]圖7-7為戰後國民
政府派員接收六燃廠時所拍攝的照片，雖然看起來有些殘
破，但因做許多防護措施（咕咾石圍牆）與偽裝，廠區四

25　http://gis.rchss.sinica.edu.tw/GIArchive/?page_id=438，Date：Feb.1944，
　　Call No：142.65291-3，IRIS No：00116676，Microfilm No: 0000002726.

周和半屏山也部署高射炮、重機槍，美軍飛機為將損害降到最低，炸彈投擲高度提高降低了準度，因此保留部分的設施。[26]上述由美國家檔案館開放的二戰照片，很顯然地盟軍轟炸的目標都是經過仔細評估，因此臺灣民間經常傳說某某神明顯靈保護百姓去「接炸彈」，其實以盟軍如此準確精密的任務圖，除早期轟炸因未完全掌握制空權，為防止被擊落，飛航較高處投擲炸彈較易產生誤差外，後期則誤傷民宅的情形已經少太多。

圖7-6　（左）美軍轟炸六燃廠後離去拍攝照片

圖像來源：http://gis.rchss.sinica.edu.tw/GIArchive/?page_id=438，
　　　　　（Date：Feb.1944，Call No：142.65291-3，IRIS No:
　　　　　00116676，Microfilm No: 0000002726).

---

[26]　高橋武弘，《第六海軍燃料廠史》，頁60。

圖7-7　（右）戰後高雄煉油廠（前身日本海軍六燃廠）廠區與油槽區的接收情形
圖像來源：中國石油（股）公司，《中油工業史料輯》（臺北市：中
　　　　　油，1981），頁37。

（二）六燃廠的對應策略

1.調整生產計畫

　　雖說原六燃廠定調為內地油料中繼站與支援前線（南
洋）作戰軍需，三廠的主要功能與產品如六燃廠建設背景
所述。1944年10月臺灣沖航空戰役後，原料、建廠資材的運
輸幾乎被截斷，臺灣也不得不採取自給自足策略。高雄廠進
行酒精乙醚化作業、檜木油分解作業試驗，嘗試取代航空汽
油；又著手建造廢礦物油的回收及航空用牛油設備；由於這
個時候臺灣地區欠缺普通潤滑油，趕忙裝設真空蒸餾設備，

於1944年12月完成。[27]

新竹支廠部分，原定以蔗糖發酵製造丁醇，合成天然瓦斯製成異辛烷，設備於1944年7月完工後但運轉不順，由於建材進口困難所以修改丁醇製造裝置為生產乙醇。剩餘的資材零件則切換生產芳香氫化合物（甲苯類）航空汽油。新高支廠部分，原來以椰油原料煉製航空潤滑油裝置於1945年4月完成後，不過此時原料來源斷絕，再轉換成廢潤滑油回收裝置。[28]

2.六燃廠的避險措施

在六燃廠之高雄廠陸續完成重點設備要務建設的同時，廠方為防禦和避開美軍的空襲轟炸，海軍施設部於半屏山上建造油槽與消防水池及其相關的幫浦。[29]圖7-8為半屏山南麓新左營臺鐵站旁的植披斜坡工程照片，捷運工事當中曾經露出當年挖掘的洞窟（現在的外觀已經以斜坡種植雜樹覆蓋）。半屏山東南側有620—4洞窟，為第三原油蒸餾裝置。這是因為第一、第二原油蒸餾工場設備被炸毀嚴重，1944年10月20日決定另建小型隱蔽且防護良好的蒸餾設施，於是立即拆卸仍堪用器材進行組裝，以下為組裝前原有設備編號：[30]

---

[27] 財團法人海軍歷史保存会編，《日本海軍史 部門小史》第五卷，頁355～356

[28] 財團法人海軍歷史保存会編，《日本海軍史 部門小史》第五卷，頁356～357。

[29] 高橋武弘，《第六海軍燃料廠史》，頁79。

[30] 高橋武弘，《第六海軍燃料廠史》，頁80～81。

機械名稱　轉用前編號

原油加熱爐 620-3 原油加熱爐

蒸汽產生罐 620-2 原油加熱爐

精餾塔 621-2 第三蒸發塔

蒸發槽 620-3 輕油槽

1945年3月設備完工，試運轉時油管破裂，經修理後雖然可以運轉，卻經常遭受轟炸附屬設備損壞而停止運轉。

另半屏山西南側三大洞窟從左至右各排列氧氣製造裝置與車床機械洞窟，620-5洞窟、625洞窟。620-5洞窟則是小型的第四原油蒸餾裝置，但未完工前戰爭已經結束。625洞窟裝置為轉移原未完工的潤滑油脂（牛油）生產設備，工程於1945年8月14日完工，預定翌日（15日）試運轉，不過當天接到終戰消息而停止。[31]六燃廠工程人員在美軍密集空襲期間，深入半屏山開鑿洞窟所建造的加熱爐以及煙囪，由於這些是重要的遺址，目前已經封存不對外開放參觀。[32]

---

[31] 高橋武弘，《第六海軍燃料廠史》，頁82。
[32] tw.myblog.yahoo.com/yuhjiu-0825

圖7-8　高雄捷運工程中挖出的半屏山洞工場後改直披斜坡覆蓋

圖像來源：本文作者拍攝

3.第六海軍燃料廠本部北遷

　　1945年2月起為了強化臺灣的防衛體制，海軍所屬的「高雄警備府」移交屬陸軍的臺灣軍司令官指揮，同時準備遷移至臺北，警備府所有直屬單位同時北遷臺北近郊。六燃廠及其總部也奉令要轉移到原新竹支廠，在此同時為要強化北部的煉油設施，也將高雄廠的製桶、修理、包裝、混油等設備部分搬遷到新竹廠。不過在遷移的過程當中，日本宣布投降，六燃廠一切進行的業務完全停擺。[33]

　　筆者口述記錄日治時期「高雄商工專修學校建築科」畢業，在學期間及畢業後在海軍施設部的監工，曾經參與阿蓮

---

[33]　高橋武弘，《第六海軍燃料廠史》，頁61。

鄉飛行場、臺南喜樹碉堡戰壕、歸仁飛行場、龍崎鄉山區戰備坑道等建設。訪談時表示當時日軍構想高雄、臺南沿海地區為第一道防線,第二道防線的歸仁、關廟為決戰區域,並以龍崎坑道為第三道防線,如再失守只能躲進深山地區打游擊。因他是工程設施監工而必須參與部分技術會議,多少知道業務範圍內日軍的部分戰鬥佈局。[34]綜合耆老的口述談話與高雄警備府的北遷,六燃廠本部也要遷移到新竹廠,部分物資也疏散到旗山月眉地區等舉措。留在高雄地區的附近丘陵是錯綜複雜坑道與碉堡,不敢斷言日軍似乎準備同歸於盡式的「玉碎作戰」的態勢,不過準備打算長期作戰的跡象是很明確。[35]

4.秘密運送油料

　　1945年4月下旬,著手規劃先前曾經討論過,以潛艦載運航空汽油回日本的任務。時間定在同月某日下午5點左右,照事先的行程約定,桃子園軍港區某個位置浮出潛水艇,迅速泊岸,岸上作業人員馬上進行搬運30桶油料,作業完了潛艦馬上潛水離去,前後耗時約30分鐘。自此至終戰為

---

[34] 謝天□1928年生,高雄左營人,1943年畢業,到1945年8月15日在海軍施設部任職監工,因當時很多的日籍青壯年必須應徵召從軍導致缺乏技術人才,所以他一個17、18歲臺籍技術員才能擔任監工;見杜正宇、謝濟全,〈日治下臺南永康機場的時空記憶〉,《臺灣文獻》63卷3期(2011),附錄〈謝天□先生訪問紀錄(訪問日期:2009年10月26日)〉。

[35] 參照〈六燃情報〉製品実績(付表二)之備註說明。

止也僅有一次的運油作業而已。[36]

肆、六燃料廠之歷史定位與中油高雄煉油廠

（一）六燃料廠對臺灣防衛軍的貢獻

昭和20（1945）年8月15日，日本宣布投降後，六燃廠長宣布消息，並下達訓示要求所有燃料廠員工遵守以下各項要點：[37]

一、解除員工的徵用。

二、希望離職者可離職，但要確保一部分的必要人員。

三、利用廠內空地開闢農田，實施（日人）糧食自給自足制。

四、等待情勢的進展。

在此同時六燃廠的日籍幹部趕緊燒毀許多的相關機密文件，除財產交接清冊留存外，有關六燃廠的史料僅有少部分遺留。目前可從亞洲歷史資料中心資料庫，搜尋到昭和20（1945）年7月份〈六燃情報〉（表7-3），算是六燃廠在臺最後也是唯一的月報表。[38]由於資料庫提供的原建影像檔

---

[36] 高橋武弘，《第六海軍燃料廠史》，頁62。

[37] 高橋武弘，《第六海軍燃料廠史》，頁63。

[38] 〈六燃情報〉內容摘要如下（僅列標題）：配布先（提出）（略），第六軍燃料廠組織配布先（略），內容目次：一一般事務：空襲與島內情勢，二人事，三生產作業：七月軍燃料生產實績（付表一）、七月分製品實績（付表二），四廠‧設工事，五會計現況，六廠生產現況，七部外工事現況、帝國臺灣鑛業所見現況，八敵機。資料來源：国立公文書館，〈六燃情報〉（公文編號：六燃機密第2067號三，檢索：A03032250800）。

雖不是很清晰，經判讀分析六燃廠所生產的油品共有28項產物，6月份的製品庫存量較多，其中各類航空汽油在庫共272公秉、各種揮發油1,468公秉、各類乙醇473公秉，其餘為各樣的油脂、潤滑油某些數量。但7月份六燃廠含兩支廠共生產91航空汽油143公秉、二號乙醇178公秉（其中由臺拓化學生產37公秉，新竹支廠生產141公秉），其餘的油品生產量幾乎掛零。[39]

表7-3 〈六燃情報〉1945年7月份製品數量一覽表

油品名稱	單位	前月底庫存量	本月生產量	本月支出量	庫存量	備註
甲種91航空汽油	公秉	45	143	188	0	支給軍需部
甲種87航空汽油	〃	143	0	136	7	〃
甲種80航空汽油	〃	81	0	81	0	〃
87揮發油	〃	1423	0	331	1092	甲種91航空汽油生產局112 運送內地219
80揮發油	〃	45	0	0	45	
二號石油	〃	32	0	10	22	支給軍需部
一號乙醇	〃	4	0	4	0	〃
二號乙醇	〃	180	臺拓化學37 合成部141	278	80	〃
乙醚化乙醇	〃	289	0	87	202	支給施設部
檜油殘渣	〃	35	0	0	35	
罐用重油	〃	0	接收處理油泥30	16	14	支給軍需部

---

[39] 28項油品產物名稱：91航空汽油、87航空汽油、80航空汽油、87揮發油、80揮發油、二號石油、一號乙醇、二號乙醇、乙醚化乙醇、檜油殘渣、罐用重油、回收航空礦油、軸封油、二號作動油、一號作動油、車用機油、替代車用機油、臺車油、一號內部礦油、甲種二號車用機油、發電機用油、渦輪機用油、一號牛油、二號牛油、三號牛油、一號齒輪油、二號齒輪油；見附錄〈六燃情報〉製品實績（付表二）。

回收航空礦油	公升	19600	0	19000	600	支給□軍18000 疏散旗山月眉1000
紡織機用油	〃	0	32000	10000	22000	疏散旗山月眉10000
二號作動油	〃	0	800	800	0	廠內使用400 民需400
一號作動油	〃	6100	0	5800	300	支給軍需部
車用機油	〃	21400	0	12800	8600	廠內使用7800 疏散旗山月眉5000
替代車用機油	〃	3000	0	3000	0	廠內使用
臺車油	〃	36000	0	35100	900	民需34800 廠內使用300
一號內部礦油	〃	13400	0	10200	3200	民需5200 疏散旗山月眉5000
冷凍機油	〃	900	0	900	0	支給軍需部
甲種二號車用機油	〃	2150	0	1800	350	疏散旗山月眉
發電機用油	〃	11000	0	9000	2000	民需7000 疏散旗山月眉2000
渦輪機用油	〃	3000	0	3000	0	廠內使用
一號牛油	公斤	150	0	45	105	疏散旗山月眉
二號牛油	〃	1320	0	1155	165	支給軍需部1000 疏散旗山月眉155
三號牛油	〃	1695	0	1230	465	支給軍需部1020 疏散旗山月眉210
一號齒輪牛油	〃	730	0	0	730	
二號齒輪牛油	〃	15	0	0	15	

資料來源：http://www.jacar.go.jp/DAS/meta/MetaOutServlet（公文編號：六燃機密第2067號三，簿冊キー：返赤62012000，アレファレンスコード：A03032250800）

　　若僅從7月份〈六燃情報〉單月的生產報表來評估實際的產能，不免失真，因戰爭末期許多原料來源中斷，煉油設施破壞嚴重，無法理解戰前六燃廠最高峰的產值。《日本海軍史 部門小史》第五卷特別整理六燃廠於1944年、45年（敗戰為止）的主要產品數量統計，比較能夠呈現出實

際的產能數據。[40]表7-4為1944、45年度六燃廠各項油品產量
統計：

表7-4　1944、45年度六燃廠各項油品產量統計

廠別	品名	單位	1944年度	1945年度	合計
高雄	航空汽油	公秉	18,000	2,300	20,300
同	普通汽油	〃	500	0	500
同	石油	〃	300	0	300
同	輕油	〃	300	0	300
同	重油	〃	35,900	1,000	36,900
同	航空潤滑油	〃	500	140	640
同	普通潤滑油	〃	500	100	600
同	牛油（油膏）	噸	60	10	70
同	乙醚化乙醇（酒精）	公秉	0	300	300
新竹	乙醇（酒精）	〃	1,200	2,300	3,500
新高	油脂（椰子、花生、檜）	〃	0	200	200

資料來源：財團法人海軍歷史保存会編，《日本海軍史 第五卷 部門
小史》，頁358。

　　從表7-4可看出六燃廠煉油成品主要以航空汽油和重油
為主，符合太平洋戰爭後期帝國內實施各島嶼自給自足政策
下，因此該燃料廠以提供日軍臺灣防衛軍之戰備後勤需求為
主。以1944年10月發生的「臺灣沖航空戰役」為例，海軍集
結的飛機數量有399架，實際參與作戰機數也有241架，可見
臺灣地區因部署重兵，相對於航空汽油和其他油脂類的需求
量也大。[41]由此得以明瞭六燃廠對臺灣防衛軍後勤支援比例
之重，其中又以最早完成的高雄廠最為重要。有關六燃廠的

---

[40] 財團法人海軍歷史保存会編，《日本海軍史》第五卷，頁358。

[41] 國防部史政編譯局譯印・日本防衛廳防衛研究所，《聯合艦隊之最後
決戰》（臺北市：國防部史政編譯局，1990），頁724；杜正宇，〈日
治時期的「高雄」飛行場研究〉，頁110。

其他資料，可從亞歷資料中心搜尋關鍵字「高雄警備府」，可以得到許多從1943～1945年的作戰月份報告書，對於研究戰史者有很大的助益。其他相關資料還有「海軍第六一航空廠」，「高雄（岡山）飛行場」，「桃子園」等關鍵字，內容大部分是1945年9月後，日本海軍與中華民國海軍、空軍的財產移交清冊。

　　1945年9月中旬後，中華民國經濟部臺灣區特派員辦公處「石油事業接管委員會」先遣人員沈覲泰（後兼任廠長）來廠，10月接管委員會委員長金開英、委員李達海抵達，20日起開始正式交接業務。1945年12月下旬政府決定遣返日籍人員，1946年1月開始遣返作業，期間沈覲泰盼望留守必要人員進行設備維修和開爐煉油，不過1946年4月10日為遣返船最後航班，最後的35位日籍人員集中離開廠區前往高雄港集合返國。[42]六燃廠從此全由中華民國接收人員與臺籍工具操作運轉，也開啟「中國石油股份有限公司高雄煉油廠」的新時代。

（二）戰後中油公司高雄煉油廠發展簡史

　　1946年6月1日「資源委員會中國石油公司」在上海成立，接替原「石油事業接管委員會」業務，六燃廠高雄廠改名「高雄煉油廠」。日籍技術者返國後由中國來臺接收人員僅有5人，金開英決定三項應急措施；首先積極聯絡大陸方

---

[42] 國防部史政編譯局譯印‧日本防衛廳防衛研究所，《聯合艦隊之最後決戰》（臺北市：國防部史政編譯局，1990），頁724；杜正宇，〈日治時期的「高雄」飛行場研究〉，頁110。

面加派人員來臺，其次通知原遣散的六燃廠臺籍工員，最後則登報募集有意者應徵。[43]賓果於1946年8月1日接任廠長後，到翌年共招募兩批人員，成為戰後煉油廠最早的主要幹部。[44]

六燃廠設備在戰前雖有一定的規模，但原第一蒸餾工場毀損情形嚴重，第二蒸餾工場還未完工，又加上物質嚴重缺乏沒有維修零件補充，以及輔助工具設備，只能拆解現有零件湊成一套煉油設備，並以簡單器具如轆轤搬運重型裝置。[45]日治時期配置的油槽管線因沒有線路圖，地下又埋了許多複雜的管線，為了釐清管路的走向及截取多餘油管以取得管線資材，不得不打掉防護炸彈的咾咕石圍牆，然而因當初建設工程紮實，光要拆除圍牆就要耗時二個月，才能繼續管線重新配置工事，同時又進行建構新式蒸氣渦爐、供水設備（原水純水化，減少鍋爐水垢生成以免發生爆炸）、供電設施及配線修復等工程。[46]

另還有原油供給路線問題，由於舊六燃廠時期原油輪船從桃子園港埠駁油，輸油管線經過現在的世運大道（原中海路）到廠區油庫。[47]戰後因港區淤塞且國府海軍不願同意油輪在左營軍港進行卸油作業，因此廠方決定於高雄港區旁

---

[43]　高橋武弘，《第六海軍燃料廠史》，頁63～65。

[44]　高雄煉油廠編，《廠史》（高雄市：高雄煉油總廠，1981），頁3～4。

[45]　廠史編輯委員會，《廠史文粹》（高雄市：高雄煉油總廠，1979），頁555。

[46]　廠史編輯委員會，《廠史文粹》，頁576。

[47]　高雄煉油廠編，〈第一蒸餾工場擴建的經過〉，《廠訊》第13期（高雄市：廠訊出版社，1963）。

苓雅寮，原日本三菱石油、日本石油、出光興業等石油公司舊場地，整修原有的卸油輸送設備，擴建新油槽、泵房、碼頭，重新配置油管，又成立「苓雅寮儲運站」作為港口原油駁油、輸油的轉運點。[48]

其次就是從高雄港到煉油廠的管路路線問題，若規劃行經高楠（臺一線）公路其距離約15公里，但沿著鐵路線則有13公里而已，為節省管線資材，所以決定在鐵路側邊鋪設8英吋原油管、2條6英吋產品油管、2條4英吋油管，作為原油進口、產品出口之用途。[49]由於戰後油管資材短缺故收集苗栗打井用，原臺灣油礦探勘處剩餘堪用的資材，不足之處以鋼板捲成管狀焊補縫隙，克難式地銜接才完成輸油工程要求。[50]

經過上述種種艱辛克難改建、重建工程的磨練後，邊做邊學訓練出一批儀表、焊接、配管等建設油廠所需的各類專業技術者，這些經驗造就了日後高雄煉油廠擴建時的必要技術骨幹，成為因應國家計畫的小港大林廠、林園石化廠建設的重要建設人才。[51]表7-5為1950年代前期，高雄煉油廠所修復工廠名稱及其相關產品產量統計：

48 葉振輝，〈半世紀前的高雄煉油廠與臺鋁公司—史料選讀〉，《走過從前走向未來—歷史見證與回顧》（高雄市：高雄市文獻委員會，1985），頁5。
49 中國石油志編輯小組，《中國石油志》（臺北市：中國石油股份有限公司，1976），頁1278；程玉鳳・張美鈴訪問，《胡新南先生訪問談》（臺北市：國史館，2005），頁58。
50 中國石油志編輯小組，《中國石油志》，頁80。
51 黃銘明紀錄・陸寶千訪問，《金開英先生訪問紀錄》（臺北市南港：中研院近代史研究所，1991），頁127。

表7-5 高雄煉油廠1950年代前期修復工廠名稱以及產量

設施名稱	產量	完工時間	備註
第一蒸餾工場	日煉10,000桶	1948年修復	1962年擴建成日煉15,000桶
第二蒸餾工場	日煉15,000桶	1947年修復	1961年擴建完成
第一真空蒸餾工場	日煉1,000桶	1947年修復	
第二真空蒸餾工場	日煉1,000桶	1952年完工	
柏油吹製設備		1948年完工	

資料來源：凌鴻勛，《廿五年來之中國石油》，頁78。

1949年國民政府撤退來臺，高雄煉油廠所生產油品頓時失去市場，陷入約5年的停滯期。[52]當時煉油廠修復的設備產能逐漸落伍失去競爭力，雖擬定更新計畫但苦無資金財源，幸好1953年啟順利與美國海灣石油公司簽訂200萬美元貸款，以及10年期購買科威特原油合約。翌年又和中東原油公司簽署70萬貸款和長期購買原油合約，終於解決原油來源與更新計畫資金兩大問題。[53]從1953年至1973年期間，貸款籌措資金對象有：海灣石油（1953、1956）、中東原油（1955）、義大利狄諾拉（1966）、亞洲開發銀行（1968）、美國進出口銀行（1972）。簽訂購油合約對象有：中東原油（1951、1952、1953）、海灣石油（1953、1956）、美孚石油（1955）、埃索石油（1956、1957、1958、1966、1971）、印尼國家石油（1968）、沙烏地阿拉伯油礦部（1973）。[54]

這段期間高雄煉油廠陸續更新、擴建完成的設施名稱有：第三蒸餾工場、第四蒸餾工場、第五蒸餾工場、第六蒸

52 李銀胞，〈產業變遷與地方發展——以後進為例（1661–1973）〉，頁72。
53 黃銘明紀錄．陸寶千訪問，《金開英先生訪問紀錄》，頁128。
54 中國石油志編輯小組，《中國石油志》，頁1613～1614。

餾工場、第七蒸餾工場、第一媒組工場、第二媒組工場、第三媒組工場、第一加氫脫硫工場、第二加氫脫硫工場、第三加氫脫硫工場、第四加氫脫硫工場、觸媒裂解工場、丙烯回收工場、烷化工場、輕油回收工場、媒聚工場、燃氣脫硫工場、硫磺回收工場、硫酸工場、輕油工場、石油焦工場、第三真空蒸餾工場、第一輕油裂解工場、第二輕油裂解工場。

　　另為因應十大建設計畫，於高雄縣林園鄉建造第三輕油裂解工場，供應石化原料給予石化中、下游業者。[55]高雄煉油廠從業人員在這些建廠的經驗中學習成長，因煉油技術達到一定的水準可以輔助國外油廠。例如從1963年開始協助泰國新建流由廠試爐，首批25人轉調中國技術服務社前往支援，往後逐年派遣工程人員協助泰國油廠，這項計畫直到1972年為止。[56]

　　因煉油廠持續擴廠興建，需要更多的技術勞動力，進而聘用更多的員工，加上煉油廠眾多的福利設施，[57]吸引越來越多人願意就業，油廠員工及其家屬便聚居在鄰近地區。還有1960年代楠梓加工區也在後勁地區成立，外商投資的工廠紛紛設置，於是雙重誘因吸引更多的外來就業人口，於是在後進舊部落以外地區形成新聚落。臺灣經濟型態逐漸從農業轉型到工業，陸續帶動後勁、右昌、高縣大社等鄰近區域住

---

[55]　中國石油志編輯小組，《中國石油志》，頁1275～1294。

[56]　中國石油志編輯小組，《中國石油志》，頁389～390。

[57]　高雄煉油廠宿舍區內的福利設施有：福利社（冰棒、碾米場、洗衣部、車用機油品優惠），水電瓦斯優惠，室、內外游泳池，網球場，籃球場，保齡球館（現改職工訓練中心），高爾夫球場，通勤車補助，電影院，幼稚園，附設小學、中學，靈堂等相關設施。

民結構的改變。然而隨著臺灣經濟發展，人民生活富裕也越來越重視環保問題，不過原有的煉油設備無法馬上改進，造成環境汙染引發後近居民抗爭，後來要興建第五輕油裂解工場之際，一直延宕無法進行工程，後來郝柏村行政院長同意25年的遷廠承諾才得以興建，期限就定在民國104年，後續會有怎樣的進展還有待觀察。

伍、小結

高雄地區在1936年以降，日本帝國海軍省從高雄飛行場建設開始，進行六一航空廠、桃子園港、六燃廠，以及其他分布在高雄鄰近山丘的戰備坑道，逐漸將高雄打造成一座軍事要塞，加上原有的水泥產業、製糖工廠，新興的金屬重工業、機械業，配合總督府建造的高雄港、縱貫鐵公路基礎設施，讓高雄市在日治時期的最後8、9年之間，蛻變成一個工業、軍事發達都市，急遽地改變左楠地區原屬農漁業經濟型態的面貌，而今日高雄市的都市街道規劃，基本上也在當時就已經奠定基礎。不過也因高雄地區因軍事設施、產業設備密集而成為美軍強烈轟炸的目標區，除了財物損失外人員的耗損更是驚人，戰爭的殘酷莫過於此。

六燃廠建設過程當中動員日本、臺灣兩地龐大的經費、人力、技術、物資，雖然主要的設計和技術支援以日本廠商為主，但這個時候也開放讓部份技術優良的臺資企業也藉此契機加入建設團隊，加上因應局勢產品修訂而變更設備與製程，同時也提升在地臺灣廠商的技術水準，奠定戰後臺灣工業技術發展的根基。六燃廠原有的設立宗旨乃因應太平洋

戰爭局勢，為提供日本本土的燃料，並支援南方源需求而產生。然而日軍在中途島戰役敗北後，防線日益後退，臺灣由帝國的南進基地逐漸轉化為防衛前線基地，戰爭末期建廠雖然有了大致的成果，此時因南方原料因海運中斷而無法提供，六燃廠原物料改以在地為主，產品也以臺灣駐軍需為優先。1945年菲律賓備美軍收復後，臺灣島成為實質上的第一前線，對日本帝國而言為要保護本土的國防，必須將臺灣島建成一座要塞堡，因六燃廠擔負著防衛戰機所需燃油、潤滑油之供應者角色，戰略地位極為重要，必須將其技術人員與設備藏匿或疏散。首先便是利用半屏山建造特殊的山洞工廠，後又準備移轉部分設備到新竹，這些防護措施有效降低工廠的損失，留存許多的堪用設備給中華民國政府，戰後才能迅速復原修繕。

　　六燃廠建設時需要大量的各類技術員、設備維修人員，其中少數主要的技術領導者仍由日本人擔任。其餘的操作、維護人員則必須募集臺灣人施予技術培訓，招募幾梯次的臺籍工員養成訓練，成為戰後高雄煉油廠重建的重要基層技術骨幹。由於有這些技術純熟的老臺籍工員擔任領班，配合大陸來臺接收油廠幹部，以及戰後招募的年青職工，共同為臺灣經濟發展努力，日後甚至可以輸出技術與人力支援建造、試俥泰國和中東地區的新型煉油廠，為臺灣煉油技術塑造新的技術里程碑。

　　六燃廠在戰後搖身一變成為「中國石油股份有限公司高雄煉油總廠」，長期以來為臺灣地區之民生煉製各類燃料油，與提供中、下游工廠石化原料的需求，因此高雄煉油

廠具有石化工業重鎮地位以及穩定臺灣經濟發展的功能。面積遼闊的廠區與員工的宿舍群，由於優質的綠化植栽和開闊的居住環境，還有加工出口區的成立，和後勁原有的傳統社區，形成三種截然不同的地理景觀，這在臺灣是一個相當特殊的地區。但在不久之後的民國104年，高雄煉油廠即將面臨遷廠，從日治時期的六燃廠→戰後的高雄煉油廠→未來石化產業將何去何從？日後又將成為另一個值得深入研究探討的課題。

參考書目

一、中文

（一）史料、檔案

杜正宇，《美國國家檔案館所藏二戰時期臺灣戰爭相關紙本類檔案簡
　　目》（臺南：國立臺灣歷史博物館，2012）。

行政院國際經濟合作發展委員會，《臺灣漁業運用美援成果檢討》
　　（臺北，行政院國際經濟合作發展委員會，1966）。

高雄市立歷史博物館藏，〈接收前日海軍概況位置要圖〉
　　（編寫單位不詳，1936-1936年間，高市史博館登錄號：
　　KH2000.001.172）。

高雄港務局，《高雄港擴建工程施工報告》（高雄：高雄港務局，
　　1971）。

高雄港務局，《高雄港第二港口開闢工程》（高雄：高雄港務局，
　　1976）。

葉振輝，〈半世紀前的高雄煉油廠與臺鋁公司—史料選讀〉，《走過
　　從前走向未來—歷史見證與回顧》（高雄市：高雄市文獻委員
　　會，1985）。

臺灣省政府，《臺灣省府委員會議等會議檔案》。

臺灣省警備總司令部編印，《臺灣省警備總司令部周年工作概況報告
　　書》（臺北：臺灣警備總司令部接收委員會，1946）。

臺灣省警備總司令部編印，《臺灣警備總司令部軍事接收總報告》
　　（臺北：警備總司令部，1946）。

檔案管理局，《臺灣海軍情報資料》（檔號0035511.14010）。

聯勤總司令部測量署，〈小港：Sheet 2114 I SW, Serial L892〉（臺
　　　北：聯勤總司令部測量署，1957）。

（二）口述記錄

許雪姬，《高雄市二二八相關人物訪問紀錄》上冊（臺北市：中央研
　　　究院近代史研究所，1995）。

黃有興編，《日治時期馬公要港部：臺籍從業人員口述歷史專輯》
　　　（馬公：澎湖縣政府文化局，2004）。

黃銘明紀錄・陸寶千訪問，《金開英先生訪問紀錄》（臺北市南港：
　　　中研院近代史研究所，1991）。

陳維焱，〈陳木河先生口述訪談〉（未刊稿）。

程玉鳳・張美銓訪問，《胡新南先生訪問談》（臺北市：國史館，
　　　2005）。

謝濟全，〈日本海軍施設部臺籍監工謝天生訪談錄〉，收入杜正宇、
　　　謝濟全，〈盟軍記載的二戰臺灣機場〉，《臺灣文獻》，63卷3
　　　期（2012年9月）。

（三）專書

中國石油志編輯小組，《中國石油志》（臺北市：中國石油股份有限
　　　公司，1976）。

日本防衛省戰史室，吳玉貴譯，《「捷」號作戰指導》（臺北：國防
　　　部史政編譯局，1989）。

日本防衛省戰史室，曾清貴譯，《聯合艦隊之最後決戰》（臺北國防
　　　部：史政編譯局，1990）。

日本防衛省戰史室，林石江譯，《「決」號作戰與投降》（臺北市：
　　　國防部史政編譯局，1990）。

坂井三郎著，黃文範譯，《荒鷲武士》（臺北：九歌，1999）。

李連墀，《高港回顧》（自行出版，1997）。

林玉萍，《臺灣航空工業史─戰爭羽翼下的1935年~1979年》（臺北：新銳文創，2011）。

空軍總司令部，《空軍年鑑：民國三十五年》（臺北：空軍總司令部，1946）。

空軍總司令部，《空軍年鑑：民國三十六年》（臺北：空軍總司令部，1947）。

空軍總司令部，《空軍年鑑：民國三十七年》（臺北：空軍總司令部，1948）。

空軍總司令部，《空軍年鑑：民國三十八年》（臺北：空軍總司令部，1949）。

空軍總司令部，《空軍年鑑：民國三十九年》（臺北：空軍總司令部，1950）。

高雄市文化局，《高雄老明信片》（高雄：高雄市文化局，2004）。

高雄煉油廠編，《廠史》（高雄市：高雄煉油總廠，1981）。

梁晉誌主編，《滬道日安：日本年特展》（淡水：臺北縣立淡水古蹟博物館，2009）。

曾玉昆，《高雄市各區發展淵源》（高雄：高雄市政府文獻會，2003）。

張連榮主編，《高雄港三十年志》（高雄：高雄港務局，1975）。

楊玉姿，《前鎮開發史》（高雄市：前鎮區公所，2007）。

張守真，《高雄港紀事》（高雄：高雄市立中正文化中心，1996）。

廠史編輯委員會，《廠史文粹》（高雄市：高雄煉油總廠，1979）。

劉鳳翰，《日軍在臺灣：1895年至1945年的軍事措施與主要活動》（臺北：國史館，1977）。

（四）研究論文

王御風等，〈社會型態與社會構成〉，《重修屏東縣志》（屏東，屏東縣政府，2012）。

何鳳嬌，〈戰後初期臺灣軍事用地的處理〉，《國史館學術集刊》，

第19期（2009年）。

杜正宇、謝濟全，〈高雄「苓雅寮」機場初探〉，《高雄文獻》，3卷3期（2013年9月）

杜正宇、傅朝卿，〈東風西漸─日、臺飛行場的發展與源流〉（東海大學建築系：亞洲涵構中的臺灣建築與都市─2013臺灣建築史論壇，2013年6月）

杜正宇，〈太平洋戰爭下的高雄岡山機場〉（第二屆近代戰爭史研討會，2012年10月）

杜正宇，〈太平洋戰爭下臺灣的航空攻防（1941-1945）〉（岡山：空軍航空技術學院主辦，軍事通識教育暨航空史學術研討會，2012年10月）。

杜正宇、謝濟全，〈盟軍記載的二戰臺灣機場〉，《臺灣文獻》，63卷3期（2012年9月）。

杜正宇，〈日治下的臺南機場〉，《臺南文獻》，第1期（2012年7月）。

杜正宇，〈真相與想像之間：論美國貝西羅斯故居的歷史保存〉，《成大歷史學報》，第42期（2012年6月）。

杜正宇、吳建昇，〈日治下臺南永康機場的時空記憶〉，《臺灣文獻》，63卷1期（2012年3月）。

杜正宇，〈美國聖地的形塑與歷史保存的困境：蓋茨堡案例〉，《文資學報》，第6期（2011年12月）。

杜正宇，〈從州議會到世界遺產：美國獨立廳的發展歷程〉，《文化資產保存學刊》，第18期（2011年12月）。

杜正宇，〈日治時期的「高雄」飛行場研究〉，《高雄文獻》，1卷2期（2011年9月）。

杜正宇、金智，〈日治時期的臺南機場〉（路竹：高苑科技大學主辦，2011南臺灣歷史與文化學術研討會，2011年6月）。

杜正宇，〈永康機場的時空記憶〉（臺中：逢甲大學主辦，第五屆中南部研究生歷史相關論文發表會，2011年5月）。

杜正宇，〈美國弗農山莊婦女協會的保存行動（1853-1860）〉，《文化資產保存學刊》，第15期（2011杜正宇，〈臺、美歷史保存

的發展與比較〉，《文化資產保存學刊》，第14期（2010年12月）。

李文環，〈漁塭變軍港—萬丹港之歷史地理研究〉，《白沙歷史地理學報》第2期（2006）。

李銀脳，〈產業變遷與地方發展—以後勁為例（1661–1973）〉（臺南市：成功大學歷史所在職專班碩士論文，2010年）。

金智，〈走過時空記憶的臺南空軍基地1937—1958〉，《中華軍史學會會刊》，第17期（2012年10月）。

金智，〈二戰時期臺灣航空要略與光復後空軍的接收〉，《2012軍事通識教育暨航空史學術研討會論文集》（岡山：空軍航空技術學院通識教育中心，2012年10月）。

金智，〈中華民國空軍在遷臺初期的整建與發展1949—1958〉，《中華軍史學會會刊》，第16期（2011年10月）。

金智，〈臺灣光復後中國空軍的接收〉，《抗戰勝利暨臺灣光復六十五周年國際學術研討會論文集》（重慶：中國社會科學院，2010年11月）。

林蕙玟、傅朝卿，〈戰爭紀念性意義之差異性研究—以金門與美國蓋茲堡之役紀念物之設置意涵為探討〉《建築學報》，第62期（2007）。

周明德，〈日軍的不沈航空母艦—臺灣的「獻納飛行場」〉，《臺灣風物》，48卷2期（1998）。

紀榮松，〈跨海西征的駐臺日本海軍鹿屋航空隊〉，《淡江史學》，18期（2007年）。

洪致文，〈二戰時期日本海陸軍在臺灣之機場〉，《臺灣學研究》，第12期（2011）。

洪致文，〈臺灣飛行場考古—高雄飛行場〉，《全球防衛雜誌》，第309期（2010）。

高雄煉油廠編，〈第一蒸餾工場擴建的經過〉，《廠訊》第13期（1963年3月）。

許雪姬，〈唐榮鐵工廠之研究（一九四〇～一九四五）〉，《高雄歷史與文化論集》二輯（高雄市：財團法人陳中和翁慈善基金會，

1995）。

許進發，〈1944年美軍攻臺計畫的戰情資料─陸海軍聯合情報研究第
　　87號〉，《戰時體制下的臺灣學術研討會論文集》（南投：國
　　史館臺灣文獻館，2004）。

陳文樹，〈屏東空軍基地和民用機場的沿革變遷〉，《屏東文獻》，
　　第15期（2011）。

陳柏棕，〈若櫻的戰爭足跡─臺灣海軍特別志願兵之部署與戰後復員
　　（1944-46）〉，《臺灣國際研究季刊》，8卷2期（2012）。

陳達銘，〈美軍空襲臺灣資訊搜錄（1943-1945）〉，《臺灣近代戰爭
　　史（1941~1949）第二屆國際學術研討會論文集》（臺北：高雄
　　市關懷臺籍老兵文化協會，2012年10月）。

張志源、邱上嘉，〈西元1937-1945年臺灣淡水水上機場角色功能與空
　　間配置之研究〉，《科技學刊》，第16卷，人文社會類，第2期
　　（2007）。

曾令毅，〈「航空南進」與太平洋戰爭：淡水水上機場的設立與發
　　展〉，《臺灣文獻》，63卷2期（2012）。

曾令毅，〈二次大戰前日軍在臺航空兵力發展之初探（1927-45）〉，
　　《臺灣國際研究季刊》，8卷2期（2012）。

曾令毅，《日治時期臺灣航空發展之研究》（臺北：淡江大學碩士論
　　文，2008）。

謝濟全、金智，〈戰爭動員下日本海軍在高雄地區航空設施興建的戰
　　備分析〉（岡山：空軍航空技術學院主辦，軍事通識教育暨航空
　　史學術研討會，2012年10月）。

謝濟全，〈日治後期高雄第六海軍燃料廠之興建與戰備分析〉，《史
　　地研究》，第3期（2011年）。

（五）網站

Anderson，「Anderson's Airdrome」：http://andersonplus.blogspot.tw/.

J. Yao，「REIGARYO SEAPLANE STATION」：
　　http://www.flickr.com/photos/jonyao/6465745029/.

中央研究院人社中心，「臺灣文史資源（空間圖資）海外徵集與國際
　　合作」：http://gis.rchss.sinica.edu.tw/GIArchive.

文化部文化資產局，「文化資產入口網」：http://www.boch.gov.tw/
　　boch/.

文化部，「國家文化資料庫」：http://nrch.cca.gov.tw/ccahome/.

洪致文，「飛行場の測候所」：http://cwhung.blogspot.com/.

孫拉拉，「孫拉拉的苓雅寮日記」：http://lingyaliao.blogspot.tw/.

高雄市立歷史博物館，「高雄老照片館藏」：
　　http://139.175.13.20/kmh/oldphoto/main.html.

匿名，「人～」：http://tw.myblog.yahoo.com/yuhjiu-0825.

匿名，「三叔公黑白想黑白講」：http://5rams.blogspot.tw/.

匿名，「地圖會說話」：http://richter.pixnet.net/blog/.

匿名，「岡山論壇」：
　　http:// www.sunchi.idv.tw/gscity/gscity/forum.php.

匿名，「《鞠園》文史與集郵論壇」：
　　http:// http://www.5819375.idv.tw/phpbb3/index.php.

國家圖書館，「臺灣記憶Taiwan Memory」：
　　http://memory.ncl.edu.tw/tm_cgi/hypage.cgi.

張維斌，「TAIWANAIRBLOG」：http://taiwanairpower.org/blog.

新北市立淡水古蹟博物館，「新北市立淡水古蹟博物館」：
　　http://www.tshs.tpc.gov.tw/.

劉秀美，「國民美術」：http://siubei6.blogspot.tw/.

二、日文

（一）史料、檔案

（1）アジア歴史資料センター－檔案

アジア歴史資料センター，〈（S4）1連基地飛行機隊戰鬥行動調書〉（Code: C08051768500）。

アジア歴史資料センター，〈大日本航空株式会社定款〉（Code：A03034241500）。

アジア歴史資料センター，〈六燃機密第2067號三，六燃情報〉（Code：A03032250800）。

アジア歴史資料センター，〈国有財產引渡目録　新竹分工場〉（C08010567000）。

アジア歴史資料センター，〈軍務二第四四九號 8.6.23芩雅寮飛行機不時着陸場設備工事竣工ノ件〉（Code: C05023191300）。

アジア歴史資料センター，〈要塞地帶内運河新設に関する件〉（Code: C01002251300）。

アジア歴史資料センター，〈島内定期航空開始に関する件〉（Code: C01006840500）。

アジア歴史資料センター，〈航空路勤務員配置ノ件〉（Code: C04121613100）。

アジア歴史資料センター，〈航空器材特別支給の件〉（Code: C01002024200）。

アジア歴史資料センター，〈馬要第26号9・11・14 高雄港内海海面埋立に関する件〉（Code: C05023776700）。

アジア歴史資料センター，〈高雄より旗役に通ずる電線架設の件〉（Code: C05021416500）。

アジア歴史資料センター，〈高雄州技手千枝四郎叙勲ノ件〉（Code: A10113024600）。

アジア歴史資料センター，〈高雄州高雄ヲ要港ト為シ其ノ境域ヲ定ムルノ件〉（Code：A03022813000）。

アジア歴史資料センター，〈高雄空 飛行機隊戦闘行動調書〉（Code: C08051590100至C08051593000）。

アジア歴史資料センター，〈高雄飛行場用地買収外三廉工事要領變更ノ件（官房第二六六五號）〉（Code: C05111104400）。

アジア歴史資料センター，〈高雄漁港用地として海軍用地管理換の件（1）〉（Code: C04015890100）。

アジア歴史資料センター，〈高雄漁港用地として海軍用地管理換の件（2）〉（Code: C04015890200）。

アジア歴史資料センター，〈高雄警備府戦時日誌戦闘詳報〉（Code: C08030509900至C08030512300）。

アジア歴史資料センター，〈密大日記〉（Code：C01002598500）。

アジア歴史資料センター，〈飛行機 表1〉（Code：C08010567900）。

アジア歴史資料センター，〈鹿港飛行場相互管理換ノ件上申〉（Code: 01006436600）。

アジア歴史資料センター，〈鹿港飛行場移轉ノ件〉（Code: C01002095300）。

アジア歴史資料センター，〈第2高雄空飛行機隊戦闘行動調書〉（Code: C08051593400至C08051593600）。

アジア歴史資料センター，〈第10方面軍作戦準備並に作戦記録〉（Code: C11110383700）。

アジア歴史資料センター，〈第61海軍航空廠臺北地区接収目録（1）〉（Code：C08010566200）。

アジア歴史資料センター，〈第208号9・5・15高雄市過仔戲子甲所在用地に関する件〉（Code: C05023829300）。

アジア歴史資料センター，〈第1627号10・4・17 飛行機離着に高雄海軍用地使用の件〉（Code: C05034523500）。

アジア歴史資料センター，〈第2665号12・5・20 高雄飛行場用地買
　　收外3廉工事要領変更の件〉（Code: C05111104400）。

アジア歴史資料センター，〈第号9・7・30 海岸海面に土木工事施行
　　に関する件〉（Code: C05023776800）。

アジア歴史資料センター，〈第三三四設營隊戦時日誌（2）〉
　　（C08030306900）。

アジア歴史資料センター，〈臺北練兵場土地買收ニ関スル件〉
　　（Code: C01006045100）。

アジア歴史資料センター，〈臺灣方面軍作戦記録〉（C11110354100
　　至C11110355800）。

アジア歴史資料センター，〈臺灣空襲狀況集計〉（Code:
　　C11110408300至C11110409200）。

アジア歴史資料センター，〈臺灣總督府原飛行班格納庫を臺北練兵
　　場に移轉工事實施の件〉（Code: C01006126000）。

（2）日本防衛省防衛研究所史料閱覽室檔案

防衛省防衛研究所史料閱覽室，〈大東亞戰爭戰訓（築城施設）第一
　　輯〉（請求番號：中央-戰訓-85）。

防衛省防衛研究所史料閱覽室，水路部，〈航空路資料（第10）昭和
　　15年4月　刣行　臺灣地方飛行場及不時着陸場〉（請求番號：
　　（6）技術-水路（航路）-211）。

防衛省防衛研究所史料閱覽室，田中春男，〈第61海軍航空廠に於
　　ける93中練生產の思出〉（請求番號：（1）中央—日誌回想—
　　262）。

防衛省防衛研究所史料閱覽室，田中春男，〈第61海軍航空廠（臺
　　灣・岡山）に於ける９３式上中間練習機の生產について〉（請
　　求番號：（1）中央—日誌回想—261）。

防衛省防衛研究所史料閱覽室，〈修理兵器月報調書 昭和17年8月22
　　日—昭和19年8月16日〉（請求番號：（5）航空關係—全般—
　　96）。

防衛省防衛研究所史料閱覽室，〈飛機場紀錄內地（千島・樺太・北海道・朝鮮・臺灣を含む）〉（請求番號：陸空本土防空48）。

防衛省防衛研究所史料閱覽室，〈航空基地圖（朝鮮、臺灣、支那方面）〉（請求番號：（5）航空基地87）。

防衛省防衛研究所史料閱覽室，〈臺灣地方飛行場及不時着陸場〉（請求番號：技術-水路（航路）-211航空路資料（第10））。

（3）其他史料

日本陸地測量部與參謀本部發行，〈高雄9号〉（1:50,000，1930）。

日航，《定期航空案內》，昭和11年（1936）10月至昭和12年（1937）3月。

日航，《定期航空案內》，昭和12年（1937）10月至昭和13年（1938）3月。

日航，《定期航空案內》，昭和14年（1939）4月至昭和14年（1939）9月。

末國正雄、秦郁彥，《聯合艦隊海空戰戰鬥詳報》（東京，アテネ書房，1996）。

臺灣三成協會《まこと》。

臺灣日日新報，《臺灣日日新報》。

《臺灣日誌》（漢珍數位圖書電子資料庫）。

臺灣總督府交通局高雄築港出張所，《高雄港》（臺北：臺灣總督府交通局高雄築港出張所，1928）。

臺灣農林新聞社，《臺灣農林新聞》。

臺灣總督府，《臺灣總督府府報》。

臺灣總督府臨時情報部，《部報》。

臨時臺灣工事部，《打狗築港計畫一斑》（臺北：臨時臺灣工事部，1908）。

（二）專書

ヘンリー・サカイダ著，小林昇譯，《日本海軍航空隊のエース》（東京：大日本繪畫，2006）。

大竹文輔，《臺灣航空發達史》（臺北：臺灣國防義會航空部，1939）。

日本防衛省防衛研究所，《戰史叢書：沖繩、臺灣、硫黃島方面作戰：陸軍航空作戰》（東京：朝雲新聞社，1970）。

日本航空協會，《日本民間航空史話》（東京：日本航空協會，1975）。

日本航空協會，《日本航空史年表─証言と写真で綴る70年》（東京：日本航空協会，1981）。

日本海軍航空外史刊行会，《海鷲の航跡別冊・海軍航空年表》（東京：原書房，1982）。

五味田忠，《臺灣年鑑》（昭和18年）（臺北：成文，1985）。

片岡直道，《航空五年》（東京：遞信學館，1937）。

平木国夫，《日本飛行機物語─首都圈篇》（東京：冬樹社，1982）。

永石正孝（1961），《海軍航空隊年誌》（東京：出版共同社，1961）。

竹內正虎，《日本航空發達史》（東京：相模書房，1940）。

佐用泰司，《海軍設營隊の太平洋戦争：航空基地築城の展開と活躍》（東京：光人社，2001）。

神野正美，《臺灣沖航空戰》（東京：光人社，2004）。

原勝洋，《真相・カミカゼ特攻》（東京：KKベストセラーズ，2004）。

財團法人海軍歷史保存会編，《日本海軍史（第五卷）》（東京：第一法規出版株式会社，1995年）。

財團法人海軍歷史保存会編，《日本海軍史（第六卷）》（東京：第

一法規出版株式会社，1995年）。

財團法人海軍歷史保存会編，《日本海軍史（第七卷）》（東京：第一法規出版株式會社，1996）。

財團法人海軍歷史保存会編，《日本海軍史（第八卷）》（東京：第一法規出版株式會社，1996）。

海老原耕水編，《三宮殿下奉迎帝國聯合艦隊歡迎紀念帖》（臺北：臺灣產業評論社，1933）。

海軍飛行科予備学生生徒史刊行会，《海軍飛行科予備学生・生徒史》（東京：海軍飛行科予備学生生徒史刊行会，1988）。

海軍歷史保存會，《日本海軍史（第七卷）》（東京：第一法規出版株式會社，1996）。

高雄市役所，《高雄市勢要覽》（高雄市：市役所，1929年）。

高橋武弘《第六海軍燃料廠史》（東京：第六海軍燃料廠史編集委員会，1986）。

渡辺博史，《空の彼方（一）海軍基地航空部隊要覽》（東京：楽學庵，2008）。

渡辺博史，《空の彼方（二）海軍基地航空部隊要覽》（東京：楽學庵，2008）。

渡辺博史，《空の彼方（三）海軍基地航空部隊要覽》（東京：楽學庵，2008）。

渡辺博史，《空の彼方（四）海軍基地航空部隊要覽》（東京：楽學庵，2008）。

渡辺博史，《空の彼方（五）海軍基地航空部隊要覽》（東京：楽學庵，2008）。

渡辺博史，《空の彼方（六）海軍基地航空部隊要覽》（東京：楽學庵，2008）。

渡辺博史，《空の彼方（七）海軍基地航空部隊要覽》（東京：楽學庵，2008）。

增田正吾，《赤蜻賦》（大阪：關西書院，1982）。

燃料懇話會編，《日本海軍燃料史》（東京：原書房，1972）。

臺灣總督府警務局，南天書局複印，《臺灣總督府警察沿革志》（臺

北：南天，2007）。

臺灣日日新報社《飛行隊見學》（臺北：臺灣日日新報，1936）。

臺灣自動車界社，《臺灣自動車界》（1939）。

臺灣經世新報社，《臺灣大年表》（臺北：臺灣經世新報社，1925）。

臺灣總督府交通局遞信部，《臺灣航空事業ノ概況》（臺北：臺灣日日新報社，1941）。

篠原哲次郎，《臺灣市街庄便覽》（臺北市：臺灣日日新報社，1932年）。

（三）論文

高雄商工會，《高雄商工會報》，68卷24期（1936）。

原田生，〈臺灣の民間航空に就て〉，《交通時代》（交通時代社，1937）。

新見幸彦，〈ワシントン条約廃棄—海軍の論理と心理〉，《政治経済史学199号》（東京：政治経済史学会編集，1982）。

臺湾引き揚げ者会・事務局編集，〈終戦秘話臺湾の8月15日」〉，《ブックレット》No2（1989年6月）。

（四）網站

「プロペラ旅客機」：
http://blog.livedoor.jp/amet1972/archives/cat_10005168.html.

「飛行第16戰隊による爆撃」：
http://www16.ocn.ne.jp/~pacohama/sentaisi/16sen.html.

「海軍特設飛行隊一覧」：
http://www.jyai.net/military/data-07/index20.htm.

「能登呂の概要」：
http://dougakan675.blog49.fc2.com/blog-category-73.html.

「愛機零戦で戦った一千二百日海軍飛曹長谷水竹雄」：
　　http://d.hatena.ne.jp/kanabow/comment?date=20110924&section=p1.

三、英文

（一）史料、檔案

（1）美國國防部檔案（War Department）

Policy and Government Branch, Civil Affairs Division, War Department,
　　Draft Directive Concerning Military Government of Formosa and the
　　Pescadores, 9 November 1944, RG165, Box.779 (NARA).

War Department Intelligence, Airfields in Formosa, 21 November 1946,
　　RG319, Box.83 (NARA).

War Department Intelligence, Former Japanese Airfields in Formosa, 28
　　October 1946, RG319, Box.1372 (NARA).

（2）遠東事務局檔案（Bureau of Far Eastern Affairs）

Bureau of Far Eastern Affairs, Department of the States, Formosa Airfields
　　and Facilities, 1954, RG59, Box.14 (NARA).

Bureau of Far Eastern Affairs, Department of the States, Formosa Airfields
　　and Facilities, 1955, RG59, Box.14 (NARA).

（3）戰略情報局檔案（Office of Strategic Services）

18th Photo Intelligence Detachment, Okayama Aircraft Plant, RG226,
　　Box.87 (NARA).

（4）陸軍參謀部檔案（G-2）

Assistant Chief of Staff (G-2), Intelligence Administrative Div., Janis 87:
　　Study No.29 – Taiwan(Plans), RG319, Box.423 (NARA).

G-2, Estimate & Terrain Appreciation – Pescadores, 25 Sept. 1944, RG338, Box.99 (NARA).

G-2, Estimate of the Enemy Situation: Formosa Army, 20 Sep., 1944, RG338, Box.99 (NARA).

G-2, Tactical Study of the Terrain: Formosa Army, 20 Sep., 1944, RG338, Box.99 (NARA).

（5）陸軍太平洋戰區司令部（US Army Force, Pacific Ocean Area）

US Army Force, Pacific Ocean Area, Study of Formosa, 15 Feb. 1945, RG165, Box.2220 (NARA).

（6）陸軍第十軍檔案（Tenth Army）

Hdq – G2 - Tenth Army, Map and Terrain Study of Shinshiku Beach, Okayama Beach, Boko – Retto, Western Central Boko Is, Nisoko Beach, Hobito Beach, Formosa, Sep to Oct, 1944, RG338, Box.74 (NARA).

Hqs, 10th Army, Maps-Formosa, Overlays-Formosa to Overlays & Wire Plans, RG338, Box.73 (NARA).G-3, Tenth Army, JICPOA # 9122, Terrain Study Formosa, Issued for Planning Purposes, RG338, Box.99 (NARA).

G-3 Correspondence 1945 to Operations 1944; Tenth United States Army, Maps & Overlays to Reports, 1944-1945, Causeway – Signal File 1944 to Causeway Operation – Gen. (Ordnance), 1944, RG338, Box.77 (NARA).

Tenth United States Army, Artillery Section, RG338, Box.74 (NARA).

Tenth United States Army, Location of Air Facilities and Naval Bases, Prepared by G-2, USAFPOA, August 1944, RG338, Box.75 (NARA).

Terrain Appreciation: Southwest Formosa, 19 September 1944, RG338, Box.75 (NARA).

（7）陸軍第20航空軍任務報告
（20th Air Force Operational Reports）

20th Air Force, Headquarters XX Bomber Command APO 493, RCM Report – Combat Mission No.11, Okayama, Formosa, 16 October 44 – Daylight, 23 October 1944, RG18, Box.5434 (NARA).

20th Air Force, Headquarters XX Bomber Command Intelligence Section APO 493, Japanese Fighter Tactics - Mission Report No.11, 23 October 1944, RG18 (NARA).

20th Air Force, Headquarters XX Bomber Command Intelligence Section APO 493, Tactical Mission Report No.11-12, 23 October 1944, RG18, Box.5434 (NARA).

20th Air Force, Headquarters XX Bomber Command APO 493, Annex M, Damage Assessment Report No.11, Target: Okayama Aircraft Assembly Plant, Okayama, Formosa, 23 October 1944, RG18 (NARA).

20th Air Force, Headquarters XX Bomber Command Intelligence Section APO 493, Damage Assessment Report No.11, Target: Okayama Aircraft Assembly Plant, Okayama, Formosa, 25 Oct 44, RG18, Box.5434 (NARA).

20th Air Force, Headquarters XX Bomber Command Intelligence Section APO 493, Damage Assessment Report No.12, Target: Main Quay, Takao, Formosa, 25 Oct 44, RG18, Box.5434 (NARA).

20th Air Force, Headquarters XX Bomber Command Intelligence Section APO 493, Damage Assessment Report No.13, Target: Toshien Harbor, Formosa, 26 Oct 44, RG18, Box.5434 (NARA).

20th Air Force, Headquarters XX Bomber Command Intelligence Section APO 493, Damage Assessment Report No.14, Target: Taichu Airfield, Formosa, 26 Oct 44, RG18, Box.5434 (NARA).

20th Air Force, Headquarters XX Bomber Command Intelligence Section

APO 493, Damage Assessment Report No.16, Target: Heito Airdrome, Heito, Formosa, 27 Oct 44, RG18, Box.5434 (NARA).

20th Air Force, Headquarters XX Bomber Command Intelligence Section APO 493, Tactical Mission Report No.10, Target: Okayama Aircraft Assembly Plant, Okayama, Formosa, 28 October 1944, RG18, Box.5434 (NARA).

20th Air Force, Headquarters XX Bomber Command APO 493, Tactical Mission Report, Field Orders No.11 and 12, Mission No.11 and 12, Target on the Island of Formosa, 28 Oct 44, RG18, Box.5434 (NARA).

20th Air Force, Headquarters XX Bomber Command Intelligence Section APO 493, Annex B, Execution of the Mission, Formosa, 28 October 1944, RG18 (NARA)

20th Air Force, Office of the Deputy Commander, IB and C APO 493, Tactical Mission Report, Field Orders No.28, Mission No.28, Target: Kagi Air Base, Kagi, Formosa, 6 Feb 45, RG18, Box.5434 (NARA).

（8）陸海軍聯合情報研究部
（Joint Army-Navy Intelligence Study）

Joint Army-Navy Intelligence Study of Formosa (Taiwan), Port Facilities, June 1944, RG319, Box.421 (NARA).

Joint Army-Navy Intelligence Study of Formosa (Taiwan), Defenses, June 1944, RG319, Box.421 (NARA).

JANIS 87, Joint Army-Navy Intelligence Study of Formosa (Taiwan), Naval and Air Facilities, June 1944, RG319, Box.421 (NARA).

JANIS 87-1, Joint Intelligence Study Publishing Board, Air Facilities Supplement to Janis 87, Formosa (Taiwan), July 1945, RG319, Box.421 (NARA).

（9）太平洋艦隊與太平洋戰區司令部（United States Pacific Fleet and Pacific Ocean Areas）

United States Pacific Fleet and Pacific Ocean Areas, Air Information
Summary: Formosa and Pescadores, CINCPAC – CINCPOA Bulletin
No.150-44, 25 November 1944, RG38, 330/24/21/3-5 (NARA).

United States Pacific Fleet and Pacific Ocean Areas, Air Target Maps &
Photos Selected Targets: Northern Formosa, Pescadores, CINCPAC –
CINCPOA, A.T.F. No.146A-44 1 October 1944, RG38, 330/24/21/3-5
(NARA).

United States Pacific Fleet and Pacific Ocean Areas, Air Information
Summary: Northern Formosa, Pescadores, CINCPAC – CINCPOA
Bulletin No.146-44, 1 October 1944, RG38, 330/24/21/3-5 (NARA).

United States Pacific Fleet and Pacific Ocean Areas, Information Bullletin:
Formosa, Takao and Koshun Peninsula, CINCPAC – CINCPOA
Bulletin No.119-44, 1 August 1944, RG38, 330/24/21/3-5 (NARA).

United States Pacific Fleet and Pacific Ocean Areas, Target Analysis Air
Target Maps, Principal Sections of Takao Area, Formosa, CINCPAC
– CINCPOA, A.T.F. No.139-44, 10 September, 1944, RG38,
330/24/21/3-5 (NARA).

（10）海軍艦隊任務報告
（United States Navy Fleet Operational Reports）

Task Group 38.1, Serial 043, Action Report – A Main Report for Support of
Lingayen Landings, Volume.1-5, 27 January, 1945, RG38, Box.145-
146 (NARA).

Task Group 38.2, Serial 0040, Action Report – Main Report on Fast Carrier
Support for Occupation of Leyte and for Battle of Leyte Gulf, 8
November, 1944, RG38, Box.148 (NARA).

Task Group 38.2, Serial 0047, Action Report – Support of Lingayen Landing 30 December 1944 to 26 January 1945 (Main Report on Task Force 38's Support of Lingayen Landing by 7th Fleet, Report Covers 3-22 January 1945), 26 January 1945, RG38, Box149 (NARA).

Task Group 38.3, Serial 0024, Operations in Support of Luzon Landings – 30 December 1944 through 26 January 1945 – Task Group 38.3 Report of, 9 February 1945, RG38, Box.150 (NARA).

Task Group 38.4, Serial 00263, Action Report, Operations Against Okinawa Jima, Formosa, Luzon, Philippine Inlands, Visayas, Philippine Inlands. In Support of the Occupation of Leyte, Philippine Inlands, ouring Period 7 through 21 October 1944, 16 Nonember 1944, RG38, Box.162 (NARA).

Task Group 38.4, Serial 00263, Carrier Division Two, Action Report: Operations against Okinawa Jima, Formosa, Luzon and the Visayas, 7 through 21 October 1944 (Nov. 16, 1944), RG38, Box.162 (NARA).

Task Group 38.4, Track Chart, Action Report for Operations Against Okinawa Jima, Formosa, Luzon, Visayas, Philippines in Support of the Landings on Leyte, Philippines Islands, 7 October 1944 - 21 October 1944, RG38, Box.162 (NARA).

（11）海軍航艦任務報告（United States Navy Aircraft Carriers Operational Reports）

USS Belleau Wood, Serial 0170, Action Against Nansei Shoto, Formosa, and Luzon and the Visayas, Philippine Islands, 7 to 21 October 1944(East Longitude Dates), Report of (Covers Activity in Task Group 38.4 Preceding Leyte Landings), 3 November 1944, RG38, Box.837 (NARA).

USS Belleau Wood, Serial 0198, Air Group 21 ACA-1 Reports, VF-21 Nos. 22 to 43, Inclusive, and VT-21 Nos. 15 to 26, Inclusive (Covers Air

Action of VF-21 and VT-21 for Strikes on Formosa, Luzon, Visayas, Leyte and Jap Carrier Task Group), 11 November 1944, RG38, Box.837 (NARA).

USS Bunk Hill, Serial 0293, Action Report of USS Bunk Hill for the Period 7-26 October 1944 (Covers Air Support for Prior to and during Leyte Landings in Task Group 38.2), RG38, Box.879 (NARA).

USS Bunk Hill, Serial 0304, ACA-1 Reports, Forwarding of, Report Covers Strikes on Nansei Shoto Northern Luzon and Formosa from 10-22 October 1944. In Task Group 38.2, Vol.1-2, 30 October 1944, RG38, Box.879 (NARA).

USS Cabot, Serial 013, Action Report – Support of Cincsowespac Luzon Landing through Attacks on Enemy Shipping Docks and Facilities and on Aircraft, Airfields and Ground Installitions on Formosa, Luzon, French Indo-China, Hong Kong and Nansei Shoto. Covering Air Support for Lingayen Landings, Philippine Inlands, While in Task 38.1 during Period 3-22 February 1945, 23 January 1945, RG38, Box.887 (NARA).

USS Cabot, Serial 069, Action Report – Okinawa Jima, Formosa, the Visayas Action Against the Jap Fleet, Luzon, 6 October to 14 October and 20 October to 31 October 1944 (Covers Air Support for Leyte Landings and also 2nd Battle of Philippines while in Task Group 38.2), 31 October, 1944, RG38, Box.886 (NARA).

USS Cowpens, Serial 012, Report of Actions during the Period 8 January to 2400 – 9 January 1945. Covers 1-Day Strike on Eastern Formosa by Task Group 38.1 with Air Group 22 Aboard for Lingayen Landings, Philippine Area – Entered China Sea on Night of 9-10 January via Bashi Channel, 15 January 1945, RG38, Box.936 (NARA).

USS Cowpens, Serial 027, Report of Actions During the Period 1400, 15 October 1944 to 2230, 17 October 1944 (Covers Air Support for Task Group 38.3 while Protecting Crippled "Canberra" and "Houst on" from Formosa, and to Act as Bait to Lure Jap Fleet into Battle with

303

Task Force 38), 17 October 1944, RG38, Box.936 (NARA).

USS Cowpens, Serial 040, Report of Actions during the Period 21 January to 1400 – 26 January 1945. Covers 2-Day Strike and Photo Mission on Eastern Formosa on 21 January and Southern Nansei Shoto on 22 January by Task Group 38.1 with Air Group 22 Aboard to Aid Lingayen Landings, Philippine, 26 January 1945, RG38, Box.936 (NARA).

USS Enterprise, Serial 022, Action Report – Operations in Support of the Landings on Luzon, P.I. from 5 to 23 January 1945. (Covers Activity as Night Carrier in Task Group 38.5 during Support for Lingayen Landing), 25 January 1945, RG38, Box.971 (NARA).

USS Enterprise Serial 0053, Operations Against the Enemy: Nansei Shoto, Formosa, Philippine Islands, from 7 October 1944 to 21 October 1944 (Covers Activity Preceding Leyte Landings in Task Group 38.4), 31 October 1944, RG38, Box.970 (NARA).

USS Essex, Serial 050, Action Report – Operations 3-22 January 1945 in Support of Landingd at Ligayen and San Fabian, Luzon, P.1 (Covers Air Support for Ligayen Operation. In Task Group 38.3), 8 February 1945, RG38, Box.976 (NARA)

USS Essex, Serial 0194, Action Report- the Battle of Formosa, 12-14 October 1944, RG38, Box.975 (NARA).

USS Essex, Serial 0220, Report AA Action by Surface Ships, Forwards without Comment from AA Reports in Regard to Fast Carrier Support of Leyte Landings. In Task Group 38.3, 18 November 1944, RG38 (NARA).

USS Franklin, Serial 0039, Action Report - Operations Against the Enemy at Nansei Shoto, Formosa and the Philippine Islands, from 7 October 1944 to 21 October 1944 (Covers Activity Preceding Leyte Landings while operating in Task Group 38.4), 31 October 1944, RG38 (NARA).

USS Hancock, Serial 032, Action Report of USS Hancock for Period 30

December 1944 to 25 January, 1945, Inclusive, Covering Operations Against Enemy Aircraft, Ground Installation, Surface Forces, and Shipping in Formosa, Luzon, French-Indo-China, the China Coast, and the Nansei Shoto.(Covers Air Support for Lingayen Landing, In Task Group 38.2.), 25, January 1945, RG38, Box.1017 (NARA).

USS Hancock, Serial 0100, Action Report, USS Hancock, for the Period 6 October to 31 October, 1944, Inclusive (Covers Air Support for Leyte Landings and 2nd Battle of Philippines in Task Group 38.2). Volume.1-5, 3 November 1944, RG38, Box.1016 (NARA).

USS Hornet, Serial 0031, Action Report – Ryukyu Inlands, Formosa, and Philippine Operations, 2 to 27 October, 1944 (Cover Activity in Task Group 38.1), 28 October, 1944, RG38, Box.1041 (NARA).

USS Independence, Serial 0017, Action Report for October 1944 (Covers Air Support for Leyte Landings and 2nd Battle of Philippines. In Task Group 38.2. 10-31 October 1944), 2 November 1944, RG38, Box.1057 (NARA).

USS Independence, Serial 001, Action Report, Operation in Support of Lingayen Landings on Luzon, Philippine Inlands Including Strikes on Luzon, Formosa, and the Nansei Shoto Operations in the SouthChina Sea and Strikes on Indo-China, Hainan, and the China Coast, January 1945, 1945 Jan 27, RG38, Box.1057 (NARA).

USS Intrepid, Serial 0166, Action Report – Operations Against Nansei Shoto, Formosa, Luzon, and Japanese Fleet – the Visayas in Strategic Support of Landings Operations on Leyte, Philippine Islands from 10 October to 31 October 1944 (Covers Air Support for Leyte Landings and also the 2nd Battle of Philippines in Task Group 38.2), RG38, Box.1064 (NARA).

USS Intrepid, WW II Form Reports, RG38 Records of the office of the Chief OF Naval Operations, WW II Action and Operational Reports, Intrepid Action 25 Nov 44 to Intrepid End, RG38, Box.1065 (NARA).

USS Langley, Serial 067, Strikes and Sweeps Against the Philippines,

Japanese Held China, and Indo-China, Formosa, and the Nansei Shoto in Support of the Reoccupation of Luzon, 30 December 1944 to 25 January 1945 – Submission of. In Task Group 38.3, 1 January 1945, RG38, Box.1089 (NARA).

USS Langley, Serial 0227, Action Report – Operations in Support of Seizure and Occupation of Leyte – Samar Area, Philippine Island, 6-30 October, 1944 – Submission of, 7 November 1944, RG38, Box.1089 (NARA).

USS Lexington, Serial 065, Action Report, December 30, 1944 through January 22, 1945, Strikes Against Formosa, Luzon, Indo-China, Hong Kong, Okinawa, January 1945, RG38, Box.1148 (NARA).

USS Lexington, Serial 0282, Attacks on Formosa on 12, 13 and 14 October 1944 (East Longitude Dates) – Action Report of, 22 November 1944, RG38, Box.1148 (NARA).

USS Monterey, Serial 0029, Action Report – Operations Against Nansei Shoto, Sakishima Shoto, Formosa, Luzon, Visayas and Support of the Leyte Landings, 2 October to 28 (EL) October 1944 (Covers Activity in 2 Operations while Operating in Task Group 38.1; Air Strikes in Support Leyte Landings and Second Battle of Philippines), 27 October, 1944, RG38, Box.1250 (NARA).

USS Princeton, Serial 06, The Battle of Formosa, 12-14 October 1944 – Action Report (Covers Air Strikes & Patrols for Strikes on Formosa & Pescadores Inlands), 10 November 1944, RG38, Box.1334 (NARA).

USS San Jacinto, Serial 005, Action Report; (1)Formosa – Luzon Strikes. 3 through 9 January, (2)Saigon – Camranh Bay Strikes, 10 through 12 January, (3)South China Coast – Hong Kong Strikes, 13 through 16 January, (4)Third Formosa Strike, 21 January, and Second Nansei Shoto Strike, 22 January 1945, 23 January 1945, RG38, Box.1400 (NARA).

USS San Jacinto, Serial 0043, Action Report, Operations Against Okinawa Jima, Formosa, Luzon, Philippine Islands and Visayas, P.I. Ouring Period 7 through 21 October 1944 (Covers Activity in Task Group 38.4 Strikes and Patrols during Attacks on Naha Harbor, Okinawa, Nansei

Shoto and Subject Places), 31 October 1944, RG38, Box.1400 (NARA).

USS Wasp, Serial 002, Action Report of Wasp and Carrier Air Group Eight One in Luzon – Formosa – Okinawa – Saigon – Camranh Bay – Caton and Hong Kong during the Period 30 December 1944 – through 25 January 1945 – East Longitude Dates. Covers Air Support for Lingayen Landings in Task Group 38.1, 25 January 1945, RG38, Box.1504 (NARA).

USS WASP, Serial 0040, Action Report of Wasp and Carrier Air Group Fourteen in Operations against Okinawa Jima, Miyako Jima, Northern Luzon, Formosa, Manila Bay Area, Leyte, Support of Battle of Leyte Gulf, and Enemy Naval Units Western Visayas during the Periods 2 October 1944 through 27 October 1944, East Longitude Dates, 28 October, 1944, RG38, Box.1503 (NARA).

USS Yorktown, Serial 036, Report of Actions during the Period 30 December 1944 to 23 January 1945. Covers Air Support for Lingayen Landings in Task Group 38.1 with Air Group 3 Aboard, Philippine Inlands, 26 January 1945, RG38, Box.1541 (NARA).

（12）海軍航空隊任務報告（United States Navy Aircraft Squadrons Operational Reports）

Aircraft Action Report, VF-4, # 41,43,44,46, VMF-124 # 1, VT-4 # 10,11,12, RG38, Box.435 (NARA).

Aircraft Action Report, VT8, No.124-129, RG38, Box.514 (NARA).

ACA Form Reports, VF-8, Vol.5, RG38, Box.438 (NARA).

ACA Form Reports, VF-11, Vol.1, RG38, Box. 439 (NARA).

ACA Form Reports, VB-11, Vol.2, RG38, Box. 389 (NARA).

ACA Form Reports, VF29, Vol.1, RG38, Box.446 (NARA).

ACA Form Reports, VF29, Vol.2, RG38, Box.446 (NARA).

Bombing Squadron(VB)8 ACA Reports, 10–12 Oct. 44, Numbered 127 theough 144, RG38, Box.388 (NARA).

Commander Bombing Squadron 14, Serial 0202, Aircraft Action Reports –
Forwarding of Reports Covers Strikes on Okinawa Formosa Luzon
and Pre H HOUR Strike on Leyte Report Covers 10-20 October 1944,
24 October 1944, RG38, Box.391 (NARA).

Commander Fighting Squadron 14, Serial 057, ACA-1 Report of 14 for
Period 10-26 October 1944 – Forwarding of. Forwards without
Comment ACA-1 Reports of VF-14(NOS.121 thru 148) Covering Air
Strikes on Okinawa, Luzon, Formosa and Leyte as well as Battle of
Leyte Gulf – Baced on Wasp, RG38, Box.442 (NARA).

Commander Fighting Squadron 44, Serial 033, Second Action Report –
Battle of Formosa 12-14 October 1944, Merely Forwards without
Comment Actional Reports 2 and 4-8 Dealing with Air Strikes on
Formosa in Support of King 11 Operation. Based on Langley in Task
Group 38.3 – ACA Reports 1 and 3 Combined with VT-44 Reports, 2
November 1944, RG38, Box.452 (NARA).

Commander Fighting Squadron Forty-Five, Serial 001, Aircraft Action
Reports; 3 and 4 January, 1945. (Reports Cover Strikes on Airfields
Central Formosa Part of First of 5 Phases in Support of Lingayen
Landings.), 5 January, 1945, RG38, Box.453 (NARA).

Commander Fighting Squadron Forty-Five, Serial 003, Aircraft Action
Reports; 6 through 9 January, 1945. (Reports Cover Attacks on
Airfields of Luzon and Batan Islands P.I. and Formosa in Support of
Lingayen Landings. In Task Group 38.3), 15 January, 1945, RG38,
Box.453 (NARA).

Commander Fighting Squadron Forty-Five, Serial 004, Aircraft Action Reports;
12 January through 16 January, 1945. (Reports Cover Attacks on Shipping
& Oil Tanks Saigon Area FR. Indo-China, Shipping at Toshien Naval Base
& Airfields at Formosa.), 19 January, 1945, RG38, Box.453 (NARA).

Commander Fighting Squadron Forty-Five, Serial 007, Aircraft Action
Reports; 21 and 22 January, 1945. (Reports Cover TCAP, Attack on
Airfields & Shipping Strike on Takao Harbor, Formosa and Sweep

of Ie Airfield, Ie Shima, Okinawa. In Task Group 38.3.), 25 January, 1945, RG38, Box.453 (NARA).

Commander Torpedo Squadron 14, No Serial, Aircraft Action Reports – Forwarding of. Reports Covers Strikes on Airfields of Okinawa, Nansen Shoto, Formosa and Luzon P.I. Report Covers 10-20 October 1944, 23 October 1944, RG38, Box.517 (NARA).

Commander Torpedo Squadron 44, No Serial, Aircraft Action Report – Battle of Formosa 12-14 October 1944, Merely Forwards without Comment ACA Report 2 and 3 (To Which Are Attached VF-44 Report 1 and 3) Dealing with Strikes on Formosa in Preparation of King 11. Based on Langley in Task Group 38.3, 30 October 1944, RG38, Box.523 (NARA).

Commander Torpedo Squadron 44, Serial 012, Aircraft Action Reports for Strikes Against Formosa and Luzon from 3-9 January 1945 (Forwards ACA-1 Reports Covering Attacks on Airfields in Support of Lingayen Operations.), 6 February 1945, RG38, Box.523 (NARA).

Commander Torpedo Squadron 44, Serial 015, Aircraft Action Reports on Third Formosa Strike on 21 January 1945 (Forwards ACA-1 Report which Covers Third Strikes on Formosa Especially on Shipping in Takao Harbor in Support of Lingayen Operations.), 6 February 1945, RG38, Box.523 (NARA).

Commander Torpedo Squadron 45, Serial 061, Aircraft Action Reports – Strike on Kobi, Rokko, and Rokko Southeast Airfields, Formosa, 3 and 4 January, 1945, 5 January, 1945, RG38, Box.524 (NARA).

Commander Torpedo Squadron 45, Serial 064, Aircraft Action Reports – Strike from 6 January through 16 January, Inclusive, 1945.(Covers Strike on Airfields on Luzon, Batan & Formosa. Shipping at Cape ST. Jacques & Saigon, Indo-China.), 21 January, 1945, RG38, Box.524 (NARA).

Commander Torpedo Squadron 45, Serial 065, Aircraft Action Reports – Strike on Formosa and Ie

Shima, 21 January and 22 January, 23 January, 1945, RG38, Box.524

(NARA).

VF-51, Serial 0057, RG38, Box.455 (NARA).

（13）海軍歷史與遺跡檔案館（Naval History and Heritage Command, Naval Yard）

Bomber Squadron 20 (VB-20), 10 October 1943 – 23 February 1945 (Naval Yard).

Fighting Squadron 11 (VF-11), 24 September 1943 – 14 February 1945 (Naval Yard).

Torpedo Squadron 14 (VT-14), September 1943 – 29 November 1944 (Naval Yard).

（14）海軍戰爭學院（Naval War College）

Naval War College, The Battle for Leyte Gulf, October 1944. Strategical and Tactical Analysis. Volume 1. Preliminary Operations until 0719 October 17th, 1944. Including Battle off Formosa. (Naval Document Control Data: AD/A-003026).

（15）空軍歷史研究部（Air Force Historical Research Agency）

Office of the Assistant Chief of Air Staff, Intelligence Washington DC, Formosa Interim Report (Call Number: 142.65291-3, Feb, 1944).

（16）澳洲聯合情報局
（Joint Intelligence Bureau, Australia）

Joint Intelligence Bureau (Melbourne), Department of Defence, Australia, Spot
Report No J.I.B.(M) 4/12/49, Airfield Summary Formosa, August 1949,
RG319, Box.451 (NARA).

（17）美國加州大學柏克萊分校地圖圖書館
（Map Library, University of California, Berkeley）

Map Library, University of California, Berkeley, WASP 259 NO.1-30,
WASP 259-12OCT44 -0100 GCT   12"-7500'10000' FORMOSA
REST JICPOA 7717-220.

（18）美國密西根大學地圖圖書館（Map Library （Clark Library）, University of Michigan）

Map Library (Clark Library), University of Michigan, Army Map Service
(TV), 2114 I SW, AMS L892 (1944).

（二）專書

Adrian Stewart, The Battle of Leyte Gulf (New York: Scribner, 1980).Barrett
Tillman, Sun Downers: VF-11 in World War II (St. Paul: Phalanx
Publishing, 1993).Charles A. Lockwood, Hans Christian Adamson,
Battles of the Philippine Sea (New York: Thomas Y. Crowell Company,
1967).

Frederick C Sherman, Combat Command: The American Aircraft Carriers
in the Pacific War (New York: E. P. Dutton and Company, Inc., 1950).

Stan Smith, The Battle of Leyte Gulf (New York: Belmont Books, 1961).

Samuel Eliot Morison, History of United States Naval Operations in World War II. Vol. 12: Leyte, June 1944-January 1945(Boston: Little, Brown and Company, 1958).

Samuel Eliot Morison, The Liberation of Philippines Luzon, Mindanao, Visayas 1944-1945 (Boston: Little, Brown and Company, 1959).

（三）論文

Michel Foucault, "Of Other Spaces," trans. Jay Miskowiec, Diacritics, Vol.16, No.1(1986).

（四）網站

「Dutch Aviation」：http://www.dutch-aviation.nl/.

「Flightglobal」：http://www.flightglobal.com/pdfarchive/view/1931/1931%20-%200930.html.

「Index of Naval Aircraft」：http://www.fleetairarmarchive.net/aircraft/Envoy.htm.

「Task Force 38」：http://pacific.valka.cz/forces/tf38.htm.

「Wikipedia, Airspeed Envoy」：http://en.wikipedia.org/wiki/Airspeed_Envoy.

「World War One Seaplanes and Naval Aviation」：http://www.wwiaviation.com/seaplanes.html.

作者簡介

杜正宇

祖籍北京市，生於高雄市。國立成功大學歷史研究所博士候選人。研究領域為日治航空史、美國古蹟保存，以及魏晉南北朝史。編著《新化鎮志》、《七股鄉志》、《永康市志》、《大臺南的前世今生》、《西魏北周時期具官方色彩的佛教義邑》等書，發表研究論文近三十篇。

謝濟全

高雄市人，生於1962年。國立成功大學歷史研究所博士候選人，某國國營事業專員，空軍航空技術學院人文組兼任講師。研究領域為日治教育史，軍事產業史。編著《山子頂上的小紳士──日治時期嘉義農林學之發展》、編譯《日本人的國境界》等，發表研究論文十餘篇。

金智

祖籍江蘇省武進縣，1964年生於臺南。國立成功大學歷史博士，現任空軍航空技術學院通識教育中心專任副教授。研究領域主要為中國近、現代史，戰後臺灣政治、軍事史等，近年來致力於民國海軍史的研究與論述，發表學術論文二十餘篇。

吳建昇

後山臺東出生，祖籍臺南市將軍區北埔。國立成功大學歷史博士，現任國立嘉義大學應用歷史學系助理教授。主要從事大臺南文史及文化資產相關研究。編著《新化鎮志》、《永康市志》、《七股鄉志》、《鹿耳門志》、《新營太子宮志》、《大臺南的前世今生》、《臺南市文化資產：一級古蹟二鯤鯓砲臺（億載金城）》等書，發表研究論文十餘篇。

謝　誌

　　本書之完成，經歷了許多曲折的過程，感謝良師益友一路指引。我要特別向以下師友道謝，感謝您們的指導、鼓勵與協助：成大歷史所蕭瓊瑞教授、成大建築所傅朝卿教授、臺大歷史所吳密察教授、成大歷史所石萬壽教授、成大歷史所陳梅卿教授、成大歷史所鄭梓教授、成大歷史所鄭永常教授、成大歷史所何培夫教授、成大歷史所陳恒安教授、成大歷史所劉靜貞教授、成大歷史所陳計堯教授、成大歷史所徐健勛助教、成大建築所徐明福教授、成大建築所吳秉聲教授、政大歷史所戴寶村教授、嘉義大學黃阿有教授、臺南大學戴文鋒教授、高雄海洋大學王御風教授、空軍航院林玉萍教授、臺南大學張靜宜教授、嘉南藥理科技大學陳信安教授、高雄應用科技大學謝貴文教授、實踐大學卓文義教授、臺北教育大學何義麟教授、臺灣文獻館劉澤民副館長、臺灣文獻館陳文添老師、臺灣文獻館李榮聰老師、臺灣歷史博物館呂理政館長、臺灣歷史博物館謝仕淵老師、臺灣歷史博物館陳怡宏老師、臺灣歷史博物館石文誠學友、高雄市立歷史博物館方瑞華組長、高雄市立歷史博物館曾宏民組長、高雄市關懷臺籍老兵文化協會莊盛晃總幹事、學術交流基金會傅鏡平主任、全球防衛雜誌施孝瑋主任、尖端科技畢誠俶社長、中正大學楊書濠博士、成功大學蔡博任博士、日本下關大學橘誠教授、国立公文書館大澤武彥研究員、圓光佛學研

究所野川博之教授、日本航空圖書館長島宏行館長、美國底特律大學沃格爾教授（Steven Vogel）、美國國家檔案館研究員史奈德（Eric Van Slander）、美國威斯康辛大學張維斌博士、美國陸軍工程師陳達銘老師、美國華盛頓大學曾薰慧博士、英國愛丁堡大學吳南葳博士、高雄市古蹟審議委員劉金昌建築師、高雄市古蹟審議委員鄭敏聰學長、成大歷史所杉森藍、陳咨仰、成大建築所沈孟穎、王淳熙、陳建仲、洪淑芬、臺大歷史所雷晉豪等諸位學友，以及慧真、詩媛、展慶、守訓、維烝的協助，並感謝匿名審查委員們的意見。

本書之史料與檔案來源，係2010至2013年間，筆者數度赴日本、美國各地取回，走訪地點包括日本防衛省防衛研究所史料閱覽室、国立公文書館、靖國偕行文庫、日本航空協會航空図書館、国立国會図書館、東京都立中央図書館、千代田区立日比谷図書文化館、美國國家檔案館（NARA）、美國國會圖書館（Library of Congress）、海軍歷史與遺跡檔案館（Naval History and Heritage Command, Naval Yard）、加州大學柏克萊分校地圖圖書館（Map Library, UC, Berkeley）、加州大學柏克萊分校圖書特藏館（Northern Regional Library Facility, UC, Berkeley）、密西根大學地圖圖書館（Map Library （Clark Library）, UOM）、密西根大學圖書特藏館（Buhr Remote Shelving Facility, UOM）、密西根大學漢徹圖書館（Hatcher Graduate Library, UOM）、密西根大學夏皮羅圖書館（Shapiro Library, UOM）、密西根大學亞洲圖書館（Asia Library, UOM）、東密西根州立大學海爾圖書館（Halle Library, EMU）、底特律大學圖書館

（Library, UDM）等，感謝高雄市立歷史博物館之「2012寫高雄─年輕城市的微歷史」專書出版獎助，以及國立臺灣歷史博物館「2012年美國國家檔案館所藏二戰時期臺灣戰爭相關紙本類檔案簡目」、國科會「2011年千里馬獎助博士生赴外研究」、臺南市文化局「2010年歷史建築永康飛雁新村傳原通訊所調查研究」的獎助與計劃經費。特此致謝。

杜正宇

血歷史55　PC0350

新銳文創
INDEPENDENT & UNIQUE　日治下大高雄的飛行場

作　　者　杜正宇、謝濟全、金智、吳建昇
責任編輯　邵亢虎
圖文排版　詹凱倫
封面設計　陳佩蓉

出版策劃　新銳文創
發 行 人　宋政坤
法律顧問　毛國樑　律師
製作發行　秀威資訊科技股份有限公司
　　　　　114 台北市內湖區瑞光路76巷65號1樓
　　　　　電話：+886-2-2796-3638　傳真：+886-2-2796-1377
　　　　　服務信箱：service@showwe.com.tw
　　　　　http://www.showwe.com.tw
郵政劃撥　19563868　戶名：秀威資訊科技股份有限公司
展售門市　國家書店【松江門市】
　　　　　104 台北市中山區松江路209號1樓
　　　　　電話：+886-2-2518-0207　傳真：+886-2-2518-0778
網路訂購　秀威網路書店：http://www.bodbooks.com.tw
　　　　　國家網路書店：http://www.govbooks.com.tw

出版日期　2014年3月　BOD一版
定　　價　420元

國家圖書館出版品預行編目

日治下大高雄的飛行場 / 杜正宇等合著. -- 一版. -- 臺北
市：新銳文創, 2014.03
　　面；　公分. -- (PC0350)
　ISBN 978-986-5915-90-2(平裝)

　1. 航空史　2. 日據時期　3. 臺灣

557.9933　　　　　　　　　　　　　　　102019141

讀 者 回 函 卡

感謝您購買本書，為提升服務品質，請填妥以下資料，將讀者回函卡直接寄
回或傳真本公司，收到您的寶貴意見後，我們會收藏記錄及檢討，謝謝！
如您需要了解本公司最新出版書目、購書優惠或企劃活動，歡迎您上網查詢
或下載相關資料：http:// www.showwe.com.tw

您購買的書名：＿＿＿＿＿＿＿＿＿＿＿＿＿＿＿＿＿＿＿＿＿＿＿

出生日期：＿＿＿＿＿年＿＿＿＿＿月＿＿＿＿＿日

學歷：□高中 (含) 以下　　□大專　　□研究所 (含) 以上

職業：□製造業　□金融業　□資訊業　□軍警　□傳播業　□自由業
　　　□服務業　□公務員　□教職　　□學生　□家管　　□其它＿＿＿

購書地點：□網路書店　□實體書店　□書展　□郵購　□贈閱　□其他

您從何得知本書的消息？

　□網路書店　□實體書店　□網路搜尋　□電子報　□書訊　□雜誌
　□傳播媒體　□親友推薦　□網站推薦　□部落格　□其他＿＿＿＿＿＿

您對本書的評價：(請填代號　1.非常滿意　2.滿意　3.尚可　4.再改進)

　封面設計＿＿＿　版面編排＿＿＿　內容＿＿＿　文／譯筆＿＿＿　價格＿＿＿

讀完書後您覺得：

　□很有收穫　□有收穫　□收穫不多　□沒收穫

對我們的建議：＿＿＿＿＿＿＿＿＿＿＿＿＿＿＿＿＿＿＿＿＿＿＿

11466
台北市內湖區瑞光路 76 巷 65 號 1 樓

秀威資訊科技股份有限公司　　　收

BOD 數位出版事業部

....

（請沿線對折寄回，謝謝！）

姓　　名：＿＿＿＿＿＿＿＿　年齡：＿＿＿　性別：□女　□男

郵遞區號：□□□□□

地　　址：＿＿＿＿＿＿＿＿＿＿＿＿＿＿＿＿

聯絡電話：(日)＿＿＿＿＿＿＿＿(夜)＿＿＿＿＿＿＿＿

E-mail：＿＿＿＿＿＿＿＿＿＿＿＿＿＿＿＿